FLURNAMEN, GEWANN- UND ÖRTLICHKEITSBEZEICHNUNGEN IN STADT UND MARKUNG PFULLINGEN

unterwegs durch Natur und Kultur

FLURNAMEN, GEWANN- UND ÖRTLICHKEITSBEZEICHNUNGEN IN STADT UND MARKUNG PFULLINGEN

unterwegs durch Natur und Kultur

von Oliver Meiser
Dipl.- Geograph

Books on Demand GmbH
Norderstedt

Impressum:

Bibliographische Information der Deutschen Nationalbibliothek:
Die Deutsche Nationalbibliothek verzeichnet diese Publikation in der Deutschen
Nationalbibliographie.
Detaillierte bibliographische Daten sind im Internet unter http://dnb.dnb.de abrufbar.

Herstellung und Verlag: BoD – Books on Demand, Norderstedt
ISBN: 978-3-7534-0453-0

INHALT

ZUM SCHLUSS 196

EINFÜHRUNG

Vorwort zu dieser Neuauflage

Das hier vorliegende Buch basiert auf einer Arbeit, die ich in den Achtziger-jahren als Gymnasiast begonnen habe, während meines Studiums fortsetzen konnte und für die ich dann 1995 im Rahmen eines Wettbewerbs um den Landespreis für Heimatforschung Baden-Württemberg mit einem Förderpreis ausgezeichnet wurde. Ende 1996 ging das Werk unter dem Titel „*Flurnamen, Gewann-Namen und Örtlichkeitsbezeichnungen in Stadt und Markung Pfullingen*" in Druck.

Aufgrund unlauterer Machenschaften des Verlages, durch die sowohl ich als auch andere Autoren um z.T. hohe Geldsummen geprellt wurden, mußte ich – trotz weiterer Nachfrage nach dem Buch - die Zusammenarbeit mit dem Ver-lag leider abrupt einstellen.
Die Verlegerin wurde zwar rechtskräftig verurteilt, hat ihre Schulden bei mir jedoch bis heute nicht bezahlt. So habe ich damals schmerzlich erfahren, daß Recht haben und Recht bekommen auch in einem so zivilisiert erscheinenden Staat wie Deutschland nicht zwangsläufig dasselbe bedeutet. Aufgrund dieser Erfahrungen kann ich an dieser Stelle junge Autoren nur davor warnen, sich ohne einen Rechtskundigen auf sogenannte Druckkostenzuschuß-Verlage einzulassen!

Heute, ein Vierteljahrhundert später, gibt es aber glücklicherweise nun neue Publikationskonzepte wie *Books on demand*, die eine Möglichkeit zur Veröf-fentlichung bieten, ohne indes Ärgernisse der damaligen Art befürchten zu müssen.
Daher hatte ich mich schon länger mit dem Gedanken getragen, mein damals sehr nachgefragtes Flurnamenbuch noch einmal drucken zu lassen. Nachdem mir die Corona-Pandemie unerwartet viel Zeit bescherte, konnte ich es nun angehen.
Inzwischen sind vermutlich auch wieder neue Interessenten herangewachsen. Gerade in unserer globalisierten Welt, in der viele Menschen recht orientie-rungslos herumpaddeln, mögen viele nach Wurzeln suchen – egal, ob sie in der Heimat geblieben sind oder ob es sie in andere Teile von Deutschland oder gar in die weite Welt verschlagen hat.

Ein Ereignis wie die Corona-Krise, die bislang selbstverständliches Reisen plötzlich stark eingeschränkt bzw. sogar unmöglich gemacht hat, mag manchen dazu animieren, sich überhaupt oder endlich einmal wieder intensiver mit dem Ort zu beschäftigen, in dem man zu Hause ist.

Auch ich gehöre zu jenen, die Pfullingen und seine Region verlassen haben. 1997 ging ich fort und sah die Stadt erst nach viel zu langer Zeit im Jahr 2018 für ein paar Tage wieder. Daher bitte ich um Nachsicht, falls der Leser hier und da einmal auf einen veralteten Sachverhalt stoßen mag. Andererseits handelt es sich bei dem hier bearbeiteten Thema aber auch um keines, das wesentlichen Neuerungen unterliegt, weshalb ich den Text der alten Ausgabe von 1996/97 weitestgehend übernommen habe. Dennoch habe ich dort, wo es unbedingt notwendig erschien, Korrekturen oder auch einige Aktualisierungen, auf die ich leicht Zugriff hatte, angebracht, so daß es sich selbst für jene, welche die alte Ausgabe besitzen, durchaus lohnen mag, sich auch die neue anzuschaffen.

Indes, ein Lektorat mußte ich bei diesem Konzept der Veröffentlichung leider einsparen, da ich bei dieser sehr speziellen und regionalen Thematik bei gleichzeitig sehr überschaubaren Verkaufszahlen andernfalls – wobei meine eigene Arbeitszeit gar nicht mitgerechnet ist! - rasch im finanziellen Minusbereich gelandet wäre. Ein Buch zur Heimatgeschichte kann leider bei allem Interesse und so gut es auch sein mag nie ein Bestseller werden!
Aus diesem Grunde bitte ich, über eventuelle Fehler hinwegzusehen. Obwohl ich den Text mehrfach durchgesehen habe und von den gängigen Korrekturprogrammen habe überprüfen lassen, mag mir irgendwann in der „Betriebsblindheit" vielleicht doch das eine oder andere entgangen sein.

Gerne hätte ich Ihnen - zwecks der allgemeinen Übersicht - zum Text auch eine Karte angeboten. Die Thematik schreit regelrecht danach. Allerdings hätte eine Karte in der Qualität wie ich mir diese für Sie gewünscht hätte, das Buch gleich wieder erheblich verteuert.
Ich weiß auch, daß etliche, die im Besitz der alten Ausgabe sind oder diese kennen, damals viel Freude an meinen Fotografien hatten. Dennoch habe ich bei der jetzigen Herausgabe auf Fotos verzichtet bzw. vielmehr verzichten müssen – zum einen, weil ich Ihnen durch das Verlassen meiner alten Heimat kaum noch aktuellere Fotos hätte präsentieren können, zum anderen auch, weil ich eben bestrebt bin, Interessenten das Buch zu einem möglichst günsti-

gen Kaufpreis anzubieten, um so recht viele Leser zu erreichen - in der Hoffnung, daß trotz pandemiebedingt leerer öffentlicher und privater Kassen möglichst viele das Buch für sich selbst oder als preisgünstiges Geschenk für andere erwerben.

Denken Sie daran, daß dieses Buch kaum teurer, aber viel haltbarer als etwa ein Blumenstrauß ist und dabei v.a. auch älteren Menschen ähnlich viel Freude bereiten kann!

Auch wenn seit 1996 inzwischen andere heimatkundliche Beiträge erschienen sind, die da und dort Flur- und Ortsnamen erklären, bleibt diese hier vorliegende Arbeit meines Wissens weiterhin die einzige, die sich komplett, ausführlich und ausschließlich dem Thema Pfullinger Flurnamen widmet.

In diesem Sinne grüße ich meine Leser, meine alte Heimat Pfullingen und das Echaztal ganz herzlich!

Bleiben Sie alle gesund!

im Jahr 2021

Oliver Meiser

Ein spannendes Thema

Flurnamen sind altes Kulturgut. Sie stellen gewissermaßen ein Bindeglied zwischen Sprache und Landschaft dar. Die meisten Flurnamen entstammen Zeiten, in denen das Leben der Menschen von der Landwirtschaft geprägt war und sich das tägliche Gespräch um dieses Thema drehte.

So konnte durch die Kenntnis und Verwendung von Flurnamen exakt die Lage von Grundstücken festgelegt werden, ihre Wertigkeit verdeutlicht oder Aussage über deren Nutzung gemacht werden. Jeder wußte Bescheid, wenn etwa von *Memmelers Wiese* die Rede war. Wer den *Steinenberg* kaufte, wußte von vorneherein, daß er keine leichte Bearbeitung des Geländes erwarten durfte.

Mit einer Ausdehnung von 3013 Hektar ist die Pfullinger Markung eine der größten im Land Baden-Württemberg. Daher ist es nicht verwunderlich, wenn sich um die 600 Flurnamen, Gewann- und Örtlichkeitsbezeichnungen finden, denn die Landschaft der Pfullinger Markung ist vielfältig.
Die Fülle an Flurnamen ist allerdings nicht nur auf die landschaftliche Vielfalt, sondern u.a. auch auf die Realteilung zurückzuführen - jene Erbsitte, bei welcher der Besitz unter allen Nachkommen gleichmäßig aufgeteilt wurde. Dies hatte nach und nach eine stückweise Zersplitterung der Flur zur Folge und die Vielzahl an Grundstücken gab wiederum Anlaß für eine weite Anzahl an Flurnamen, die sich manchmal auch mit dem Wechsel der Besitzer änderten. Dennoch ist diese Flurzersplitterung noch nicht ganz so alt: Im Mittelalter hätte eine Flurkarte unserer Markung noch ein anderes Bild gezeigt.

Bei dieser Arbeit beschäftige ich mich auch da und dort mit Flurnamen, die heute auf den Nachbargemarkungen Reutlingen, Eningen, St. Johann-Würtingen, Lichtenstein - Unterhausen, Sonnenbühl - Genkingen und Reutlingen - Gönningen liegen. Wenn dies der Fall ist, dann deshalb, weil diese Namen direkt im Grenzgebiet zur Pfullinger Markung zu lokalisieren und so auch Pfullingern noch bekannt sind, aber auch deshalb, weil sie früher, wie oft aus alten Quellen hervorgeht, mit ihrem bezeichneten Gebiet zu Pfullingen gehörten oder in engem Zusammenhang mit der Pfullinger Geschichte stehen. Mancher, der sich schon etwas intensiver mit dieser beschäftigt hat, wird vielleicht auch wissen, daß die Pfullinger Markung einst eine viel größere Ausdehnung hatte und vielfach das, was heute unsere Nachbarorte sind, einschloß. Ältere Autoren sprachen auch gerne von der „Urmarkung". Dennoch geht es im wesentlichen um die Flurnamen der heutigen Markung Pfullingen, da ich von der „Markungspoeterei", wie sie in manchen Heimatbüchern praktiziert wurde, wenig halte.

Wenn man genau ist, sind nicht alle Namen, die ich im folgenden als Flurnamen bezeichne, auch wirklich Flurnamen. Ich werde mich ebenso mit Gewässernamen, hier und dort auch mit Straßennamen und mit solchen Namen, die man vielleicht besser unter dem Begriff Örtlichkeitsbezeichnungen zusammenfassen sollte, befassen. Ich erwähne das an dieser Stelle für die Fachleute und erlaube mir, im Folgenden der Einfachheit halber und um den Laien nicht unnötig zu verwirren, durchweg von Flurnamen oder manchmal auch nur von Namen zu sprechen.

Die meisten Namen haben mehrere Bestandteile, so daß ich, um diese alle zu erklären, vielfach mehrere Male in verschiedenen Zusammenhängen auf ein und denselben Flurnamen zu sprechen komme: So wird z.B. der Flurname *Memmelers Wiese* einmal unter dem Kapitel „Besitzerverhältnisse – Familiennamen" und ein zweites Mal unter „Nutzung des Flurstückes – Wiesen" zu finden sein.

So leicht sich manche Flurnamen deuten lassen, so schwierig sind andere hingegen: Viele haben sich (vgl. auch *Wille 2015*) mit dem Wandel der Sprache – etwa durch Lautverschiebungen - verändert, so z.B. beim Übergang vom Mittelhochdeutschen zum Neuhochdeutschen, als sich um ca. 1520 die Vokale î, û und ü zu den Diphthongen ei, au, eu wandelten und Anfangskonsonanten wegfielen. Durch die sprachlichen Wandel sind viele Flurnamen im Laufe der Zeit ihrem Sinn entstellt worden. Manche haben auch ihre Wurzeln gar in älteren Sprachen.
Um den z.T. auch durch die Mundfaulheit des Volkes bedingten Wandel nachvollziehen zu können, genügt es häufig schon, wenn man einen Namen, wie z.B. *Maigerbach* ein dutzendmal schnell hintereinander ausspricht. So kann sich auch der Laie einfach vorstellen, wie aus *Maigerbach* über Jahrhunderte der *Eierbach* wurde, der eben gerade nichts mit Eiern zu tun hat.
Bei Flurnamen, die mehrere Ausdeutungen zulassen, habe ich versucht, alle möglichen Interpretationen, einschließlich volkstümlicher Deutungen, zu berücksichtigen. Vielfach habe ich Schreibweisen aus alten Quellen vorgestellt,

v.a. dort, wo sie für die Deutung der Flurnamen von Belang sind. Manchmal ist es auch schlichtweg interessant zu sehen, seit wie vielen Jahrhunderten es manche Namen bereits gibt.

Flurnamen - das sind häufig solche, mit denen wir im täglichen Umgang vertraut sind: Jeder kennt die *Echaz* oder den *Wackerstein*. Mancher fährt zu seiner Arbeit täglich ins Gewerbegebiet *Steinge*, wohnt im *Kühnenbach* oder hat sein Gütle auf der *Röt* - Namen, mit denen wir ganz selbstverständlich umgehen.

Doch was bedeuten sie? Schon ist uns ihr Ursprung fremd. Leider haben wir nicht nur die Herkunft alter Flurnamen vergessen und das, was sich vielfach an Sagen, Legenden und anderem volkskundlichen Gut daran anknüpft: Immer mehr Flurnamen verschwinden heute nicht nur von unseren Flurkarten, sondern auch von der *mental map*, d.h. aus dem Gedächtnis der Menschen. Wer von der jungen Generation weiß denn noch die Landschaft nach Art der Alten zu benennen? Schon *Friedrich Walcher*, der 1930-1938 Stadtpfarrer war und erstmals die Flurnamen von Pfullingen zusammenstellte, mußte feststellen, daß es seinerzeit zwar noch sehr viele Flurnamen gab, man bei einigen aber auch bereits damals schon nicht mehr wußte, auf welchem Teil der Markung sie zu lokalisieren sind.

Es ist in dieser Arbeit leider so gut wie unvermeidbar, daß die Lage der von Flurnamen bezeichneten Geländestücke oft wiederum nur unter Verwendung von anderen Flurnamen beschrieben werden kann. Vielleicht mag dies jedoch zur Diskussion anregen und den Dialog zwischen auswärtigen und alteingesessenen, sowie zwischen älteren und jüngeren Menschen fördern; vielleicht dazu anregen, einmal den Großvater zu fragen oder die Urahne im Pflegeheim zu besuchen, um mehr zu erfahren.

Dieses Buch kann auf zweierlei Arten verwendet werden. Sehr intensiv an der Thematik interessierte Leser werden es wahrscheinlich von Anfang bis Ende durchlesen. Gleichermaßen mag es aber auch eine Art Nachschlagewerk sein, in welchem sich Flurnamen, denen man auf Karte und Stadtplänen oder beim Spaziergang auf einem Schild im Wald begegnet, im Register alphabetisch nachschlagen lassen, um mehr darüber zu erfahren.

Meine Arbeit dient in erster Linie der Dokumentation und dem Erhalt alter Pfullinger Flurnamen. Darüber hinaus soll sie aber keine graue Abhandlung über die Thematik Flurnamen sein, sondern auch eine Beschreibung der Landschaft beinhalten, die ein Verständnis für Natur und gewachsene Strukturen erweckt. Da und dort mögen die alten Flurnamen auch einige unterstützen, die im Zusammenhang mit unserer Umwelt vielleicht das Spirituelle in ihr suchen oder (wieder-)entdecken wollen.

Ich hoffe, daß ich mit dieser Arbeit für die alteingesessene Bevölkerung eine Art Heimatbuch und für Fremde oder Interessierte eine gut zu verstehende Einführung in die interessante Thematik der Flurnamen geschaffen habe. Ziel ist es, größeres Interesse an den Flurnamen zu fördern, dieses wertvolle Stück Heimatgeschichte wiederzubeleben und einem weiten großen Personenkreis zu erschließen.

Schützen wir unsere Fluren – nicht nur die heimatlichen, sondern alle dieses kleinen Planeten im weiten All, der uns anvertraut wurde, um auf ihn achtzugeben und ihn für unsere Nachkommen zu bewahren!

Sprache und Schrift

Die schriftliche Wiedergabe von Flurnamen - und dies gilt vor allem für die schwäbisch-mundartliche Aussprache - ist häufig mit einigen Schwierigkeiten verbunden. Ich habe mich einerseits bemüht, die schwäbisch-mundartlichen, teils jahrhundertealten Besonderheiten der Flurnamen beizubehalten und die Sprache nicht zu vergewaltigen. Ich habe mir andererseits jedoch auch erlaubt, unterschiedliche Schreibweisen von Flurnamen oder deren Bestandteile zu vereinheitlichen. Schreibt der ehemalige Stadtpfarrer *Friedrich Walcher* beispielsweise einmal *Hart*, ein anderes Mal jedoch *Hardt*, so habe ich mich an die Schreibweise, die der Flurnamenschreibung in amtlichen Karten entspricht, angelehnt. Ich habe aber häufig – so etwa durch Hinweise auf alte Quellen - auch andere mögliche oder bekannte Schreibweisen oder da und dort auch die mundartlichen Aussprachen erwähnt, zumal diese oft bei der Deutung hilfreich sind. Selbst in amtlichen Karten ist die Schreibweise der Flurnamen ziemlich uneinheitlich, so daß z.B. der *Enenbol* einmal als *Enenbohl*, ein anderes Mal wiederum als *Ehnenbohl* oder *Ehnenbol* bzw. das *Eschle* als *Öschle* usw. auftaucht. Für alteingesessene Pfullinger dürfte dies ohnehin eine untergeordnete Rolle spielen, kommt im Regelfall weder die eine, noch die andere Schreibweise ihrer Aussprache exakt gleich. Das portugiesische Alphabet würde sich im übrigen recht gut dazu eignen, das Schwäbische treffend abzubilden…

Eine Übersetzung der Flurnamen in irgendwelche Lautschriften erspare ich mir allerdings, da sich diese Arbeit erst in zweiter Linie an Wissenschaftler richtet, sondern zunächst einmal an die an der Heimatkunde interessierten Pfullinger zu Hause oder in der Diaspora, sowie auch am Thema interessierte Laien außerhalb Pfullingens.

Die Pfullinger Markung - eine Kurzbeschreibung

Um auch Auswärtigen ein besseres Verständnis für die Gegebenheiten der Markung Pfullingen zu ermöglichen und einige Informationen zu liefern, die vielleicht selbst manchem Einheimischen nicht (mehr) geläufig sind, möchte ich zunächst folgende allgemeine Fragen klären: Wo liegt die Markung Pfullingen? Was gehört zur Markungsfläche? Wo verläuft ihre Grenze zu den Nachbargemeinden? Wie sieht die heutige Landschaft aus und wie wird sie genutzt?

Pfullingen liegt im Landkreis Reutlingen und ist nach Reutlingen und Metzingen mit 18.657 Einwohnern (Stand: 31.12.2019) die drittgrößte Stadt im Landkreis. Im Norden grenzt die Markung Pfullingen an die Stadt Reutlingen und die Gemeinde Eningen, im Westen und Südwesten an die Markung Reutlingen - Gönningen, im Süden an die Markung Sonnenbühl - Genkingen, im Südosten an Lichtenstein – Unterhausen, und schließlich, ganz im Osten, an St. Johann - Würtingen.

Hinter der Markungsfläche von 3013 ha verbergen sich die breite Talaue entlang der Echaz, kleinere Talauen von Arbach, Eier- und Lindentalbach, sowie die als Ackerfläche genutzte Braunjura-Schichtfläche der Röt. Dazu kommt noch eine Anzahl von Ausliegerbergen der Schwäbischen Alb mit ihren Hochwiesen, buchenwaldbedeckten, steilen Oberhängen, einigen Felsen und den sanften, von Obstwiesen und Weiden geprägten Unterhängen. Nicht zuletzt ist dann noch die Stadt Pfullingen selbst, die durch ihr bauliches Zusammengewachsensein mit dem größeren Nachbarn von Fremden oder Unkundigen leider immer mehr nur noch als ein Teil oder Vorort von Reutlingen wahrgenommen wird. Daß beide Städte jedoch – Reutlingen als ehemals Freie Reichsstadt und Pfullingen als früher zum Königreich Württemberg gehörend - ihre eigene Identität haben, auch das wird im Laufe dieser Arbeit da und dort sichtbar werden.

Auch wenn wir nun den Grenzverlauf der Pfullinger Markung skizzieren und im Norden beginnen, stehen wir dem großen Nachbarn Reutlingen gegenüber. Die Grenze bildet hier ein Stück der in die Echaz einmündende Arbach und auf eine kurze Strecke die Römerstraße. Uns dann nach Osten bewegend, verläuft die weitere Grenze hinter der Marktstraße, um beim alten Reutlinger Südbahnhof an die Markung Eningen zu stoßen.

Von dort verläuft die Grenze quer durch das Arbachtal, wobei der Arbach direkt diese wieder nur ein kurzes Stück bildet. Sie führt dann oberhalb des Hakenbühls und unterhalb der Wolfsgrube entlang, quert unterhalb des Alten Esch den Fall- bzw. Eschbach und führt dann durch den Wald steil den Albtrauf hinauf bis zum Rangen und zum Übersberg. Dort verläuft sie an der Traufkante und Kante des Mädlesfels entlang, bis sie hinter dem Gerstenberg an die Gemarkung St. Johann – Würtingen stößt.

Danach biegt die Markungsgrenze nach Süden und stößt an Lichtenstein-Unterhausen, quert den Übersberg und knickt an der Traufkante zum Zellertal hin wieder ab zum Rangen, so daß der Übersberg mit dem Übersberger Hof und dem Segelfluggelände fast eine Art Exklave darstellt, d.h. an einer Stelle auf dem Sattel zwischen Ursulahochberg und Übersberg ist allein die Fahrstraße Pfullinger Gebiet! Die Grenze zieht vom Rangen den Ursulahochberg hinauf, verläuft an dessen südlicher Traufkante, dann vom Hochberg hinab zur Elisenhütte und an dem steilen südlichen Trauf des Ursulabergs zur Ernsthütte. Bei letzterer knickt sie steil hangabwärts bis hinunter zum Ried in die Echazaue, quert dort die Echaz unterhalb der Baumwollspinnerei Unterhausen, um beim Hausemer Härtle den Lippentaler Hochberg emporzuführen. Im weiteren Verlauf bildet die nördliche und östliche Traufkante des Lippentaler Hochbergs die Grenze. Danach knickt die Grenze scharf nach Westen und verläuft über das Plateau des Lippentaler Hochbergs über das Vordere und Hintere Sättele und hinter dem Wackerstein zur Won, wo sie beim Rößleshart auf die Markung Sonnenbühl-Genkingen trifft.

Die Grenze verläuft weiter entlang der Traufkante zum Ruoffseck, dann entlang der nördlichen Traufkante des Genkinger Gielsbergs, wo sie am Auchtert mit 833 m ihren höchsten Punkt erreicht, und trifft kurz danach auf die Markung Reutlingen-Gönningen.

Sie zieht dann hinab zum Gielsberg (Pfullinger Berg), verläuft entlang dessen Traufkante zum Wiesaztal, quert den Gielsberg und geht hinab zum Selchental und quer durch das Leimenshart. Beim Dragonerstein im Wolfsloch trifft die Grenze wieder auf die Markung Reutlingen, quert den Breitenbach und zieht hinter dem Stellenbuckel zur Kleingartenanlage hinauf. An der Mark verläuft die Grenze wieder hangabwärts, erreicht hinter dem Eschle fast den Reutlinger Gaisbühl-Hof und führt zwischen Vochezenholz und Wagenried hinauf zum Georgenberg, den sie etwa entlang der 500 m- Höhenlinie an dessen Nordfuß umschließt. Die Gipfelregion des Georgenbergs (601 m) gehört somit eindeutig zu Pfullingen. Die Grenze zieht dann quer über den Lindach zur Wörthstraße und verläuft entlang dieser wieder zurück zum anfangs genannten Punkt, der mit 399 m auch der tiefst gelegene Punkt der Pfullinger Markung ist.

Bei Markungsumgehungen, die manchmal stattfinden, wandern die Teilnehmer etwa 42 Kilometer und bewältigen dabei rund 1200 Höhenmeter rauf und runter!

Im Zusammenhang mit den Flurnamen wird es viel um Fragen der Nutzung gehen. Vieles hat sich in den letzten hundert Jahren geändert. Der Stellenwert der Landwirtschaft hat sich beträchtlich verkleinert. Dennoch werden (Stand: 2019) 35,9 % der Markungsfläche landwirtschaftlich genutzt. Die Forstwirtschaft bringt es auf 40,0 %.Von der Siedlung werden mittlerweile 15,0 % der Fläche eingenommen, Auf stolze 7,3 % kommen schon die Verkehrsflächen, während Wasserflächen mit 0,5 % Anteil eher zu vernachlässigen sind. Es bleibt ein Rest von 1,3 % - Flächen, die sonstiger Nutzung unterliegen (Zahlen nach dem *Statistischen Landesamt Baden-Württemberg*).

Hinweise zu im Text verwendeten Abkürzungen und Flächenmaßen

Es bedeuten:

ahd.	althochdeutsch
dim.	Diminutivform, Verkleinerungsform
fränk.	fränkisch
frz.	französisch
got.	gotisch
gr.	griechisch
indog.	indogermanisch
isl.	isländisch
it.	italienisch
kymr.	kymrisch
lat.	lateinisch
mhd.	mittelhochdeutsch
mundartl.	mundartlich
Pl.	Plural, Mehrzahl
schwäb.	schwäbisch
slaw.	slawisch

1 Morgen entspricht	31,52 a	oder	3.152 m²
1 Joch (Jauchert)	33,09 a	oder	3.309 m²
1 Mannsmahd	47,30 a	oder	4.730 m²

DIE NATURLANDSCHAFT

Wenngleich es reine Naturlandschaften in Mitteleuropa nur noch selten gibt, hat die Markung Pfullingen großen Anteil an naturnahen Landschaften. In den letzten Jahren hat man sich glücklicherweise deren Wert zunehmend vor Augen geführt und erkannt, daß diese auch von überregionalem Interesse sein könnten.

So stehen inzwischen 5,1 % der Flächen auf der Pfullinger Markung unter Naturschutz; weitere sind zu Landschaftsschutzgebieten oder zu flächenhafte Naturdenkmälern ausgewiesen. Auch einige Kern- und Pflegezonen des 2008-2009 geschaffenen und von der UNESCO anerkannten Biosphärengebiets Schwäbische Alb befinden sich auf der Markung Pfullingen.

Sich für Flurnamen zu interessieren kann ein erster Schritt sein, um auf Natur und Landschaft zuzugehen, sie inhaltlich und sprachlich zu verstehen, um sich im Idealfall in einem zweiten Schritt auch für ihre Bewahrung einzusetzen.

In diesem ersten Hauptteil soll es zunächst um solche Flurnamen gehen, die sich an die natürlichen Gegebenheiten der Pfullinger Markung anlehnen. Gewässer sind dabei ein besonders wichtiges Thema. Im Anschluß daran möchte ich auf weitere, landschaftsprägende Faktoren, wie z.B. Relief oder Vegetation eingehen.

Gewässer

Wasser als Ursprung allen Lebens hatte bei allen Völkern stets einen besonderen Stellenwert. Entlang der großen Ströme Nil, Tigris / Euphrat, Indus und Hwangho entstanden die ersten Hochkulturen.

Auch bei uns in Mitteleuropa ist das fruchtbare Land entlang vieler Gewässer Altsiedelland. So ranken sich viele alte Sagen und Legenden um Brunnen, und Quellen werden oft erstaunlichste Kräfte zugeschrieben. Auch sehr viele und sogar viele unserer ältesten Flurnamen stehen mit dem Wasser in Zusammenhang, weshalb sich das erste Kapitel mit diesen „Wassernamen" beschäftigen soll.

Pfullingen liegt am Fuße der Schwäbischen Alb und darf sich – allem Klimawandel zum Trotz – noch immer eines relativ großen Wasserreichtums erfreuen. Die wasserstauenden Schichten des oberen Braunjura bilden Quellhorizonte, über denen in zahlreichen Quellen Wasser austritt.

Die großen Karstquellen, wie sie sich weiter oberhalb im Echaztal finden, haben z.T. riesige Einzugsgebiete und fördern das Wasser, das auf der Alb in den von Klüften durchsetzten Schichten des Weißjura versinkt. Die Echazquelle hinter Honau ist die größte Karstquelle der mittleren Alb und ihre mächtige ganzjährige Schüttung sorgt dafür, daß unser heimatlicher Fluß nie versiegt.

Fließgewässer

Wasserursprung

Wasserursprünge werden im Schwäbischen gemeinhin *Brunnen* (ahd. *brunno*, mhd. *brunne*; mundartl. *Bronne, Bronna*) genannt. Was wir heutzutage v.a. im Schriftdeutschen als Brunnen zu bezeichnen pflegen, verleitet häufig zu dem Trugschluß, daß es sich bei allen Quellaustritten mit dieser Bezeichnung stets überall um gefaßte Wasserstellen in Form von Röhren-, Pump- oder Ziehbrunnen handelt bzw. handelte. Dies ist allerdings nur innerhalb des Stadtgebiets der Fall. An Brunnen oder Bronnen existieren auf der Pfullinger Markung:

der *Gänsbronnen*, am Ursulaberg in der Nähe des Neubaugebietes Kühnenbach, dessen Name darauf hinweist, daß hier wahrscheinlich Gänse zur Tränke geführt wurden. Auch heute noch gibt es in diesem Gebiet zahlreiche Quellmulden und Bächlein.

Bekannter ist der *Schinderbronnen („dr Schenderbronna")* bei der Kleingartenanlage. Der Name wird wahrscheinlich bezeichnend für eine Quelle sein, die nur wenige Meter hinter der Kleingartenanlage im Wald entspringt. Das ausfließende Bächlein entwässert in einer Klinge zum *Breitenbach* hin, in den es bei der Jungviehweide einmündet. Als Schinderbronnen wurden meist Quellen bezeichnet, an denen Vieh oder Wild nach der Jagd geschlachtet und ausgenommen wurde.

Der *Kaltenbronnen* liegt am nördlichen Abhang des Giels- bzw. Pfullinger Bergs, wo sich auf einer schollenartigen Rutschung die Lache (Naturdenkmal), die von einem Quelltopf gespeist wird, gebildet hat. „Kalt" kann eine Anspielung auf die allgemein schattige Lage dieser Gegend (Nordhang) oder die Temperatur des Quelltopfes sein.

Der *Bronnen* ist das Gebiet am Nordhang des *Won*, oberhalb der *Stuhlsteige* gelegen. Hier befinden sich viele periodisch fließende Quellen des Eierbachs bis zu einer Höhenlage von 750 Metern. In diesem schattigen Gebiet hat sich eine eigene Vegetation entwickelt: Mitte bis Ende April ist in der Nähe des Steinbruchs an der Stuhlsteige der Waldboden bedeckt vom rosa bis violett blühenden Lerchensporn. Im Mai belebt das hüfthohe Wilde Silberblatt mit seinen hellrosa Blüten das Bild. Die Bereiche entlang der Quellen und Gräben bieten Kleinlebensräume für Lurche wie Erdkröte oder Feuersalamander. Allerdings ist der Wasserhaushalt dieses Gebiets durch den Steinbruch erheblich beeinträchtigt worden.

Kenzlerbronnen (= Kindlesbrunnen) gab es offenbar zwei. Einer war eine Quelle in der Nähe der heutigen Leonhardstraße. Sie versorgte auch das Kloster mit Wasser und wurde wohl auch *lt. Kinkelin Spiegels Bronn* oder *Veit Ebers Bronn* genannt. Ein zweiter *Kenzlerbronnen* lag im Strohweiler, wie auch bei *Meyer 1828* zu lesen ist.

Für zwei Quellen ist der Name *Kesselbrunnen* bekannt. Die eine ist eine mit 900 l/Min. stark schüttende Quelle direkt neben der Echaz, kurz bevor diese von der Unterhausener auf die Pfullinger Markung übertritt. Die Quelle wird auch *Unterer Kesselbrunnen* genannt – im Gegensatz zu einem noch weiter oberhalb liegenden *Oberen Kesselbrunnen*. Als *Unterer Kesselbrunnen* wurde auch fälschlicherweise manchmal die *Entenseequelle* (s.u.) bezeichnet. Bei den Kesselbrunnen hat man, wie *Wille (2015)* vermutet, vielleicht Stein- oder Holzkessel in die Quellen eingelassen, um das Wasserschöpfen zu erleichtern. Der *Klingende Brunnen* ist eine Quelle in einer Klinge (= Geländeeinschnitt) beim Harret in der Nähe der Markungsgrenze nach Eningen. Es handelt sich wahrscheinlich um die Quelle eines kleinen Zuflusses zum Eschbach (= Fallbach), der seinerseits dem Arbach zufließt.

Beim *Kohlbronnen* dürfte es sich um eine der Quellen handeln, die zwar fast im Lindental entspringen, aber dennoch dem Eierbach zufließen. Der Name ist höchstwahrscheinlich mit Kohl in Verbindung zu bringen, denn auch heute noch wird auf einigen Feldern ringsum Kohl angebaut.

Der *Lindenbrunnen* befand sich in der Innenstadt auf dem Lindenplatz und war mit Sicherheit damals schon das, was wir uns heute unter einem Brunnen vorstellen. 1517 taucht jedoch als Lindenbrunnen auch ein Brunnen auf, der in älteren Urkunden von 1365 noch als *Klemmenbrunnen* bezeichnet wird und sich auf der Höhe Gönninger Str. 3 befunden haben soll.

Auf den Stand seines Besitzers weist der *Rittersbronnen* hin. Die Quelle ist irgendwo im oberen Lindental zu suchen; genaueres dazu aber unbekannt.

Walcher nennt auch einen *Scheiten-* oder *Scheutterbronnen*. Die Lage dieser Quelle hat jedoch auch er anscheinend nicht mehr feststellen können. In den Bürgermeisterrechnungen von 1603/04 wird ein *Scheittenbrunnen* erwähnt, im Unterpfandbuch von 1621 ein *Scheutterbrunnen*, der im Steuerbuch von 1650 als *Scheytenbrunnen* bezeichnet wird. Im Steuerbuch von 1753 tritt abermals der Name *Scheutterbrunnen* auf. Interessant ist zu wissen, daß um die erste Hälfte des 17. Jahrhunderts in Pfullingen ein Mann wohnte, Hans Geiselhart, den man das „Scheutterhansele" nannte und so der Name daher wahrscheinlich ein Besitzername ist. Es könnte sich jedoch die Frage stellen, ob der Name nicht auch auf (Holz-)Scheit zurückzuführen ist, was vor allem dann einen Sinn ergeben würde, wenn die Quelle im Wald läge, in der Nähe von Holzstößen.

Der *Schwägerlesbronnen* verdeutlicht ebenfalls die Besitzerverhältnisse. Die Quelle ist zwischen Erlen- und Grundhof zu suchen und gehört zu den Ursprüngen des *Sulzbachs*. Vielleich ist sie identisch mit des *Trutwins Bronnen*, die als eigentliche Sulzbachquelle gilt.

Auch im *Brönnlesteich* steckt möglicherweise der Brunnen. Der Name könnte auf die Quellen des Lindentalbachs anspielen, von denen allerdings die wirklich ganzjährig fließenden schon fast außerhalb des so bezeichneten Gebietes liegen. Wahrscheinlicher ist daher, daß sich in diesem Namen ein Personenname versteckt, was jedoch an dieser Stelle nicht weiter behandelt sein soll.

Die *Brunnenstube* ist wahrscheinlich mit dem *Kenzlerbronnen* identisch. Hier hatte man es mit einer gefaßten Quelle zu tun.

Das Wort *Quelle* ist indes im Schwäbischen nicht beheimatet. Es gibt daher auch nur wenige Bezeichnungen, in denen es vorkommt.

Zwischen Entensee, Schwarzem Brühl und den Wasserwiesen lag die *Entenseequelle*, die auch als *Quelle am Schwarzen Brühl* oder *Quelle in den Wasserwiesen*, fälschlich hingegen als *Unterer Kesselbronnen* (s.o.) bezeichnet wurde.

Die *Mehlquelle* ist eine der Eierbachquellen in der Nähe des Steinbruchs an der Stuhlsteige. Es ist anzunehmen, daß der Name auf die Färbung des Wassers abzielt. Im Gegensatz zu den Bächen, die aus den lehmigen Braunjuraschichten und von der Röt kommen und die nach längeren Niederschlagsereignissen tatsächlich lehmbraun gefärbt sind, haben jene Quellen, die auf dem Quellhorizont des Weißjura entspringen, bei starker Schüttung oft eine mehlgraue, kalkige Färbung. Es dauert auch wesentlich länger, bis sich bei starken Regenfällen der Eierbach trübt, während Lindentalbach und Sulzbach, die weite Teile der Röt entwässern, schon nach wenigen Stunde eine Trübung durch die mitgeführten Sedimente zeigen.

Die *Bad-Ulrich-Quelle* war ein Gebäude an der Einmündung des Stadtbachs (2/8-Kanals) in die Echaz. Dort befand sich die Wäscherei Schlegel. Früher wurden dort auch Wannenbäder angeboten. Heute steht an dieser Stelle ein modernes Wohnhaus.

Weiterfließendes Wasser

Auf ein fließendes Wasser deutet *Bach* oder *Ach* hin, das seinen Ursprung in vielen älteren Sprachen hat: lat. *aqua*, indog. *akva*, got. *ahva*, kymr. *aches*, ahd. *aha*, mhd. *ahe* bedeutet Wasser, Fluß. *Ach* ist eine häufige süddeutsche Bezeichnung für Bach oder Fluß, der sich beispielsweise in Gewässernamen wie der Zwiefalter Ach, der Radolfzeller Ach, der Tiroler oder Bregenzer Ache wiederfindet.
Viele Bäche tragen Namen, die sie ihren ganzen Lauf über behalten, doch je nach Fließcharakter, Ufervegetation oder anderen örtlichen Besonderheiten

sind entlang der Bäche oft Flurnamen entstanden, die das Gewässer noch näher differenzieren.

Wichtigstes Fließgewässer ist und war auch schon früher immer die *Echaz*. Von ihren 23 km Gesamtlänge entfallen 5 km auf die Markung Pfullingen. Die Echaz fließt unterhalb der Baumwollspinnerei Unterhausen in die Pfullinger Markung ein und verläßt sie bei der Einmündung des Arbachs nach Reutlingen. Auf diesem Streckenabschnitt überwindet sie 75 m an Gefälle. Diese Gefällstrecken waren vor allem für die Errichtung einer Vielzahl von Mühlen bedeutsam, die es in Pfullingen gab oder noch gibt: Getreidemühlen, Sägemühlen, Pulvermühlen, Gipsmühlen, Schleifmühlen, Ölmühlen, Reibmühlen, Papiermühlen oder Eisenhämmer. Sie alle standen entlang der verschiedenen Echazkanäle in Pfullingen. Diese Wasserkraftpotentiale waren eine wichtige Voraussetzung für die relativ frühe Ansiedlung von Industrie in Pfullingen. Heute ist die Echaz innerhalb des Stadtgebiets mit etlichen Wegen entlang der Wasserläufe, darunter dem Wasser-Erlebnispfad, ein wichtiger Erholungsraum. Außerhalb der Stadt beherbergt die Echazaue zwischen Pfullingen und Unterhausen einige der letzten naturnahen Flußläufe und wurde daher 2005 durch ein 50 ha großes Naturschutz gesichert.

Um den Namen *Echaz* interpretieren zu können, muß man sich verschiedener älterer Schreibweisen besinnen: beim Volk mundartlich gemeinhin *Ächez* genannt, sind Schreibweisen wie *Ächaz (1590)*, *Ächenz (1289)*, *Ächenzun (1337, 1370)*, *Ächentz (1390, 1409, 1417)*, *Ächetz (1454, 1470)*, *Ächez (1484)*, *Echatz (1521, 1584)*, *Echels (17. Jh.)*, *Echentz (1358)*, *Echets (1506)*, *Echetz (1484)*, *Echez (1586, 1699, 1741)* und *Echiz (1555, 1608, 1680, 1748)* belegt. Dies zeigt, daß die Aussprache des Namens, nämlich eben mit offenem E oder Ä lange Zeit auch im Schriftbild gewahrt wurde. In der lateinischen Schenkungsurkunde Otto I. aus dem Jahr 937 wird die Echaz als *Achaza* bezeichnet („...*a natatorio fluminis Achaza*...“ – „...*von der Quelle der Echaz*...“). Hier wird deutlich, daß auch in diesem Gewässernamen das Wort *Ach* steckt. Der zweite Teil des Namens, *-az*, läßt sich vom Alt- / Mittelhochdeutschen *Az* / *Atz* herleiten, was soviel wie Speise, Nahrung oder Futter bedeutet. Dies steht wiederum im Zusammenhang mit dem indogermanischen Verb *ad* (= essen, speisen, nähren, füttern, sättigen) und dem althochdeutschen Verb *azzen* oder *ezzen*. Der Name soll also zum Ausdruck bringen, daß die Echaz ein Fluß ist, der die Talbewohner ernährt, die Wiesen bewässert und die Mühlen betreibt.

So läßt sich nun auch einfach ein Tal weiter die der Steinlach zufließende *Wiesaz* unserer Gönninger Nachbarn interpretieren.

Mit einer Länge von 5 km und einem Gefälle von normalerweise 155 m ist der *Eierbach* das längste Gewässer, das auf Pfullinger Markung entspringt und in den Vorfluter Echaz mündet, ohne dabei die Markung verlassen zu haben. Deshalb eine nähere Beschreibung des Baches: Der Eierbach entspringt in seiner Hauptquelle unterhalb der Stuhlsteige auf 570 m Höhe. Es gibt allerdings noch eine Vielzahl von weiteren Quellen bis zu einer Höhenlage von 750 m, die jedoch nur mehr oder weniger periodisch oder gar episodisch fließen. In zahlreichen Kaskaden stürzt sich das Wasser über umgestürzte Baumstämme und moosbewachsene Sinterterrassen. Der Nadelwald, durch den der Eierbach seinen obersten Lauf nimmt, ist verhältnismäßig jung. Früher floß der Bach hier durch feuchte Wiesen - wertvolle Standorte für Trollblumen und Orchideen, die durch die Aufforstung mit Fichten leider unwiederbringlich verloren sind.

Der *Eierbach* nimmt seinen weiteren Weg durch die Wiesen und Obstgärten und führt das Bild eines noch völlig natürlichen Gewässers vor. Doch auch dieses Bild trügt zum Teil: Bei starker Wasserführung veränderte der Eierbach früher oft sein Bachbett, was dann Grenzstreitigkeiten zwischen Grundstückseigentümern zur Folge hatte. Deshalb wurden viele Mäanderschleifen beseitigt und teilweise die Ufer aufgeböscht, um das Wasser besser unter Kontrolle halten zu können. Eines der ursprünglichsten Gebiete befindet sich kurz vor der Einmündung des Baches in das ehemalige Eierbachschwimmbad (heute Fischteich): der Bach ist dort richtig verwildert und hat Kiesflächen aufgespült, die sich mit jedem Hochwasser verändern können. Bäume sind in das Bachbett gestürzt und in stillen Pfützen laichen im Frühjahr die Frösche.

Auch der Fließabschnitt zwischen dem Alten Schwimmbad und der Gönninger Straße ist ökologisch sehr wertvoll. Der Bach hat sich hier teilweise mehr als fünf Meter eingetieft und wird von Eschen, Erlen und mächtigen Weiden gesäumt.

Mit einem enormen Aufwand an Geld und Natursteinblöcken wurde in den achtziger Jahren das Eierbachufer zwischen der Gönninger Straße und der Kleinen Ziegelstraße saniert. Es war teilweise in einem katastrophalen Zustand. Weniger schön ist der letzte Fließabschnitt des Eierbachs bis zur Einmündung in die Echaz bei der Schloßbrücke durch seine Einfassungen mit Betonmauern. Im Sommer wird das Bild durch die Kletterpflanzen und die Blumenkästen gemildert. Doch sind die Sicherungen des Bachbettes in diesem letzten Abschnitt nicht ohne Grund geschehen: Früher war der Eierbach bei den Anwohnern aufgrund seiner plötzlichen Hochwasser gefürchteter als die große Echaz. In der *Oberamtsbeschreibung von 1893* wird berichtet, daß am 12. Mai 1853 nach einem Hochwasser der Pegel um 3,25 m über dem Mittelwasser gelegen haben soll. Auch an den beiden größten Hochwasserereignissen des vergangenen Jahrzehnts, den Hochwassern von 2013 und 2016, war der Eierbach massiv beteiligt. Letzteres war vermutlich das schlimmste seit dem o.g. von 1853. Der sonst so harmlose Bach verwandelte sich in einen gewaltigen Strom, der sogar Autos mit sich riß!

Wissenswert ist auch, daß der Eierbach von der Gabelung der beiden Ziegelgassen an bis zu seiner Mündung wahrscheinlich in einem alten Echazbett verläuft. Dafür spricht die Breite des Bachbetts, die Vertiefung, in der die Große Ziegelgasse verläuft und der eigentlich „unnötige" Knick der Echaz beim Wasserfall am Gymnasium. Daraus läßt sich vermuten, daß die Echaz wohl einst vom Wasserfall an geradeaus geflossen ist.

Der Eierbach trocknet, verglichen mit Lindentalbach oder Arbach, relativ selten aus. In den 80er Jahren geschah dies nur 1983 und 1985. 1983 war ein äußerst trockener Sommer und niederschlagsarmer Herbst, so daß zumindest Unter- und Mittellauf von Juni bis Dezember ausgetrocknet waren. Man begann schon, sich ernsthaft Sorgen um den Bach zu machen und glaubte, daß sich die Geologie des Quellgebietes verändert hätte und das Wasser woandershin abflösse. 1985 war der Eierbach von August bis Oktober völlig ausgetrocknet und erst im Januar 1986 hatte das Wasser dann so viel Kraft, daß es auch die letzten 300 Meter zur Echaz überwinden konnte.

Der Name selbst hat mit Eiern nichts zu tun: noch im vergangenen Jahrhundert schrieb man nämlich *Aierbach*. Auch ältere Hinweise, die sich höchstwahrscheinlich auf denselben Bach beziehen, belegen dies: *1321 / 1454 Aigerbach, 1370 Maigerbach, 1475 „im Ayerbach", 1555 Mayerbach, Ayerbach, 1824 Aierbach, Ayerbach* und *1828 Eyerbach*. Im Namen ist, wie sich bei einigen Schreibweisen leicht erkennen läßt, höchstwahrscheinlich ein Besitzer zu suchen, worauf ich an anderer Stelle unter dem Kapitel Besitzernamen noch einmal zu sprechen komme. In der Pfarrbeschreibung von 1828 tauchen als weitere Namen für den Eierbach auch die Bezeichnungen *Alpbach* und *Wasserrauns* auf; bei *Kinkelin* auch *Unterwegenruns*.

Ein Zufluß des Eierbachs und weiterer wichtiger Bach ist der *Lindentalbach*, der seinen Ursprung im *Lindental* hat; daher der Name. Der Lindentalbach hat eine Länge von 3,75 km und mit 168 m ein größeres Gefälle als sein Vorfluter, wobei dieses noch auf einer viel kürzeren Wegstrecke überwunden werden muß.

Die Hauptquelle des Lindentalbachs liegt im Wald in der Küche, wobei in trockenen Monaten allerdings auch mehrere starke Quellen am Waldrand den Ursprung darstellen. Nach ergiebigen Regenfällen kann auch weiter oben an der Küchensteige oder an der Ochsensteige Wasser austreten. Das Quellgebiet des Lindentalbachs mußte dasselbe Schicksal erleiden wie das des Eierbachs: Auch hier fielen wertvolle Feuchtwiesen der Aufforstung mit Fichte anheim, doch wurden dabei einige, große Lichtungen aufgelassen die auch heute noch ein Rückzugsgebiet für seltene Pflanzen und Schmetterlinge sind.

Hat der Bach den Wald verlassen, fließt er zwischen Wiesen und Weiden dahin und behält diesen Charakter bis zur Unterquerung der Kreisstraße nach Gönningen und der Einmündung des Sulzbachs bei. Von da an tieft sich der Lindentalbach ein und bildet einen drei Meter hohen Wasserfall. Wie der Eierbach auch, durchfließt er Obstgärten, bis er nach der Brücke der Talackerstraße in das Siedlungsgebiet der Stadt gelangt, wo er zwischen Trauben- und Gönninger Straße in den Eierbach mündet.

Der *Sulzbach* ist ein Nebengewässer des Lindentalbachs, wobei ich mich immer wieder an lebhafte Diskussionen darüber, welcher Bach in welchen fließt, erinnern kann.

Nimmt man die Länge des Gewässers als ausschlaggebend, so endet der Sulzbach bereits unterhalb des Weiherhofs, da der Lindentalbach, mit dem er zusammenfließt, an dieser Stelle bereits der eindeutig längere Bach ist. Viele ließen jedoch den Sulzbach oberhalb der Rebenwegbrücke in den Eierbach münden, und selbst amtliche Karten haben diese Frage nicht einheitlich beantwortet.

Der Sulzbach kommt aus einer Quelle unterhalb des Erlenhofs, dem *Trutwinsbronnen*, sammelt sich aber eigentlich aus mehreren kleinen Bächlein, die vom Nordhang des Gielsbergs aus den Fluren Langweid, Schlechten und Mittlere Raine kommen. Diese Bäche trocknen häufig aus und führen auch Zeiten normaler Niederschlagsmengen nur mäßig viel Wasser. Dies kann den Namen erklären, denn *Sulz* bezeichnet abtauenden, breiartig aufgeschmolzenen Schnee. Mit dem Namen Sulzbach soll vermutlich ausgedrückt werden, daß der Bach nur zu den Zeiten der Schneeschmelze nennenswertere Wassermengen führt. Der Sulzbach wurde auch als *Bulinsbach* bezeichnet.

Von den 6,25 km des *Arbachs* (1439 *Marpach*) fallen nur die letzten 1,2 km der Markung Pfullingen zu, wobei man sich noch darüber streiten kann, ob der Arbach schon bei der Einmündung des ⅛-Kanals endet oder aber erst dann, wenn das Wasser des Arbachs und des ⅛-Kanals gemeinsam den ⅞-Kanal, also den Hauptlauf der Echaz, erreicht haben. Die o.g. Längenangaben gelten für den letzteren Fall. Als Gewässer kommt dem Arbach in Pfullingen nur untergeordnete Bedeutung zu. Der Pfullinger Unterlauf ist einer der am schnellsten austrocknenden Bachläufe auf Pfullinger Markung und daher fällt dieser Fließabschnitt fast in jedem Sommer für längere Zeit trocken.

Der *Breitenbach (1334 „an dem Braitenbach")* entspringt im Selchental, dicht an der Grenze nach Gönningen. Von seinen 7,5 km Gesamtlänge entfällt heute 1 km auf die Markung Pfullingen. Bevor die im Oktober 1988 geschlossene Mülldeponie Selchental angelegt und der Bach über einen seitlichen Tobel weiter nach Westen in die Markung Gönningen geleitet wurde, war Pfullingen mit fast 2 km am Bachlauf beteiligt.
Die zum Naturdenkmal erklärte Hauptquelle liegt auf 555 m, doch tritt bei stärkeren Regenfällen auch auf 600 m noch eine Quelle aus.
In der *Oberamtsbeschreibung von Reutlingen 1824* schreibt *Memminger* über den Breitenbach:

„der Breitenbach, auch Wolfsbach genannt. Er kommt vom Fuße der Alp bey Gönningen, hauptsächlich aus dem Kühlbrunnen her, läuft durch das Selchenthal und fällt auf der linken Seite unterhalb Betzingen in die Echaz. Auch in dem heißen und dürren Sommer von 1822 vertrocknete er nicht; bei starkem Regen schwillt er in der Gegend von Betzingen zu einer Breite von 300 Fuß an. Sein Bett läuft meist im Schiefer hin, sein Wasser wird, wie das des Ayerbachs, als Bad gegen die Krätze gebraucht. Er führt Krebse, Gruppen, Grundeln und Weißfische".

Das Überschwemmen der Talaue auf einer Breite von 300 Fuß, was etwa 85 m entspräche und dem Bach auf den ersten Blick seinen Namen gegeben zu haben scheint, ist heute durch dementsprechende wasserbauliche Maßnahmen unterbunden. Wie aus dem Zitat hervorgegangen, wird der oberste Lauf des Breitenbachs auch *Wolfbach (1431 Wolffbach)* genannt. Genau genommen beginnt der Breitenbach eigentlich erst, nachdem sich Pfullinger und Gönninger Wolfbach beim Dragonerstein, einem alten Grenzstein, vereinigt haben.

Die Erklärung der Oberamtsbeschreibung (Breitenbach also von *breit*) mag möglicherweise so zugetroffen haben, doch ist auch noch eine andere in Erwägung zu ziehen; dazu jedoch später.

Im Zusammenhang mit dem Breitenbach gab es auch einen *Weiler Breitenbach*, der im unteren Breitenbachtal lag und im Mittelalter zur Markung Pfullingen gehörte. Die kleine Siedlung ist wahrscheinlich aber schon im 14. Jahrhundert teilweise wüstgefallen.1441 wird jedoch noch ein „*Haus zu Breitenbach*" erwähnt.

Jenseits des Ursulabergs ist der 1,75 km lange *Fallbach* von Bedeutung, der oberhalb des Alten Esch im Wald entspringt, nach 800 m Lauflänge in die Eninger Markung einfließt und sein Wasser dem Arbach zuführt. Der Fallbach wird seiner Lage am Alten Esch wegen auch *Eschbach (Öschbach)* genannt.

Aus dem *Lippental* zwischen dem Schönberg und dem Lippentaler Hochberg kommt der *Lippentaler Bach*. Das Gewässer muß eigentlich eher als periodisch, denn als perennierend bezeichnet werden. Vom Mai an bis spät in den Herbst hinein versiegt der Bach, sobald er den Wald verläßt. Dies begründet sich zum einen darin, daß ein äußerst selten fließender Hungerbrunnen eine seiner Quellen darstellt, liegt aber zum anderen auch daran, daß sein Bachbett außerhalb des Waldes nicht den tiefsten Punkt der Talsohle genommen hat. Die tiefste Linie im Tal ist allerdings naß und sumpfig, so daß das höhergelegene Bachbett aller Wahrscheinlichkeit nach sein Wasser dorthin verliert.

Erwähnenswert ist auch der Schwemmkegel, den der Bach am Talausgang bildet. Dort, wo die Fließgeschwindigkeit des kleinen Baches nachläßt, hat er seit Jahrtausenden seine Fracht abgelagert: die größeren Gerölle zuerst, den feineren Sand zuletzt. Anhand von Artefakten und deren Tiefenlage läßt sich errechnen, wieviel Material innerhalb welchen Zeitraumes abgelagert wurde. Dies konnte man beispielsweise feststellen, als 1934 die Straße Pfullingen - Unterhausen begradigt wurde und dabei der Schwemmkegel angeschnitten werden mußte.

Noch auf Pfullinger Markung entspringt im Wagenried, hinter der Röt und unterhalb des Georgenbergs der *Kaibach*, nach *Wille (2015)* wohl von *Kot* abgeleitet (*1310 Kotebach*). Der wenig Wasser führende Bach fließt nur wenige Meter nach seinen Quellaustritten in die Markung Reutlingen ein und erreicht nach einem Lauf von 4 km, der hauptsächlich durch Siedlungen führt, die Echaz zwischen Reutlingen und Betzingen.

Ebenfalls am Nordabhang der Röt entspringt in der Mark, noch auf Pfullinger Gebiet, der *Äußere Ringelbach (1471 „in dem ußern Ringelbach")*, ein Zufluß des *Kaibachs*.

Am *Ursulaberg* sammeln sich in der Nähe des Waldcafés einige Gräben zum *Kühnenbach*. Der Name ist in Verbindung mit dem seit 1986 entstandenen Wohngebiet bekannt. Von einem Bach ist nun nicht mehr viel zu sehen.

Der *Kutzisbach*, dessen Quelle früher den Klosterbrunnen speiste, war ein Bach, der zwischen Leonhardstraße und Klosterstraße entsprang und bei der Flad'schen Sägemühle in die Echaz mündete. Er ist heute längst verdolt.

Auch der *Kutzesbach* auf der *Kleinen Steinge* ist unter zahlreichen Gewerbeansiedlungen längst verschwunden. Die Namen der beiden zuletzt genannten Bäche könnte sich von *gützen* (= aus einer Röhre spritzen, z.B. bei einem Brunnen) ableiten, wenn nicht auch von Weidenkätzchen.

Den westlichen Teil der *Röt* entwässert der *Wettersbach*. Das Bächlein rinnt aus mehreren Gräben beim Erlenhof zusammen und fließt dann in einem Tälchen zwischen Sulzrain und Hinterem Hart dem Lindentalbach zu.

Beim heute überbauten *Spielbach* (*1470 Spilbach*) handelt es sich lediglich um Gräben, die das Wasser zwischen Flurstücken abführten. Von einem großartigen Bach zu reden, wäre hier übertrieben. Das Gelände besteht hauptsächlich aus Wiesen und Äckern. Teile des Spielbachs gehörten um 1562 zum Kloster.

Die *Grinsbäche* sind Quellbäche des Breitenbachs im Selchental. Aus dem Namen geht hervor, daß es sich um unbedeutende Bäche, also Gerinne handelt. Die Bäche sind auch tatsächlich sehr kleine Rinnsale, die in der wärmeren Jahreszeit häufig austrocknen.
Ein anderer Name, der synonym für diese Wasserläufe im Selchental steht und für eine Deutung im Sinne von Gerinne spricht, ist der Name *Ehrenspach* bzw. *Ehrenspäche* (*1475 Erenspach*). Sucht man nach Wurzeln, etwa im La-

teinischen, so findet man *arens* = wasserarm, dürr. Verweisend auf Kinkelin (1937) muß jedoch auch ein Besitzername in Erwägung gezogen werden, etwa in der Bedeutung von „des Erins Bäche".

Der Flurname *Bächen* („*en de Bäch*") bezieht sich auf das Gebiet zwischen Arbach und Eninger Kappelbach an der Grenze nach Eningen.

Im Württenbach bezeichnet die Echaz an der Grenze nach Reutlingen. *Württen-* kommt von *Wert, Währd, Werder*, was Ufer bedeutet. Die *Wörthstraße*, die von Pfullingen nach Reutlingen am Echazufer entlangführt, hat ihren Namen daher.

Aschach (1475) ist ein mit Espen oder Eschen bestandener Abschnitt des Lindentalbachs im Lindental.
Der *Ehespach* oder *Aischbach* zwischen Pfullingen und Unterhausen ist in Zusammenhang mit dem Echazlauf dort zu sehen und weist ebenfalls auf Espen oder Eschen hin. Für ungefähr dasselbe Gebiet wird auch der Name *Weidach*, der die Weiden der Ufervegetation anspricht, verwendet.

Die *Stumpach* ist ein Zufluß des Breitenbachs, der sich einen tiefen Tobel gegraben hat. Der Bach entspringt auf der großen Waldlichtung bei der Kleingartenanlage Schinderbronnen. Die Klinge liegt allerdings gänzlich im Wald versteckt, was jedoch früher nicht der Fall war. Noch auf Karten von 1938 ist der nördliche Hang der Klinge als nicht bewaldet verzeichnet. Verglichen mit der Länge des Gewässers hat der Bach ein starkes Gefälle und bei starken Gewittergüssen wird außerordentlich viel Lockermaterial abtransportiert. Durch die Umlegung des Breitenbachs infolge der früheren Mülldeponie Selchental hat der Bach an Länge gewonnen und fließt in seinem unteren Teil nun im ehemaligen Bett des Breitenbachs. Interessant ist der eingetiefte Mäander, den die Stumpach in ihrem mittleren Teilstück bildet.

Die Flurnamen *Lindach (1475)* und *Hohenlindach* sind ebenfalls im Zusammenhang mit Bächen zu sehen. Hierbei dürfte es sich um die Bächlein handeln, die vom dem sich nach NNW ziehenden, anhängenden Sporn des Georgenberg hinab zur Echaz fließen.

Die Lage des *Röschenbachs* ist leider nicht mehr genau festzustellen.

Vom Charakter des fließenden Wassers

Kein Bach gleicht dem anderen und jeder hat seine charakteristischen Fließ-abschnitte. Ausschlaggebend für den Charakter eines Fließgewässers sind vornehmlich Wassermenge, Fließgeschwindigkeit (die wiederum vom Gefälle abhängig ist), Beschaffenheit des Untergrundes sowie Ausprägung der Ufervegetation. Dennoch weisen alle Bäche auf Pfullinger Markung doch mehr oder minder gemeinsame Merkmale auf, die insgesamt gesehen für viele Bäche, die am Albtrauf entspringen, kennzeichnend sind:

Die meisten Bäche und Quellen in Pfullingen haben ihre perennierenden d.h. ganzjährig schüttenden Quellen auf etwa 600 mNN Höhe, was dem Quellhorizont des Weißjura Alpha entspricht. In ihrem Oberlauf, der zumeist durch Wald führt, weisen die Bäche ein starkes Gefälle auf und bilden zahlreiche Kaskaden. Bäume stürzen in das Bachbett, Laub und Äste werden aufgeschwemmt und durch mitgeführten Schlamm und Gerölle verfestigt. An den Gefällestufen verliert das Wasser an CO^2-Gehalt und kann dadurch auch den Kalk des Weißjura nicht mehr in sich gelöst halten. Der Kalk fällt aus und lagert sich ab, so daß schon innerhalb kürzester Zeit Pflanzenmaterial und Gegenstände aller Art sich mit einer solchen Kruste aus Sinterkalk überziehen. Hausfrauen, die mit Echazwasser wirtschaften müssen, können ein Klagelied davon singen. Auf diese Art und Weise werden die durch Verstopfung mit Pflanzenmaterial entstandenen Wasserfälle festzementiert und können sogar nach vorne wachsen, wie man es etwa vom Uracher Wasserfall kennt.
Haben die Bäche das Waldgebiet verlassen, fließen sie meistens zwischen Streuobstwiesen oder Weiden dahin, bevor sie dann ins Siedlungsgebiet eintreten. Freilich hat auch der Mensch den Charakter in entscheidendem Maße geprägt, sei es durch Anlage von Mühlgräben, Kanälen, Stauwehren oder auch leider manchmal häßlichen Uferbefestigungen. Diese Veränderungen sind ebenfalls in die Flurnamen eingegangen, doch soll davon erst später im Kapitel Wasserbauten die Rede sein.
An dieser Stelle geht es erst einmal um Flurnamen, die sich auf natürliche Eigenheiten der Bachläufe und ihres Wassers beziehen.

Wo auf kürzesten Strecken vom Wasser Gefälle überwunden werden, entstehen Wasserfälle. Das Wasser ergießt sich hinab, weshalb die Wasserfälle oft auch als *Gießel* bezeichnet werden. Manchem ist der *Hohe Gießel* an der Großen Lauter bei Anhausen ein Begriff.

Auf Pfullinger Markung sind zwei Stellen mit diesem Namen behaftet:

Der *Gießel* (ob mit *1475 „oberhalb dem vallenden Gießel"* dieser gemeint?) befindet sich am Eierbach und zwar handelt es sich um eine Gefällestufe kurz vor Einmündung des Lindentalbachs. Die treppenartigen Kaskaden sind von der Gönninger Straße aus gut zu sehen.

Der *Lindengießel*, der auch unter dem Namen *Dragonersprung* bekannt ist, ist ein Wasserfall der Echaz in der Nähe der Richard-Silber-Straße. Hier stürzt sich die Echaz zwei Meter tief über eine Kalkplatte, die eine Grenze zwischen der Schicht des Braunjura Alpha und des Braunjura Beta darstellt.

Der Begriff der *Rinne* steht meistens für eingetiefte Bachbetten, aber auch für künstlich angelegte Bewässerungsgräben. In manchen Fällen ist er auch Hinweis auf die geringe Dimension und Wassermenge eines Gewässers, wie das bei den schon erwähnten *Grinsbächen* der Fall ist.

Der Flurname *Bei der Rinne* (ob *1470 „zuo der Rynnen"* dieser gemeint?) bezieht sich auf den Eier- oder Lindentalbach. Auf jeden Fall ist die so bezeichnete Flur dort zu suchen, wo beide Bäche zusammenfließen. Es ist möglich, daß mit Hilfe des vorhandenen Gefälleunterschiedes, der durch den *Gießel* entsteht, früher Wasser über eine hölzerne oder steinerne Rinne vom Eierbach abgeleitet wurde.

Verwandt mit der Rinne ist der *Runs*, im Schwäbischen oft *Rauns* oder *Raus* bzw. *Rãos* gesprochen.

Der Eierbach wurde zuweilen früher auch *Wasserrauns (Meyer 1828)* oder *Unterwegenrauns (Kinkelin)* genannt.

Aus dem Namen *Mühlrauns*, wie die ⅝-Echaz zwischen Klosterstraße und Hoher Straße heißt, geht jedoch deutlich hervor, daß es sich nicht unbedingt um eine natürliche Eintiefung eines Bachbettes handelt, sondern vielleicht eher um eine künstliche Begradigung.

Bäche mit zahlreichen Schlingen oder Mäanderschleifen werden als *Ringelbach* bezeichnet, wie beispielsweise der *Äußere Ringelbach* mit seinen vielen Schlingen.

Wo an tiefen Stellen Kehrwasser im Kreis herumfließt, entstehen *Wirbel* (fränk. *werwel*), wie der *Wirbel*, von dem schon – siehe auch weiter unten - in der lateinischen Schenkungsurkunde Otto I. als *gurges* (lat. = Strudel, Wirbel) die Rede ist. Hierbei handelt es sich um eine kleine Schnelle an der Echaz, die beim ehemaligen Pfullinger Südbahnhof zu suchen ist; vor der Teilung in den ⅜- und den ⅝-Kanal.

Stehende Gewässer

Stehende Gewässer sind auf der Pfullinger Markung leider nur in geringen Dimensionen vorhanden. Es fehlt an größeren Badeseen, so daß sich der Freizeitbetrieb auf die Gönninger Seen, die Baggerseen am Neckar oder den Mägerkinger See beschränken muß. Auch früher gab es keine größeren, stehenden Gewässern, wie das aus den alten Flurnamen hervorgeht.

Als *See* (schwäb. *sai*, mhd. *sêwes, sê*) wird jede größere Wasseransammlung, die sich ganzjährig hält, bezeichnet. Ursprünglich wurden stehende Gewässer und Sümpfe allgemein so benannt. Heute assoziieren wir mit dem Begriff ein stehendes Gewässer einer ganz bestimmten, größeren Ausdehnung.

Verwandt hiermit ist die *Seige* (schwäb. *sei(g)*, mhd. *sîge, sîhe*), eine Stelle, an der sich Sickerwasser sammelt und Wasser stehenbleibt. Es ist nahezu unmöglich, bei den Flurnamen festzustellen, ob sie dem einen oder anderen Begriff zuzuordnen sind.

Der *Entensee* (mundartl. *Entasai*) bildet sich, wenn bei größeren Hochwassern die Echaz im Süden der Stadt über ihre Ufer tritt und große Flächen seeartig unter Wasser setzt. Klingt das Hochwasser ab, so verschwinden die Wasseransammlungen wieder. Der Entensee ist daher gar kein echter See, was schon in der Schenkungsurkunde Otto I. von 937 festgehalten wird. In der Urkunde, in der Otto I. einem Priester Hartbert die Fischgerechtigkeit von der Quelle der Echaz bis zum Wirbel schenkt, heißt es:

„...a natatorio fluminis Achaza usque ad gurgitem quem circummanentes abusivo lacum appellant", d.h. *„vom Ursprung des Flusses Echaz bis zum Wirbel, den die Einheimischen irrtümlicherweise See nennen"*.

Schon hieraus geht hervor, daß es sich bei dem See nur um episodische Seen, durch Überschwemmung verursacht, handelt. Diese Überschwemmungen ereignen sich fast alljährlich ein bis zweimal, zumeist zwischen März und Juni.

Auch das *Saile (=* kleiner See; *1753 „im Seelen")* an der Echaz in der Nähe der Sauren Wiesen ist solch ein See, der sich nur bei Hochwasser bildet.

Der *Klostersee* hingegen ist ein künstlich angelegter See im Zusammenhang mit dem gleichnamigen Wohnpark im Zentrum von Pfullingen. Für das Projekt bekam die Stadt 1984 eine Goldmedaille im Bundes- und Landeswettbewerb „Bauen und Wohnen in alter Umgebung". See und Wohnpark entstanden nach dem Abbruch der Firma Falscheer und Lindener Samt (davor Baumwollspinnerei Burkhardt). Leider fiel der Anlage des Klostersees die historisch und architektonisch interessante Gipsmühle zum Opfer.

Häufiger unter den Flurnamen ist die *Lache* (aus lat. *lacus*, roman. *lago, lac* = See, mhd. *lâche*, schwäb. *lâche, lâch*), die in unserer Sprache bezeichnend für kleinere Wasseransammlungen, die im Sommer auch austrocknen können, ist.

Bekannt ist die als Naturdenkmal ausgewiesene *Lache*, ein idyllischer, kleiner Waldsee, der auf der Oberkante einer abgerutschten Scholle am Nordhang des Gielsbergs bzw. Pfullinger Bergs entstanden ist. Die kühle, schattige Lage des Biotops macht es zu einem idealen Lebensraum für Feuersalamander und Molche, die hier zuhauf anzutreffen sind. Der kleine See wird durch einen fast 2 m tiefen Quelltopf (= Kaltenbronnen?) mit einem Durchmesser von 1 m gespeist, in dem das Wasser auch im Sommer stehenbleibt. Nur in extrem heißen Sommern und äußerst selten trocknet auch der Quelltopf so aus, daß man in diesen hinabsteigen kann. Bei sehr hohem Wasserstand rinnt das Wasser der Lache auch oberirdisch ab, während es sonst in einer Quelle weiter unterhalb zutage tritt. Das Wasser läuft zum Breitenbach, den es beim Wanderparkplatz Breitenbachquelle erreicht.

Auf ähnliche Art und Weise wie die Lache im Kaltenbronnen, nämlich durch Rutschungen, ist die *Saulache* am Nordosthang des Ursulabergs entstanden. Hier bilden sich hauptsächlich im Frühjahr kleinere Tümpel, die zwar den Sommer über austrocknen, sich aber nach einem starken Gewitter auch schnell wieder mit Wasser füllen können.

Durch Wasserstauungen am Sulzbach entstand die *Sulzlach*.

Rutschungsbedingt sind wahrscheinlich auch die *Froschlach* auf Unterhausener Markung, an der Grenze nach Pfullingen, hinter dem Märzenstall. Heute sind in diesem Gebiet keine größeren Wasseransammlungen mehr zu finden, wohingegen es früher wohl Feuchtgebiete mit einer dementsprechenden Lebewelt an Amphibien gegeben haben muß.

Erwähnt wird bei *Walcher* auch die *Lachenhütte*, doch hat er ihre Position anscheinend auch nicht mehr feststellen können.

Im Zusammenhang mit der Bezeichnung *Lache* sei noch erwähnt, daß das einstige Pfullinger Original *Peter Kramer (1942-2010)*, bekannt auch als der „Schönberg- bzw. Schemberg-Peter" in seinem „Schaffwerk" in der Gönninger Straße ein als *Drecklach* bezeichnetes „Kunstwerk" geschaffen hat.

Der *Warb* (mhd. *werbe*) ist ein tiefes Wasser in stehender oder fließender Form und findet sich in dem Flurnamen *Antwerben* wieder. Das so bezeichnete Geländestück liegt zwischen dem Kinderspielplatz am Ursulaberg und der Wolfsgrube. Hier, im Rutschungsgelände der oberen Braunjuraschichten, haben sich wahrscheinlich auch schon in früherer Zeit Tümpel gebildet.

Auf *Wasser* allgemein weisen *Wasserstall* (*1439 wasserstal*), *Wasserteich* und *Wasserwiesen* hin. Dabei ist zu beachten, daß es sich beim Wasserstall und den Wasserwiesen um vom Menschen gestaltete Wasserläufe handelt, während beim Wasserteich das Suffix *-teich* irreleiten kann. *Wasserrauns* hingegen war manchmal eine Bezeichnung für den Eierbach.

Geologie und Bodenbeschaffenheit

Die Geologie muß sich besonders mit Gesteinen beschäftigen. Während die Wissenschaft auch Sande und Schotter unter die Gesteine einreiht, bezeichnet der Volksmund die Festgesteine als Steine, während er Sande und Schotter auch als solche benennt.

Man darf nicht vergessen, daß dem Großteil der Bevölkerung über Jahrhunderte hinweg der Zugang zu Wissenschaft und Wissen verwehrt war und sich der durchschnittliche Mensch in seinem Kampf um die Existenz auch gar nicht dafür interessierte. Tauchen in Flurnamen Steine auf, so nicht etwa, weil die Menschen Fossilien sammelten oder darüber fachsimpelten, um welche Art von Stein es sich handelte, sondern höchstens, weil sie in der Landwirtschaft ein stetes Ärgernis bedeuteten und den Ertrag schmälerten. Allenfalls Lehrer oder Geistliche mögen sich früher noch darüber hinausgehend mit dem Thema beschäftigt haben.

Stein (schwäb. *stõe* oder *stoi*) hat im Schwäbischen drei Bedeutungen: zum einen bezeichnet es neutral ein Gesteinsstück ohne Rücksicht auf seine Zurundung, Zusammensetzung oder Herkunft, zum anderen aber auch eine steile Reliefform, die man im allgemeinen hochdeutschen Sprachgebrauch heute als Felsen bezeichnet. Der Begriff Felsen ist jedoch noch nicht so alt. Als dritte Bedeutung taucht der Stein auch im Sinne von Grenz-, Gedenk- oder Grabsteinen auf.

Hier soll es zunächst um Steine der ersten Kategorie gehen, während auf die mit Felsen gleichzusetzenden Steine und jene Steine der dritten Art an späterer Stelle eingegangen wird.

Der auch über die Pfullinger Markung hinaus bekannteste Flurname dürfte an dieser Stelle die *Steinge* (= steinige Au; vielleicht 1454 „*in Steinow*") sein, die seit langem jeder auch als Gewerbegebiet zwischen Pfullingen und Reutlingen kennt. Man unterscheidet in Pfullingen zwischen der *Großen Steinge* und der *Kleinen Steinge*. Die Große Steinge befindet sich zwischen dem *Steingebach* (⅛-Echazkanal) und der Echaz (⅞-Kanal, Hauptlauf). Die Kleine Steinge hingegen erstreckt sich zwischen Steingebach und Marktstraße (früher Achalmer Weg genannt). Die Steinge ist eine mit Schottern der Kaltzeit ausgekleidete Talaue. Die Schotter sind in Baugruben häufig als regelmäßig angeordnete Bänder zu finden. Die abgerundete glatte Form und die Tatsache, daß es sich

40

meistens um Weißjurakalke handelt, zeigen, daß die Steine über das Wasser der Echaz transportiert und schließlich an dieser Stelle abgelagert wurden. Die fast vollständige Überbauung der Steinge führt Fremde leider oft zu dem Glauben, daß es sich bei Pfullingen und Reutlingen um eine Stadt bzw. bei Pfullingen lediglich um einen Vorort von Reutlingen handelt.

Als Wohngebiet ist der *Steinenberg* am Südostrand der Stadt einer der weiteren, bekannten Flurnamen.

Der *Steinenbol* liegt in ähnlicher Höhenlage wie der Steinenberg. Er ist fast eine Art Gegenstück zum Steinenberg, wenn man den Elisenweg als eine Art maßgebende Symmetrieachse betrachtet. Die gleiche Höhenlage bringt Anteil an derselben geologischen Schicht und somit dieselbe oder zumindest ähnliche steinige Bodenbeschaffenheit mit sich. So ist es wenig verwunderlich, wenn wir zwei solche Flurnamen auf relativ engem Raum beieinander finden.

Hartenstein ist ein Hang westlich der Steige zum CVJM-Freizeitheim.

Der *Remselesstein* an der Alten Steig, oberhalb des Waldcafés, ist ein Stein, schon eher in Felsgröße, der vor langer Zeit von weiter oben vom Berg hinabgerollt sein muß. Er steht in engem Zusammenhang mit dem Pfullinger Sagenschatz. Hier legten Fuhrleute und die Kinder fünflöcherige Hornknöpfe („Remselen") nieder, sozusagen als Opfer für die Bergursel, eine der wichtigsten Pfullinger Sagengestalten, um Hilfe bei der Fahrt auf den steilen Steigen zu erbitten. Darauf soll die Bergursel Bauern oder Fuhrleuten das Hinterrad gehalten und so ein Ausbrechen des Wagens verhindert haben. Ähnliche Steine wie der Remselesstein, in viel größerer Menge, liegen übrigens auch entlang des Waldwegs unterhalb der Gesteinshalden im Grenzgebiet Pfullingen-Unterhausen.

Die *Steinhalde (,,Stõehalda")* bezeichnet einen vom Hangschutt überdeckten Osthang des vorderen Ursulabergs.

Auf einen Weg durch Gelände mit steinigem Untergrund weist der *Steinweg* zwischen Lippental und den Tennisanlagen hin, während *Bei der Steingrube* in der Gegend Spielbach / Hinter Holz wahrscheinlich früher einmal die Schwemmschotter des Arbachs abgegraben wurden.

Eine besondere Art von Stein ist die *Wacke*, ein großer, kantiger Kieselstein. Der Begriff taucht im *Wackerstein* auf.

Die *Scherr* bzw. der Flurname *Auf der Scherr*, dort wo die Hohe Straße die Echaz überquert, hat ihren Namen von der *Schorr* (lat. *scerra*, mhd. *schorre* = Felszacke, schroffer Felsen; isl. *sker*, wie auch in Skandinavien *Schären* felsige Inseln sind!). Möglicherweise stand dort früher härteres Tuffgestein an.

Steinige, von Vegetation und Boden entblößte Hangkanten oder Hänge, werden häufig als *bar* (von mhd. = nackt, bloß) bezeichnet. Hiervon abgeleitete Flurnamen finden sich am Albrand recht häufig und beziehen sich meistens auf übersteilte Partien der Oberhänge, wo das Gestein des Weißjura Beta an der Oberfläche bloßliegt.

Eine solche Stelle ist das *Bärnle* an der Hangkante des Ursulabergs, beim Steinbruch an der Alten Steig. An den steilen Hängen sollen nach *Kinkelin (1937)* früher die Kinder Ammoniten oder andere eigentümliche Steine hinabgerollt haben, als Opfer für die Pfullinger Bergursel. Wessen Stein am weitesten „rugelte", dessen Opfer war angenommen.

In ähnlicher Weise wie am Ursulaberg tritt auch am *Barm*, einem Hang des Gielsbergs bzw. Pfullinger Bergs zum Wiesaztal hinab, nacktes Gestein auf.

Anhäufungen von vielen, kantengerundeten Steinen bezeichnet man als *Kies*, der scheinbar im Flur- und heutigen Straßennamen *Kiessteige* wieder auftaucht, doch ist die Kiessteige eine Entstellung von „Kirchsteige".

Kleinere Korngröße als der Kies besitzt der *Gries* (mhd. *griez*), graupenartigbröseliges Lockergestein oder feinerer Kies.

Flurnamen dazu sind der *Gries*, der heute völlig überbaut ist, aber dessen man im Straßennamen *Grieshalde* weitergedenkt. Dazu gehört auch die *Griesgasse* (heutige *Griesstraße*), die vom Gries Richtung Stadtmitte hin verläuft und früher mittels einer Furt und eines Steges, dem *Griessteg*, die Echaz vor der Baumann'schen Mühle überquerte.

Ein zweiter *Gries* liegt auf der Unteren Steinge in dem Winkel, wo Arbach und Echaz zusammenfließen und den man daher auch die *Spitz, Schmids Spitz* oder *Schmids Gries* nennt.
Am Arbach bei Hinter Holz liegt das *Eninger Gries*.

Noch kleinere Korngröße als der Gries besitzt allgemein der *Sand*. Was man in Pfullingen an Sand findet, ist jedoch kein solcher Sand, wie man ihn vom Baustoffhändler oder aus vielen Gebirgsgegenden kennt: In den Tälern der Alb sind es meist Tuffsande, die größere Lager bilden. Sie setzen sich aus kleinsten Kalksteinfragmenten, sowie aus abgerundeten Kalkabscheidungen zusammen. Dieser Tuffsand wurde früher zusammen mit dem Tuffstein, der mit seinen Hohlräumen als Baustein ein guter Wärmeisolator war, in Albtälern wie dem Ermstal, dem Wiesaztal und dem Echaztal rege abgebaut. Die topographische Karte Reutlingen 1:25 000 aus dem Jahr 1936 verzeichnet im Süden Pfullingens noch acht Sandgruben (sog. „Pflasterlöcher") und weiter talaufwärts noch mindestens fünf andere Gruben, in denen Tuffstein oder Tuffsand abgebaut wurde. Die letzte Tuffsandgrube Pfullingens, die Sandgrube Hettler, die sich im Entensee befand, wurde 1996 leider aufgefüllt, womit ein interessanter und wichtiger geologischer Aufschluß verlorengegangen ist.

Unter den Flurnamen sind in Zusammenhang mit Sand bekannt: die *Sandäcker* und der *Sand*. Letzterer ist in die *Sandstraße* eingegangen und weist auf solche Untergrundbeschaffenheit in dem Gelände zwischen Echaz und Eierbach. Auch dort wurde noch bis zu Beginn des 20. Jahrhunderts Tuffsand abgebaut.

Am südlichen Stadtrand liegen die *Sandwiesen*, ein Ende der achtziger Jahre mustergültig umweltverträglich angelegtes Gewerbegebiet, das sich zwischen der ehemaligen Eisenbahntrasse und dem Freibad befindet. Die Planung bekam beim Wettbewerb „Landschaftsgestaltung im Einklang mit der natürlichen Umwelt", den eine Riedlinger Baumschulen-Firma ausgeschrieben hatte, 1989 einen zweiten Platz.
Dem aufmerksamen Beobachter und dem Radfahrer, wird nicht entgehen, daß die Klosterstraße teilweise auf viel tieferem Niveau liegt, als das Bett der Echaz. Die Echaz hat auch im Bereich der Sandwiesen im Laufe der letzten Jahrtausende mächtige Lager aus Kalktuffen und Kalksanden aufgebaut.

Während die eben besprochenen Flurnamen Aussagen über Korngrößen zulassen, gibt es auch Flurnamen, die möglicherweise Hinweis auf pH-Wert,
Fruchtbarkeit oder Färbung des Bodens geben.

So weisen die *Sauren Wiesen* an der Echaz auf sauren Untergrund und
deshalb dort wachsende Sauergräser hin. Das Gebiet ist sumpfig und konnte
allerhöchstens weidewirtschaftlich genutzt werden. Heute ist es ein wertvoller
Biotop, dessen Schutz sich die Ortsgruppe des Naturschutzbundes Deutschland in Pfullingen angenommen hat. Inmitten eines Schilfgebietes wurden
dort Teiche angelegt.

Gute Böden, die fruchtbares Ackerland, wertvolle Weiden oder ertragreiche
Wiesen ergeben, werden auch in Flurnamen häufig mit positiven Eigen-
schaftswärtern bedacht.

Eine solche Umschreibung für guten Boden sind die *Freudenwiesen*, die ob
dieser Eigenschaft dem Nutzer Anlaß zur Freude gaben. Die Freudenwiesen
liegen in der Gegend von Enenbol / Eschkirch.

Möglicherweise ist auch der weitbekannte *Schönberg* in das Gros dieser Flurnamen einzureihen. Wahrscheinlich ist der Name aber in anderem Zusammenhang zu sehen. Das läßt die mundartliche Aussprache des Namens vermuten, sowie die Tatsache, daß es sich um einen Berg handelt, der früher nur
über lange Anfahrtswege zu erreichen war und dessen Ertrag (Magerwiese!)
im Verhältnis zu Arbeitsaufwand und Transportweg sicher nicht der Rede
wert war. An anderer Stelle soll an dieses Thema noch einmal angeknüpft
werden.

Die mittelhochdeutsche Eigenschaftsbezeichnung *geil* (mhd. *geil*, schwäb.
goil, gõel = üppig, gut sprießend) steckt wahrscheinlich im Flurnamen *Geilenbühl*, wenn sich nicht wieder ein Personenname dahinter verbirgt. Interessant, daß das Wort „geil", das i.S. von „lüstern" normalerweise eine eher negative Bedeutung hat und das nun seit einiger Zeit jüngere Leute wieder
verwenden, um etwas als besonders gut zu bezeichnen, in sehr alter Zeit offenbar schon einmal diese eher harmlose Bedeutung hatte.

Auf schlechten, ertragsarmen Boden weist wahrscheinlich die *Armenwies* im
nördlichsten Teil der Markung, an der Grenze zu Reutlingen, hin.

Wo der Boden auffällige Färbung zeigt, d.h. eine andere als das übliche Braun, hat auch diese Eigenschaft in den Flurnamen Eingang gefunden:

Auf schwarze Bodenfärbung deutet vielleicht der *Schwarze Brühl* hin. Das Gelände liegt direkt an der Echaz, die es häufig überflutet. Zu früheren Zeiten befanden sich ohne Eingriff des Menschen entlang der Echaz ausgedehnte Sümpfe, die organisches Material und feinste Partikel in Form von Schlamm ablagerten. Wechselnde Absetzung von diesem und Bildung von Kalktuff führte zur Bildung von schwarzen Horizonten in der überwiegend vom hellen Kalktuff geprägten Schichtung, wie man sie in manchen Aufschlüssen bei Bauarbeiten immer mal wieder zu sehen bekommt. Die schwarzen Bänder können, wie Funde häufig gezeigt haben, auch Reste von Artefakten enthalten. Solche Einlagerungen, seien es nun Reste von organischem Material oder Kulturschutt, sind möglicherweise bei der Bewirtschaftung schon früher aufgefallen und haben zu dem Flurnamen Schwarzer Brühl geführt. Doch auch hier liegt es nahe, einen Besitzer in den Flurnamen zu interpretieren, zumal Brühl, wie wir später noch erfahren werden, eine Bezeichnung für Wiesenland ist. Das Gelände wurde wegen der Überschwemmungsgefahr sicher niemals in Ackerland umgewandelt, so daß eine Sichtung der schwarzen Bodenhorizonte durch Umpflügen eher auszuschließen ist.

Ein anderer Flurname, der sich an die Bodenfärbung anlehnen könnte ist die *Röt (1340 „uf Röte")*, mundartlich *Rãet* oder *Rõet* gesprochen. Eigentlich nur einen Teil der Hochfläche zwischen Kleingartenanlage und Georgenberg beschreibend, wird er als *pars pro toto* aber oft auch auf die gesamte Schichtstufenfläche des Braunjura Gamma bezogen. Dort stehen eisenhaltige Gesteine an. Bei der Verwitterung des Gesteins oxidiert das Eisen, d.h. es verbindet sich mit dem Sauerstoff, und führt zu jener rostroten Färbung, die möglicherwiese namensgebend war. Doch auch für den Flurnamen Röt müssen noch zwei andere mehr oder minder mögliche Deutungen in Erwägung gezogen werden, zumal nach der mundartlichen Aussprache von Rot die Röt dann eigentlich ja „Rãot" heißen müßte, was nicht der Fall ist.

Auf rote Bodenfärbung weist vielleicht auch das *Rote Steigle* auf den Breitwiesen hin. Steigle bedeutet Fußweg, und wer weiß, wie unasphaltierte Fußwege, Trampelpfade bei entsprechend häufiger Benutzung aussehen, kann sich vorstellen, wie den damaligen Benutzern vieler solcher Pfade mit natürlichem Untergrund vielleicht die Unterschiede in der Bodenfärbung aufgefallen sind.

Sumpfiges Gelände mit Tümpeln oder auch fließendem Wasser bezeichnet der *Wag* (ahd. *wâg*), wie er in den Flurnamen *Wagenried* und *Roßwag* zu finden ist. Das Wagenried befindet sich am Georgenberg und dürfte sich – wenn nicht vom Personennamen *Mago* (da *1361 Magenriet*) - auf das sumpfig-gatschige Quellgebiet des Kaibachs beziehen, während der Roßwag für Sumpfwiesen und Quellaustritte hinter dem Freibad steht. Letzterer wird aber *1421 Roßwangen* geschrieben.

Desweiteren sind sumpfig: das *Ried* (mhd. *riet*), wie es in *Ried* (*1439 „in Riett", 1475 „in riedt am pfaffenbwhel", 1484 „Blässings Riet"*) und *Pfullinger Ried* nach Unterhausen zu finden ist und wie im 16. Jh. auch noch ein Gebiet an der Urfall hieß (*„in riet"*, nach *Kinkelin 1937*); daneben auch *Reidern* (bei Vor Buch), was wohl eine Entstellung aus Riedern ist.
Auch die *Müsse*, wie sie möglicherweise in der *Mußgasse* (= Spitalstraße) auftritt, steht für Sumpf.

Relief

Pfullingen liegt an einem Traufstufenhang der südwestdeutschen Schichtstufenlandschaft, wo die verschiedenen Schichten des Weiß- und Braunjura mit ihren wechselnden Eigenschaften hinsichtlich Härte oder Wasserdurchlässigkeit mannigfaltige Formen haben entstehen lassen. So bestimmen einerseits die Geologie als endogener (= innenbürtiger Einfluß), andererseits exogene Faktoren (Außeneinflüsse) wie Klima, Vegetation, aber auch Tiere und dabei nicht zuletzt der Mensch das Aussehen unserer Landschaft. Unerbittlich nagt die rückschreitende Erosion durch das rheinische Flußsystem an der Alb und läßt ihre Traufkante langsam immer weiter zurückweichen. Diese Abtragung wird vor allem in größeren, plötzlichen Ereignissen wie dem Bergsturz am Mössinger Hirschkopf deutlich, wo im Frühjahr 1983 ein ganzer Berg in Bewegung kam. Im Juni 2013 ereigneten sich in Öschingen größere Rutschungen. Solche Ereignisse sind glücklicherweise aber eher die Ausnahme. Jedes Rinnsal jedoch, ja jeder Regenschauer tut sein übriges, um zum langwierigen Abtragungsprozeß des Reliefs beizutragen. Die Vegetation wiederum wirkt der Abtragung entgegen. Auch wenn sie diese nicht vollkommen verhindern kann, so verlangsamt sie diese dennoch erheblich, weshalb Wald daher ein wichtiger Erosionsschutz ist.

Die Tatsache, daß Pfullingen genau an der Grenze zwischen der Alb und dem Albvorland liegt, macht seine Markung eigentlich erst interessant. Die Pfullinger Markung bewegt sich in Höhen zwischen 399 und 833 Metern Meereshöhe! Von Tälern verschiedener Größe über Ebenen bis hin zu Bergen, Satteln, Hochflächen und freistehenden Schwammriffen, den Felsen, besitzt die Pfullinger Markung interessante Voll- und Hohlformen, die sich freilich auch in zahlreichen Flurnamen wiederfinden.

Berge waren immer auch beliebte Siedlungs- und Kultplätze. Als Siedlungsplätze boten sie Schutz und eigneten sich daher besonders zu strategischen Zwecken, um dort Burgen oder Aussichtstürme zu errichten. Überdies sind sie auch weniger hochwassergefährdet. In den mediterranen Ländern, wo plötzliche Regenfälle sintflutartig niedergehen und die periodischen Bachläufe zu gewaltigen Überschwemmungen führen können, sind viele Siedlungen auf Berge und Hügel gebaut. Dort finden sich dann Kulturreste verschiedenster Epochen, wie das z.B. in Troja der Fall war. Als Kultplätze hatten die Berge besonders bei den germanischen Stämmen große Bedeutung. Sie waren Orte für die Ausübung heidnischer Kulte und Götterverehrung.

Vollformen

Herausragende Erhebungen und erhöhte Stellen werden mit *hoh* oder *hoch* (im Schwäbischen *hau* gesprochen) bezeichnet.

Hochwart ist zum Beispiel eine Erhebung dort, wo die Leonhardstraße den ³⁄₈-Kanal überquert. Die Stelle ist Teil einer Kalktuffterrasse. Das Bachbett liegt höher als das Gelände zu beiden Seiten. Durch die Kalkausscheidungen des Wassers entlang dieser Gefällestrecke ist der Echazkanal auf sich selber immer höher gewachsen. Das Gefälle des Wassers nutzten daher früher viele Mühlen, z.B. die Rehm'sche oder Volk'sche Mühle. Auf dieser Stelle befand sich auch einst die Obere Burg von Pfullingen.

Der *Hohenlindach* ist eine erhabene Stelle unterhalb des Georgenbergs.

Der *Hohe Rain* ist wahrscheinlich mit dem Wasen oberhalb des Waldcafés identisch.

Ebenfalls erhöhte Lage besitzt der heute überbaute *Hohmorgen*.

Der *Hohnacker* (= hoher Acker) ist möglicherweise am Immen- oder Übers-berg zu suchen.

Den *Lippentaler* oder *Oberen Hochberg* (*mundartl. Hauberg, 1581 „der Hau-semer Hauenberg", 1632 „der Obere Hohenberg", 1823 „Lippenberger Hohlberg"*) teilt sich Pfullingen mit der Markung Lichtenstein-Unterhausen, der dessen südlicher Teil zufällt. Sein höchster Punkt (790 m) liegt jedoch noch auf Pfullinger Markung.

Der *Ursulahochberg*, auch *Unterer Hochberg* genannt, unterscheidet sich höhenmäßig erheblich von dem sich weiter nach Norden ziehenden Ursula-berg. Die höchste Erhebung des Ursulahochbergs liegt bei 789 m, die des Ur-sulabergs bei 697 m. Die Hochfläche des Ursulahochbergs, die Pfullingen ganz für sich beanspruchen kann, besitzt eine wertvolle, acht Hektar große Magerwiese, die seit 1943 dem Naturschutz überlassen ist. Im Zusammen-hang mit dem Pfullinger Sagenschatz heißt es, einst habe auf dem Ursula-hochberg das Schloß der Bergursel gestanden, das später ins Innere des Bergs versunken sei. Man erzählt sich, dort befänden sich ungeheure Schätze, die von einer goldenen Kette umschlossen seien und von zwei schwarzen Pudeln mit feurigen Augen bewacht würden.

Zum entsprechenden Substantiv *Höhe* findet sich an Ortsbezeichnungen die *Karlshöhe* am nordöstlichen Ortsrand.

Größere Erhebungen werden meist als *Berg* bezeichnet. Kennzeichnend dafür ist allerdings der Begriff des Unübersehbaren. So können durchaus kleinere Hügel schon diesen Namen tragen, wenn beispielsweise am Fuß der Erhebung eine Siedlung liegt, für die das Gelände nicht mehr eingesehen werden kann.

Pfullingen besitzt eine Vielzahl von Bergen, die durch die Zerschneidung des Albkörpers durch das Wasser entstanden und mit der eigentlichen Alb heute oftmals nur noch durch Sättel verbunden sind. Werden sie im Laufe der Erdgeschichte völlig von der Alb abgetrennt, spricht man von einem Zeugenberg, wie z.B. die Achalm ein solcher ist.

Der Name *Ahlsberg* (*1614*) bezieht sich heute hauptsächlich auf den Nordfuß der Wanne und oft meinen damit inzwischen viele sogar auch nur noch die Ahlsbergsiedlung. Früher jedoch war der Name durchaus allgemein für den Komplex von Wanne, Schönberg und Wackerstein geläufig.

Flurnamen wie *Vor / Hinter dem Berg* bezeichnen die stadtzu- oder -abgewandte Hänge des *Georgenbergs*, der im Volksmund gemeinhin *Je[r]gen-* oder *Echitzenberg* heißt. Der Georgenberg ist ein Beispiel für einen uralten Kultberg (möglicherweise Ringwall in vorgeschichtlicher Zeit!), auf den mit der Christianisierung eine dem Heiligen Georg geweihte und bis 1555 existierende Kapelle gebaut wurde. Der Berg war im Mittelalter ein beliebter Wallfahrtsort. Scherben aus dunkelgrauem Ton von Gefäßen aus dem späten Mittelalter sind unterhalb des Gipfels da und dort noch zu finden. Der Sage nach soll der Heilige Georg an diesem Berg über den Drachen gesiegt haben, doch viele Orte rühmen sich dieser Geschichte. Die Kapelle soll angeblich abgebrochen worden sein, weil sich ein Sünder am Glockenstrang erhängt und sie damit entweiht habe. Mit seiner perfekten Rundumsicht war der Berg ein idealer Ort für die Postierung von Feuerwachen, wie aus einer Feuerordnung des Jahres 1667 hervorgeht.
In früherer Zeit wurden weite Teile des Georgenbergs als Weingärten genutzt. Zwischen 2009 und 2011 wurden in der Gipfelregion wieder Reben gepflanzt und weite Teile des Geländes von ihrer Verbuschung befreit. Als ich nach vielen Jahren 2018 endlich einmal wieder nach Pfullingen kam, war der nun ziemlich kahle Georgenberg für mich ein seltsamer Anblick, den ich aus meinen Kinder- und Jugendjahren so nie gekannt hatte.
Der Name *Echitzenberg* läßt sich bis auf das Jahr 1309 (*„Achenzunberg“*) zurückverfolgen. Erst 1534 tritt das erste Mal *„Sant Jergenberg in Lindach“* auf - eigenartigerweise, nachdem die Kapelle schon lange abgebrochen worden war! Zuweilen werden beide Namen gemeinsam genannt, wenn die Redc ist von *„Sant Jörg uf dem Echentzenberg“* (*1555*) und *„von den St. Georger oder Echitzberger Weinbergen“* (*1733*).
Im Zusammenhang mit dem Georgenberg ist es letztendlich noch interessant zu wissen, daß Pfullinger und Reutlinger Auswanderer des ausgehenden 18. Jahrhunderts, die den hinterkaukasischen Ort Helenendorf (heute Göygöl in

Aserbaidschan) gründeten, ihren dortigen Hausberg ebenfalls Jergenberg genannt haben.

Auf den Georgenberg bezieht sich auch die auf Reutlinger Markung liegende *Berggasse (1534 „die Berggaß").*

Der *Gerstenberg* ist eine Erhebung (794 m) am Albrand auf dem Übersberg, an der Grenze zur Markung St.Johann-Würtingen.

Der *Gielsberg (1823 Gülsperg)* bereitet immer wieder Schwierigkeiten, denn was bei den Pfullingern als Gielsberg bezeichnet wird, präsentiert sich auf der topographischen Karte als *Pfullinger Berg*, so wie auch die Gönninger den Berg nennen (was aus deren Perspektive ja durchaus Sinn ergibt). Auf der Karte beschränkt sich der Name Gielsberg auf den höhergelegenen Genkinger Teil des Bergs. Während es früher schwer war, von Pfullingen aus Landwirtschaft auf dem Gielsberg zu betreiben, erfreuen wir uns heute an seinen orchideenreichen und daher unter Naturschutz stehenden Magerwiesen. Die Hochfläche bewegt sich in Höhen um 720 m.

An den Gielsberg schließt sich im Westen, auf Gönninger Markung, der *Stöffelberg* an, früher Burgberg der Herren von Stöffeln, der im Gegensatz zum Gielsberg jedoch weitgehend von Wald bedeckt ist.

Der *Immenberg (1716 Emerberg)* liegt schon auf Unterhausener Markung und stellt sozusagen eine simsartige Fortsetzung der Ursulabergverebnung um den südlichen Ursulahochberg herum dar. Auch auf dem Immenberg finden sich zahlreiche Orchideen. Die früher durch Schafbeweidung genutzten Flächen sind heute ein wertvoller Trockenbiotop.

Auf einem Sporn, einer Fortsetzung des Immenbergs nach Westen, vermutet man die Stelle der ehemaligen Burg Hochbideck, die zusammen mit anderen Befestigungen im Echaz- und Zellertal dem Greifensteiner Adel gehörte.

Der *Jägerberg* bezeichnet den Oberhang am nördlichen Gielsberg, an der Grenze nach Gönningen, wo ein Steig zur Breitenbachquelle hinabführt.

Der *Kugelberg* (594 m) ist ein Anhängsel des Ursulabergs. Der Berg ist ein Vulkanembryo und hat daher der Abtragung besser widerstehen können. Das gleichnamige, knapp 27 ha große und 1987 ausgewiesene Naturschutzgebiet umfaßt überwiegend Gebiete, die mit dem Kugelberg direkt nichts zu tun haben, aber in der Nähe liegen.

Lippentaler Hochberg wie auch *Ursulahochberg* wurden schon unter der Bezeichnung *hoch* besprochen.

Der *Pflugsberg* (*1439 Pfflugsberg, 1470 Pfluogsperg*) ist mit dem Vorderen Hart oder einem Teil davon identisch und eine nach Süden weisende Erhebung der Röt. Die Hochfläche der Röt fällt von ihrem höchsten Punkt (Eschle, 547 m) im Nordwesten stetig nach Südosten bis zu einer Höhe von etwa 488 m ab und steigt beim Vorderen und Hinteren Hart noch einmal um einige Meter auf 498 m an, bevor sie dann relativ steil an ihren Rückstufen zu Sulz- und Eierbach abfällt. Der Pflugsberg ist sozusagen ein Eckpunkt der Rötfläche und scheint - vom Tal aus gesehen - die Gestalt eines Bergs zu besitzen.

Der *Schönberg* erhebt sich über die Wanne. Seine höchste Stelle erreicht 793 m. Seit im Jahre 1906 der auch unter dem Namen *Unterhose ("d'Onderhos'")* bekannt gewordene *Schönbergturm* gebaut wurde, ist der Berg ein weitbekanntes Ausflugsziel, von dessen 28 m hoch liegender Plattform man nach dem Steigen von 112 Stufen einen wunderbaren Rundblick hat. Die Hochfläche des Schönbergs ist zu mehr als der Hälfte mit Wald bedeckt. Die Hochwiese ist, wie die anderen Hochwiesen auch, ebenfalls reich an Orchideen.

Der schon auf Unterhausener Markung liegende *Spielberg* (wohl von Kirchspiel abgeleitet) ist – geologisch gesehen - sozusagen eine Art Gegenstück des Immenbergs. Wie der Immenberg um den Ursulahochberg, verläuft auch der Spielberg wie ein Sims um den Lippentaler Hochberg. In beiden Fällen ist die Abstufung stratigraphisch, d.h. durch Unterschiede in den Gesteinsschichten bedingt. Da beide Verebnungen gleiche Voraussetzungen hinsichtlich Boden, Geologie, Höhenlage und Nutzung bieten, aber unterschiedlich expositioniert sind, wäre ein genauer Vergleich der Pflanzenwelt sicherlich sehr interessant.

Der *Steinenberg*, der heute größtenteils überbaut ist, liegt am Ostrand der Stadt und stellt, wie auch die Karlshöhe, einen riedelartigen Ausläufer der Schicht des Braunjura Gamma dar. In früheren Zeiten war der Steinenberg mit der als Naturdenkmal ausgewiesenen Bismarckeiche ein beliebter Aussichtspunkt auf die Stadt. Diese Funktion mußte er im Zuge der Bebauung fast vollständig einbüßen.

Einen zweiten *Steinenberg (1250 „in monte Stainiberch")* gibt es übrigens auch auf Reutlinger Markung, dicht an der Markungsgrenze zu Pfullingen gelegen. Bei diesem handelt es sich ebenfalls um einen riedelartigen Ausläufer, in diesem Falle des Georgenbergs. Auch von diesem hat die Bebauung schon sehr Besitz ergriffen.

Der heute in amtlichen Karten sehr schriftdeutsch bezeichnete *Ursula-* oder *Urselberg (1454, 1475 Ursenberg, „ursen Bergk", 1618 Urßlenberg, 1628, 1632 Urschlenberg,* mundartl. immer noch *U[r]schlaberg)* liegt wie eine mächtige Bastion als Ausliegerberg und begrenzendes Element vor der Ostseite Pfullingens. Von etwas weiter entfernt, etwa von Gönningen herkommend, sieht er aus wie eine schlafende Frau, die den Ort beschützt. Darin begründet sich wohl seit Urzeiten die Sage von der Bergurschel. Mit seiner höchsten Erhebung erreicht der Berg 697 m. Auf den damit in Verbindung stehenden *Ursulahochberg* bin ich vorher schon eingegangen.

Weit hinter Ursula- und Ursulahochberg, über diese beiden Berge hinaus, liegt der *Übersberg (1435 Libersperg, 1531, 1520, 1632 Ybersperg, 1718 Lieftersberg),* dessen Name den Quellen folgend – siehe später - wahrscheinlich auf einen Besitzer zurückzuführen ist.

Das *Scheibenbergle* (mundartl. *Scheiba-* oder *Scheifabergla; 1650/1622 Scheifen-, Scheufenberglin, 1681, 1701 Scheyfenberglin)* ist ein schichtbedingter, nach Norden weisender Auslieger des Genkinger Gielsbergs.
Rickers Bergele ist eine Erhebung in der Wolfsgrube, gegenüber eines künstlich angelegten Feuchtbiotops liegend, und stellt die Oberkante einer Rutschungsscholle dar.

Die großen Berge des Albrands tragen häufig *Felsen*, die ehemalige Schwammriffe des Jura-Meers sind, durch Dolomitisierung widerstandsfähiger wurden und daher der Abtragung bisher stärker als das übrige Gestein trotzen konnten. Wir wissen schon, daß die uns heute geläufige Bezeichnung *Fels* jünger ist als die Bezeichnung *Stein* für einen Felsen. Die Bezeichnung Fels ist erst seit etwa 500 Jahren in Gebrauch.

An „Stein-Felsen" gibt es auf unserer Markung nur - dafür aber um so bekannter - den *Wackerstein*, der den Wasserteich, das oberste Tal des Eierbachs, beherrscht. Scherbenfunde aus der Keltenzeit zeigen, daß der Berg in vor- und frühgeschichtlicher Zeit wenigstens zeitweilig besiedelt gewesen sein muß, zumindest aber wohl zu Kulthandlungen aufgesucht wurde. Es ist ja bekannt, daß gerade die Kelten hochgelegene Siedlungsplätze wie etwa den Runden Berg bei Bad Urach bevorzugten.

„Fels-Felsen" sind auf der Pfullinger Markung: der *Mädlesfels*, der *Bohleslochfelsen* und der *Wollenfels*.

Der *Mädlesfels* (in manchen amtlichen Karten auch schriftdeutsch *Mädchenfelsen*) am Übersberg gelegen bietet weite Sicht über das Arbachtal. Früher (vgl. *Gustav Schwab 1823*), so heißt es, hätten die Leute vom Erscheinungsbild seiner breiten Wand das bevorstehende Wetter hervorsagen können. Der Felsen steht – dazu auch später noch einmal – in Zusammenhang mit einer gar überregional bekannten Pfullinger Sage, nach der sich eine keusche Jungfrau (vielleicht eines der Nachtfräulein), von einem wilden Jäger oder gierigen Mann verfolgt, in die Tiefe stürzte und dort unversehrt landete. Da Sagen oft irgendeinen wahren Kern haben, bringt *Gratianus (1821)* die Sage indes mit tatsächlicher Geschichte in Verbindung: Während des Hunnensturms unter König Attila-Etzel (5. Jh.) soll man Frauen und Mädchen, um sie zu beschützen, in die Berge gebracht haben. Dort mag ein Hunne einem Mädchen nachgestellt haben, das vielleicht beim Sprung vom Felsen glücklich in einer Baumkrone landete und überlebte. So mag der Ausgangspunkt für die Sage gewesen sein.
Der Name des Felsens zeigt deutlich den Übergang von der Bezeichnung „Stein" zum „Fels", denn auch der Mädlesfels wird 1521 noch unter dem Namen *Metlinstein* erwähnt, während rund hundert Jahre später, 1622, er schon als *Mädlinsfelsen* bezeichnet wird. Daß eine Substitution der Bezeichnung „Stein" durch „Fels" aber nicht überall zwingend war, zeigen Namen wie der eben erwähnte *Wackerstein*, aber auch alle weiter aufwärts im Echaztal liegenden Felsen wie der *Brunnenstein, Breitenstein, Sonnenstein, Burgstein* oder *Gießstein*.

Ebenfalls an einer Hangkante des Übersbergs, allerdings zum Zellertal hin, liegt der *Bohleslochfelsen*.

An der Hangkante des Ursulahochbergs, ebenfalls dem Zellertal zu, ragt der *Wollenfels*, der sich wohl gleichermaßen von *Bol* (s.u.) ableiten läßt.

Bezeichnend für kleinere Erhebungen ist der *Bühl* (mhd. *bühel*, fränk. *büchel*, schwäb. *bîl, bial*).

Der *Bühl* befindet sich im Grenzgebiet zwischen Pfullingen und Reutlingen, beim benachbarten *Gaisbühl (1434 Gaißbuhel, Gaißpuhel)*, der im 15. Jahrhundert zunächst an Reutlinger Bürger, Anfang des 16. Jahrhunderts an das Spital Reutlingen fiel, von diesem verpachtet wurde (im 18. Jh. als Sennereihof) und nun ganz zur Reutlinger Markung gehört.

Der *Geilenbühl (1632 Geyrenbühl, 1650 Gaylenbühl)*, in Karten auch häufig *Gailenbühl* geschrieben, ist eigentlich keine eigenständige Erhebung, sondern bezieht sich auf den nördlichen und nordöstlichen Oberhang des Gielsbergs. Dies zeigt, daß der Begriff des Bühls nicht nur auf deutlich im Gelände sichtbare Erhebungen angewandt wird.

Beim *Hartbühl* handelt es sich um einen Sporn am nördlichen Hang des Ursulahochbergs, auf dem die Markungsgrenze gegen Eningen verläuft.

Mit dem *Hühnerbühl* wird ein Teil des Oberhangs der Rötstufe zwischen Vorderem Hart und Georgenberg bezeichnet. Er gehörte früher zum Schloß.

Der *Pfaffenbühl* (*1470 „am pfaffen bühel"*) liegt hinab zur Echazaue im Grenzgebiet Pfullingen-Unterhausen.

Von Bühl leitet sich nach *Kinkelin (1937)* eventuell auch die Krispelgasse (nördl. Hälfte der Mühlstraße) ab, d.h. von Krisp-*Bühl*, wobei dann der erste Teil des Namens Rätsel aufgäbe.

Buckel – wie auch ein Auswuchs am Rücken - bezeichnet eine leicht ansteigende, dann wieder abfallende, runde Erhebung. Der *Stellenbuckel* ist der einzige Flurname, der dieses Wort enthält, während die beim eben erwähnten Hartbühl gelegene *Buckenhalde* mit Buckel wahrscheinlich nichts zu tun hat, sondern auf einen Besitzernamen zurückzuführen ist.

Im Schwäbischen, und so auch auf der Pfullinger Markung, weit verbreitet ist der *Bol* (mhd., schwäb. *bôl*), auch *Bohl* oder *Boll* (Ortsname!) geschrieben. Gemeinhin wird das „o" lang gesprochen. Er bezieht sich auf ähnliche Reliefformen wie der Buckel.

Der *Ahlbol (1618, 1622, 1632 Ahlbohl, 1813 Aulenbohl)* ist wohl ursprünglich auf den Geländevorsprung, auf dem das Jakob-Albrecht-Haus steht, bezogen, wird aber gerne - vor allem auf topographischen Karten - für das gesamte Gelände zwischen der Ahlsbergsiedlung und der unteren Stadt verwendet.

Das *Bollwegle* hat nichts mit der Bollstraße gemein und ist hinter dem Eninger Weg zu suchen, wo es sich wohl auf die dortigen Geländeerhebungen bezieht.

Der *Breitenbol* wird bei Walcher aufgeführt, allerdings ohne eine Lageangabe.

Der *Enenbol* (*1470 „uf Enebol", 1475 „uff enybol"*) der bei *Walcher* und auf älteren Flurkarten auch *Ehnenbol* geschrieben wird, ist eine Erhebung zwischen Lindentalbach und Eierbach, wobei deren höchster Punkt (490 m) allerdings den Flurnamen Eschkirch trägt, da wohl dort oben einst eine Kapelle gestanden hat. Enenbol bezieht sich daher meist auf die nördliche und nordöstliche Abflachung zu den beiden Bächen hin.

Der *Katzenbol* ist der südwestliche Abhang des Steinenbergs. Der Flurname ist durch den Straßennamen *Im Katzenbol* in der Neubausiedlung Kühnenbach lebendig geblieben.

Der *Steinenbol* liegt in der Nähe der Karlshöhe.

Bol steckt auch im *Bohleslochfelsen* am Übersberg.

Leh (mhd. *lê, lêwes*), im Schwäbischen of *Lai* oder *Lãe* gesprochen, bezeichnet kleinere, rundliche Erhebungen, in denen häufig Gräber gefunden wurden. *Lerchenlay* ist ein solcher Flurname, der leider bei Walcher nicht lokalisiert ist. Aufgrund der Aussprache kann man davon ausgehen, daß das *Scheibenbergle* und des *Rickers Bergele* als Diminutivformen von Berg aufzufassen sind und mit dem Leh nichts gemein haben, wobei auf den topographischen Karten 1:25 000 jedoch am Scheibenbergle ein Grabhügel verzeichnet ist, der wiederum das Gegenteil beweisen könnte. Auch könnte sich eventuell das *Leergäßle* (heute Leonhardstraße) - wenn nicht von einem Personennamen – von Leh herleiten lassen und der Name stünde eventuell in Verbindung mit den Gräbern des südlichen alemannischen Gräberfeldes.

Der *Kapf* ist ebenfalls eine erhöhte Stelle (schwäb. *kapfen* = ausblicken, ausschauen). Auf Pfullinger Markung gibt es einen solchen *Kapf* auf dem Lippentaler Hochberg. Bekannt ist auch das *Käpfle* (= Alteburg) zwischen Bronnweiler und Ohmenhausen.

Vergleiche der Landschaft mit Körperteilen oder Gegenständen aus dem Alltag sind beim Volk sehr beliebt: Da ragen Erhebungen steil wie ein *Horn*, spitz wie eine *Kapuze* auf oder sehen gar aus wie eine umgekehrte *Wanne*. Die Phantasie des Volkes war durch Jahrhunderte hinweg unerschöpflich!

Das *Hörnle* am Ursulaberg hinter dem Waldcafé, ist eine durch Sturzmassen aufgetürmte Erhebung auf halber Höhe des Bergs, heute ganz von Wald bedeckt. Der Waldweg zum Steinbruch hinauf führt hinter dem Waldcafé und beim Remselesstein am Hörnle vorbei.

Das *Ochsenhorn* ist am Georgenberg zu suchen.

Der *Kugelberg* an der Markungsgrenze nach Unterhausen hat seinen Namen von *Gugel* (mhd. = Kapuze, Kappe). Dem aufmerksamen Beobachter, der von Pfullingen nach Unterhausen fährt, sticht sicherlich die äußerst ebenmäßige, spitze Form dieses 594 m hohen Ursulaberg-Anhängsels ins Auge. Geologisch vorgebildete Leute mögen vermuten, daß er - wie der Georgenberg auch - den Rest eines Vulkanschlotes darstellt und somit zum Urach-Kirchheimer Vulkangebiet gehört. Auf geologischen Karten fallen solche Vulkanschlote durch die rote Signatur inmitten der mit blauer Farbe gekennzeichneten Jura-Formation sofort auf. Bekannt geworden ist der Kugelberg in den letzten Jahren durch das Ende der achtziger Jahre ausgewiesene Naturschutzgebiet Kugelberg. In Reutlingen war *lt. Wille (2015)* Gugelberg eine alte Bezeichnung für den Scheibengipfel an der Achalm.

Mit Sicherheit einer der ältesten Flurnamen ist die *Wanne (d'Wann)* auch durch frühere Schwabenbergfeste überregional bekannt. Es ist daher erstaunlich, daß sich bei *Walcher* kein Hinweis auf eine Erwähnung des Namens in früheren Quellen findet. In Pfullingen erklärt man sich den Namen Wanne hauptsächlich durch die Form des Bergs, der, insbesondere von Norden aus betrachtet, wirklich einer umgekehrten Badewanne gleicht. Tiefergehende Vermutungen zum Ursprung des Namens stellt *Theophil Rupp* in seiner Arbeit *„Aus der Vorzeit Reutlingens und seiner Umgegend"* 1869 an:

„...Der Name Wanne erinnert an die Königin Wanne mit dem schönen Schiff auf der Leije, nemlich an Wanne Thekla, der Königin der Hexen und der durch die Luft fahrenden Geister, wie wir sie aus der niederländischen Sage [...] erkennen".

Die *Kleine Wanne* ist eine durch Rutschungsvorgänge entstandene Absitzung der eigentlichen Wanne. Sie befindet sich am Nordhang der letzteren. Die Verebnung der Kleinen Wanne ist praktisch die obere Fläche einer Gleitscholle. Eine ähnliche Absitzung gibt es ja auch im Kaltenbronnen, wo sich auf deren oberer Verebnung die Lache gebildet hat.

Das schon nicht mehr auf Pfullinger Markung (Unterhausen) gelegene, aber dennoch bekannte *Staufental* hat seinen Namen von *Stauf*, d.i. ein Becher (schwäb. *stauf*, mhd. *stouf*), der, wie die Wanne auch, in umgekehrter Stellung zu denken ist. Der hier erwähnte Flurname ist aufgrund seines Suffixes *-tal* allerdings den Hohlformen unterzuordnen.

Erhebungen, welcher Art auch immer, die eine Aussicht oder einen Überblick boten, waren seit Menschengedenken gefragte Stellen. Lagen sie in der Nähe von Siedlungen, wurden sie bevorzugt als Wachenstandorte aufgesucht, während sie in tieferem Gelände häufig Jägern oder Feldschützen eine Übersicht boten. Man spricht von *Warten*. So ist Wanderern der Aussichtsturm Hohe Warte bei St. Johann ein Begriff.

Hochwart heißt auch die Gegend der ehemaligen Oberen Burg, wo die Kalktuffablagerungen des $\frac{3}{8}$ - Kanals der Echaz eine exponierte Lage geschaffen haben, an der vielleicht in römischer Zeit schon ein Wachturm stand. Die Hochwart befindet sich im Stadtgebiet, etwa bei der Rehm'schen Mühle in der Leonhardstraße, dem ehemaligen Leergäßle. In unseren dicht bebauten Städten fällt es heute oftmals schwer, sich solche, in manchen Fällen nur noch dem Radfahrer bewußte Erhebungen als besondere Aussichtspunkte vorzustellen. Hierbei kann es hilfreich sein, sich einer Flurkarte aus dem letzten Jahrhundert zu bedienen, um sich ein Bild zu machen, wie vergleichsweise schütter die Siedlungen früher an ihren Rändern ausliefen. Wer einen Blick auf die Flurkarte von 1825 wirft, wird dort, wo die Echaz ihre Gefällestrecken überwindet und heute der südliche Stadtrand liegt, nur wenige Gebäude, wie z.B. die Rehm'sche Mühle entdecken.

Hänge

Berghänge als Teile der Großformen treten auf der Pfullinger Markung verständlicherweise in besonderem Maße auf. Die Schichtstufe der Schwäbischen Alb gliedert sich in einen widerstandsfähigen, steilen Oberhang und einen sanften Unterhang. Während beim Oberhang die Kalkgesteine der Abteilung Weißjura (Malm) den Stufenbildner darstellen, stehen bei den Unterhängen noch die weicheren Schichten des Braunjura (Dogger) an.
Die Oberhänge haben meistens eine Neigung von 20 – 30°. Oberhänge und der Weißjura beginnen im Regelfall mit der Bewaldung. Die Unterhänge haben in ihrem mittleren Bereich meistens eine Neigung zwischen 3 und 6°. Auf Pfullinger Markung sind diese Hänge normalerweise grünlandwirtschaftlich genutzt, dabei an jeder klimatisch geeigneten Stelle jedoch auch in Verbindung mit Obstbau (Streuobstwiesen). Früher war am Georgenberg und an anderen sonnenexponierten Stellen wie etwa den Seiten oder am Ursulaberg auch der Weinbau von Bedeutung, wie alte Stadtansichten zeigen. Dort, wo klimatische Ungunst herrscht oder in früherer Zeit die Transportwege zum Markt zu lang waren, finden wir überwiegend Weidewirtschaft.

Die im Hochdeutschen geläufige Bezeichnung *Hang* für ein abschüssiges Geländestück fehlt im Schwäbischen, und so auch unter den Pfullinger Flurnamen, fast völlig, wenn man einmal von der *Hangenden Wiese*, dem Osthang des Scheibenbergs absieht. Wer die Flur kennt, wird feststellen, daß sie heute völlig bewaldet ist, und zwar nicht etwa erst seit jüngster Zeit mit Fichten, sondern mit prächtigem altem Buchenwald. So müssen diese Hänge des Scheibenbergs zu früheren Zeiten anderer Nutzung unterlegen haben.

Im Gegensatz zum Hang ist jedoch bei den Pfullinger Flurnamen die Bezeichnung *Halde* überaus häufig vertreten. Bezieht sich der Begriff im Hochdeutschen auf einen bestimmten Typ von Hang, nämlich auf die von Sturzmaterial bedeckten Hänge unterhalb von Felsen, so etwa Schutthalden oder Geröllhalden, so steht er im Schwäbischen sehr allgemein und nahezu für jeden Abhang.

Als bekannteste Halde mag sicherlich jedem Pfullinger die *Seitenhalde* einfallen, ein Straßenname, der allerdings als Flurname in dieser Form nicht existierte. Als Flurname existierten lediglich die *Seiten*, die heute in dem Straßennamen weiterleben.

Naturfreunden ist die *Frauenhalde* am westlichen Hangfuß des Ursulabergs, in der Nähe des Waldcafés, bekannt - eine Landschaft, die durch ihre Trocken- und Halbtrockenrasen sowie Hecken von großem ökologischem Wert ist und daher auch unter Naturschutz steht. Teile davon sollen (vgl. *Kinkelin*) noch in der ersten Hälfte des 19. Jh. Weinberge gewesen sein.

Die *Dachhalde* ist ein Teil des Ostabhanges des Schönbergs, zum Lippental hinunter. Das Präfix *Dach-* soll dabei möglicherweise die steile Neigung des Hanges ausdrücken, falls nicht von *dahn* (= Dohle) abgeleitet.

Die *Gaishalde* ist ein nordwestlicher Oberhang des Ursulabergs zwischen der nördlichsten Einschnürung und dem Langtal, zum Alten Esch hinunter.

Die *Häselhalde*, die wahrscheinlich mit der *Häßlinshalde* und der *Hessenhalde* identisch ist, liegt unterhalb der Stelle, wo die drei Markungen Pfullingen, Eningen und St. Johann-Würtingen aneinanderstoßen. Sie bezeichnet somit den Hang unterhalb des Gerstenbergfelsens.

Die *Bucken-* oder *Beickenhalde* liegt an dem Bergsporn, der von der Nordseite des Ursulahochbergs im selben Höhenniveau des Ursulabergs hinausläuft. Die Markungsgrenze verläuft über diesen Sporn.

Die *Hirnhalde* ist einer der nördlichen, oberen Hänge des Gielsbergs. Die genaue Lage gibt *Walcher* zwar nicht an, doch geht aus der Anordnung der

Nummern auf seiner Karte hervor, daß der Flurname in dieser Gegend anzusiedeln ist.

Unterhalb des Mädlesfelsen liegt dazu im Bezug die *Mägdleinshalde (1506 Metlinshalde, 1521 Metlinshalde, 1622 Mädlinshalde)*.

Die *Mönchhalde* befindet sich an der südlichen Traufkante des Übersbergs, im Grenzgebiet zu Unterhausen, zum Zellertal hinab.

Bekannter wiederum dürfte die *Obere Halde* an der nordöstlichsten Kante der Röt beim Georgenberg sein. Die Kastanie an der Oberen Halde ist einer der markanten Bäume auf der Pfullinger Markung und daher ein Naturdenkmal. Von der Kastanie aus ist Pfullingen sehr schön einzusehen, was Fußmüden den Blick vom Georgenberg teilweise ersetzen kann.

Die *Rohrhalde* ist der südliche Abhang des Hinteren Harts zum Lindentalbach hinunter. Für die Gegend wird als Synonym auch der Flurname *Hintere Seiten* gebraucht.

Die *Steinhalde* bezeichnet einen Osthang des vorderen Ursulabergs. Sie liegt in der Nähe der Gaishalde.

Östlich des Reutlinger Südbahnhofs, schon auf Eninger Markung, aber Pfullingern ebenfalls noch bekannt, liegt die *Loschenhalde (1297 „an Loshen berge")*.

Haldenlau, auch häufig *Haldenlauh* geschrieben, ist eine Zusammensetzung aus *Halde* und *Loh* (= lichter Wald). Wer die Flur kennt, wird feststellen, daß sich dort eigentlich kein Hang befindet, wenn man nicht unbedingt die Neigung der Braunjura-Gamma-Stufenfläche der Röt als sanften Hang betrachten will. Vielmehr ist der Name wohl so auszudeuten, daß er auf die benachbarte Obere Halde anspielen will und somit eigentlich nicht als „Hangwald" oder „bewaldeter Hang", sondern eher als „Wald über / vor dem Hang" bzw. „Wald bei der Oberen Halde" zu verstehen ist.

Langgezogene, sanfte Hänge werden als *Rain* (mhd. *rein*, schwäb. *rôi* oder *rõe*) bezeichnet.

Der *Burgelsrain* (ob Teil des Pulversrain, s.u.?) ist einer der langgestreckten Hänge, die sich vom Gielsberg zum Grundhof hinabziehen.

Östlich der Burgwegsiedlung liegt der *Galgenrain*, eine ehemalige Richtstätte. Der Galgenrain stellt einen der untersten Hänge und Erhebungen des nördlichen Ursulabergs dar, bevor das Gelände am Arbach seinen tiefsten Punkt erreicht.

Unterhalb des Immenbergs, schon auf Unterhausener Markung, liegt der *Häutles-* oder *Heutelrain* (ob von Heu-Tal?).

Der *Lindenrain* ist die steile Böschung zwischen Gönninger Straße und Blumenstraße. Der Absatz ist so steil, daß er bis heute nicht bebaut wurde und daher immer noch markant ins Auge fällt. Möglicherweise handelt es sich beim Lindenrain um einen alten Prallhang des Eierbachs. Der Eierbach, ganz in der Nähe, biegt hier in einer langgezogenen Kurve von Südwesten kommend nach Norden um, wobei sein östlichstes Ufer der größten Abtragung ausgesetzt ist.

Der *Hohe Rain* deckt sich wohl zumindest teilweise mit dem *Wasen* oberhalb des Waldcafés.

Der *Mittlere Rain*, häufig auch in der Mehrzahl *Mittlere Raine* geschrieben, liegt südwestlich des Eckhofs.

Der *Pulversrain (1454 Burgars Rain, 1470 Burkatsrain, 1555 Burfelsrain, 1612 Buluerßrain", 1617 Bulffersrain, 1748 Pulwersrain)* bezeichnet die Gegend um den Erlenhof herum und die sanften Hänge südwärts zur Kreisstraße nach Gönningen.

Östlich, dort wo der Tannenhof liegt und noch weiter dahinter, schließt sich an den Pulversrain der *Sulzrain (1439 Saltzrain, 1470 Sultzrain, 1555, 1618 Sulzrhein)* an. Das so bezeichnete Geländestück besitzt drei abfallende Seiten: eine nach Süden zum Sulzbach, eine nach Osten zum Wettersbach, und die dritte nach Norden zum Georgenhof hin. Dabei ist der erstgenannte der am längsten gestreckte Hang, auf den sich der Name wohl hauptsächlich bezieht.

Der *Schießrain* befand sich im unteren Bereich von Kiessteige und Elisenweg. Das Gelände ist schon seit langer Zeit überbaut.

Aus den alten Quellen gehen noch drei weitere Flurnamen hervor, die jedoch sicherlich schon seit langer Zeit nicht mehr gebraucht werden. Daher gerieten sie in Vergessenheit und konnten auch schon von *Walcher* nicht mehr lokalisiert werden. Es sind dies der *Eubisrain*, des *Mändlens Rain* und der *Müllerrain*.

Bezeichnend für einen Hang ist auch die *Seite* (= schwäb.), die sich auf Pfullinger Markung in den *Vorderen Seiten* (unterhalb des Vorderen Harts) und den *Hinteren Seiten* (unterhalb Hinteren Harts), zwei südliche Rückstufen der Röthochfläche, wiederfinden. Mit den Seiten hat auch der Flurname *Seitensteg* und der Straßenname *Seitenhalde* zu tun.

Die *Zeile* (mhd. *zîl*) bezeichnet abfallendes, ackerbaulich genutztes Gelände, aber auch linienförmige Buschgruppen oder Hecken, so die *Zeil (1439 „zu der sull", 1612, 1618 Zeyl, Seyl, 1650 und 1748 Seyl, 1748 Zeylen)* in Gegend der heutigen *Zeilstraße*. *Zeile* kann im Laufe der Jahrhunderte auch mit der *Säule* (z.B. Bildsäule) verwechselt worden sein, denn die mundartliche Aussprache ist ähnlich.

Die *Range* (mhd. *range*) steht ebenfalls für einen Bergabhang von langgezogener Art. *Rangen („em Ranga")* beschreibt jedoch einen Bergsattel, nämlich jenen zwischen Ursulahochberg und Übersberg. Die Wurzel steckt auch in dem vielleicht ebenfalls bekannten *Rangenbergle* auf der Eninger Markung, das einem Sattel zwischen Achalm und Albtrauf aufsitzt. Näheres hierzu unter dem Stichwort „Hohlformen".

Hänge, die durch Rutschungen in Bewegung sind, werden häufig mit *Schleife* (mhd. *sleifen*, schwäb. *schlôife, schlõefe* = schleppen) oder *Rutschen* bezeichnet.

Ein solches Gebiet ist der *Schleifer*, auch *Im Schleifer* oder *In den Schleifern*. Der Schleifer ist ein ziemlich steiler Hang an der Ostseite des Georgenbergs, zur Echaz hinab. Im Gelände stehen die unteren, lehmigen Braunjuraschichten an. 1939 ereigneten sich in dieser Gegend Rutschungen, die auch Häuser beschädigten.

Mit *Rutsch* wird Steinschlaggelände östlich und westlich der Wanne bezeichnet. Geomorphologisch genaugenommen, handelt es sich dabei allerdings nicht um einen Erdrutsch, sondern vielmehr um durch Felssturz geprägte, übersteilte Hangpartien.

Oft kennzeichnen Eigenschaften wie *aufziehend* oder *abziehend* die Hanglage eines Geländestücks. In der Mitte der Burgwegsiedlung, etwa in der Gegend der Goethestraße, lag bis zur Bebauung der *Aufziehende Acker*.

Rösch (mhd. *roesch*, schwäb. *raisch, resch*) kann neben hart auch steilabfallend bedeuten.

Beim *Roschweg* handelt es sich wahrscheinlich um einen steilen, einen Hang hinaufführenden Feldweg, dessen genaue Lage bei *Walcher* allerdings auch schon nicht mehr vermerkt ist.

Ähnlich verhält es sich mit dem *Röschenbach*. Der Name ist wohl an der Gefällstrecke einer unserer Bäche anzusiedeln, könnte aber auch einen Besitzernamen enthalten.

Hohlformen

Wo Berge sind und reichlich fließendes Wasser mit genügend Erosionswaffen vorhanden ist, kann man ausgeprägte Talbildung beobachten, wie dies bei uns am Rande der Alb der Fall ist. Durch die unterschiedlichen Eigenschaften der verschiedenen Juraschichten haben sich auch unterschiedliche Talprofile herausgebildet. Unter Hohlformen sind jedoch nicht nur Täler, sondern auch Senken, durch Rutschung entstandene Mulden und die auf der Albhochfläche häufigen Erdfälle und Dolinen einzurechnen.

Offene Hohlformen

Offene Hohlformen sind nach einer oder zwei Seiten geöffnete Formen, meist langgestreckter Art, die von leicht überschreitbarer Dimension (Gräben, Rinnen) bis hin zur unüberschaubaren Größe (Täler) reichen.

Die häufigste, im Zusammenhang mit Flurnamen auftretende, offene Hohlform ist das *Tal* (lat. *vallis*, frz. *val*, slaw. *dol* oder *dolina*; davon der Fachausdruck Doline für einen Karsteinbruch abgeleitet), das gemeinhin mit großen, tiefen Formen assoziiert wird. Bei allen diesen Betrachtungen ist es jedoch wichtig - auch für den, der sich mit Flurnamen andernorts oder in vergleichender Weise beschäftigt - die regionale Relativität dieser Begriffe zu beachten: Ein Dorf, das überwiegend flaches Gelände in seine Markung einschließt, wird zu der einzigen vorhandenen Vertiefung eine andere Beziehung haben als ein Dorf in den Bergen, das tatsächlich viele Täler besitzt. So würde ein und dieselbe Form von den Bewohnern beider Dörfer sicher sehr unterschiedlich bewertet und würde z.B. von ersteren eine übertriebene Aufwertung erfahren. Ein Hochalpenbewohner etwa würde lächeln, wenn wir in Pfullingen von tiefen Tälern sprechen, während ein Küstenbewohner sich möglicherweise von unseren wilden Schluchten in Begeisterung reden könnte.

Doch zurück zu den Tälern Pfullingens: Pfullingen liegt an der Ausmündung des *Echaztals*, obwohl man freilich auch diesen Begriff auseinandernehmen kann. Morphologisch gesehen reicht das Echaztal vom Ursprung der Echaz in Honau bis zur Einmündung der Echaz in den Neckar bei Kirchentellinsfurt, wobei das Tal an jeder Stelle unterschiedliche Tiefen und Profile aufweist. Im allgemeinen Sprachgebrauch wird mit dem Begriff aber die Form bezeichnet, welche die Echaz in die Alb geschnitten hat, d.h. das Tal ab Pfullingen aufwärts bis zu seinem Schluß in Honau.
Beim Echaztal auf Pfullinger Markung handelt es sich um ein Auffüllungssohlental und zwar um eines von besonderer Art, das durch die Bildung von Kalktuff aufgefüllt wurde. Ständige Kalkabscheidung ließ das Bachbett der Echaz in die Höhe wachsen, so daß das Wasser schließlich über dem Niveau des Talbodens floß. Nun kann man sich denken, was bei Hochwasser geschah: Das Wasser brach an einer günstigen Stelle aus dem alten Bachbett aus und folgte nun der tiefsten Stelle der Talsohle, ein neues Bett schaffend. Der Prozeß wiederholte sich, bis der Kalk in der ganzen Breite des Tales abgelagert war. Dieses Phänomen der Dammuferbildung und deren katastrophale Folgen

lassen sich auch bei vielen großen Tieflandsflüssen, wie z.B. dem Po in Italien oder dem Hwangho in China studieren. Bei diesen erfolgt die Dammuferbildung in der Regel jedoch nicht durch den Aufbau von Kalktuff, sondern durch die Ablagerung von Feinsedimenten. An den Ufern dieser Flüsse herrscht eine geringere Fließgeschwindigkeit, die durch entsprechende Vegetation oft noch zusätzlich gebremst wird. Dadurch kommt es im Uferbereich zu einer Ablagerung von Feinsedimenten, was über längere Zeiträume zu einer Erhöhung der Ufer führt. Nach ähnlichem Prinzip verläuft dieser Prozeß auch bei unserer Echaz mit dem Unterschied, daß es sich hier eben um Kalkausscheidungen durch chemische Prozesse und nicht um die Ablagerung von Feinsedimenten handelt. Man muß sich auch vorstellen können, daß sich früher das Wasser der Echaz nicht auf ein einziges Bett beschränkte, sondern sich in zahlreichen Armen über die Talsohle verteilte. Dadurch konnte die Auffüllung des Tales mit Kalktuff in seiner Breite noch viel rascher vor sich gehen.

Das *Echaztal* ist auf Pfullinger Markung an seinen tiefsten Stellen, je nachdem, an welcher Seite und an welchem Berg man mißt, 200 - 300 m tief und an seiner breitesten Stelle (Traufkante Schönbergturm - Traufkante Ursulaberg) zwei Kilometer breit.

Anders als das Echaztal, nicht nur aufgrund seiner Dimension, ist das *Lindental* gestaltet. Der Name umreißt grob gesagt die Eintiefung des Lindentalbaches zwischen seiner Quelle und der Einmündung des Sulzbaches. Dieses Tal könnte stellvertretend für viele Täler stehen, die von kleineren Bächen durchzogen sind und von der Alb heraus nordwärts ziehen. Im oberen Talabschnitt, oberhalb der ganzjährig schüttenden Quellen, herrscht ein kerbtalartiges Profil vor: Hier fließt zwar nur bei heftigen Niederschlagsereignissen Wasser, doch kann dabei gute Erosionsarbeit geleistet werden. Entscheidend ist hierbei, daß durch den periodischen Wasseraustritt die Kalkausfällung geringer als die Erosionsleistung ist d.h. die Abtragung wird nicht durch eine Auskleidung des Tales mit Quellkalken behindert. Anders unterhalb der perennierenden Quellen: Dort wird unter momentanen Bedingungen Kalk abgelagert, so daß die Kerbtäler nach und nach kleine Sohlen bekommen. In diesem Teilabschnitt überwinden die Gewässer im Verhältnis zur Fließstrecke das größte Gefälle, welches eine entscheidende Rolle für die Kalkabscheidung spielt. Wo die Fließgeschwindigkeit nachläßt - bei uns meistens dort, wo die Gewässer den Wald verlassen - gehen die Kerbtäler immer mehr in Muldentäler über: Die

Gewässer sind nicht stark genug, das von den Talhängen anfallende Denuda-tionsmaterial vollständig mitzuführen. Bei den Bächen wie Lindental- oder Eierbach wird in diesem Fließabschnitt kein Kalktuff gebildet, da die Kalkkonzentration nach dem Ausfall im obersten Fließabschnitt nun sehr nachgelassen hat.

Zwischen Lippentaler Hochberg und dem Schönberg liegt das *Lippental (1439 Yppental, 1555 Nippental, 1611 Lipental, 1622 Ippental)*, ein gut aus-geprägtes, tiefes Tal. Auf die Besonderheiten des Lippentaler Baches bin ich bereits an anderer Stelle eingegangen. Der Name läßt sich von einem Besit-zernamen herleiten; dazu später.

Das *Selchental*, das sich in ein unteres, mittleres und oberes gliedert, liegt an der Grenze nach Gönningen und wird vom Breitenbach durchflossen. In sei-nem oberen Teil findet eine starke Kalkausfällung statt.

Weniger bekannte Täler sind das *Eulental*, bei dem es sich um eine dellenarti-ge Vertiefung zwischen Ahlsteige und Stuhlsteige handeln dürfte, von der ein unstetig Wasser führender Graben zum Eierbach hinabzieht. *Walcher* hat die Stelle auf seiner Karte nicht festgelegt.

Das *Langtal* ist das Tal zwischen Ursulaberg und Ursulahochberg, dort, wo sich das Quellgebiet des dem Arbach zufließenden Fallbaches befindet. Der Flurname grenzt den bewaldeten Teil des Tales gegenüber dem weidewirt-schaftlich genutzten Teil, der als „Alter Esch" bezeichnet wird, ab.

Auf dem Gielsberg verläuft die Markungsgrenze entlang der Traufkante, die hier den obersten Teil des *Ramstals* darstellt. Das Tal, das zur Markung Gön-ningen gehört, mündet bei den Gönninger Seen ins Wiesaztal ein und ist ein vollständig bewaldetes Kerbtal mit einer Tiefe von 100 - 150 m. Der Name wird auf manchen Karten auch *Ramstel* bzw. *Ramstell* geschrieben.

Ebenfalls nicht mehr auf Pfullinger Markung gelegen, aber dennoch den mei-sten Pfullingern bekannt, ist das schon vorhin erwähnte *Staufental*, eine tal-förmige, wasserlose Einbuchtung zwischen Ursula-, Ursulahoch- und Immen-berg.

Walcher erwähnt in seiner Auflistung auch noch ein *Stachental*, hat dieses jedoch auf seiner Karte nicht eingetragen; lt. *Kinkelin (1937)* im Zellertal oder identisch mit diesem.

Die Diminutiv-, d.h. Verkleinerungsform von Tal ist im Schwäbischen das *Täle*, das wiederum auch starke Verwandtschaft mit der *Telle* oder *Delle* (= wasserlose Vertiefung; Embryonalform des Tales) erkennen läßt:

Ein solches ist das *Maustäle*, eine normalerweise wasserlose Vertiefung, die zwischen der Nordwestkante der Wanne und einem riedelartigen Ausläufer des Schönbergs auf gleicher Höhe liegt. Nur bei äußerst heftigen Niederschlagsereignissen fließt von hier aus ein Gerinne zum Eierbach ab.

Eine talartige Vertiefung zwar geringen Ausmaßes, die aber dennoch durch ihre felsigen Oberhänge eindrucksvoll wirkt, ist das *Schuggentäle*, das zwischen Göllesberg und Übersberg liegt. Wenngleich die Markungsgrenze zwischen Pfullingen und Lichtenstein-Unterhausen heute ein gutes Stück weiter westlich liegt, so ist jedoch anzunehmen, daß vielleicht dieses Tal einmal eine natürliche, im Gelände erkennbare Grenze zwischen beiden Markungen bildete.

SSW des Georgenbergs, an der Markungsgrenze zu Reutlingen, befindet sich das *Steißtäle*, durch das der östlichste Quellbach des Kaibachs verläuft.

Weiterhin bezeichnet Tallage der *Talacker*. Mit dem Tal ist die Vertiefung zwischen Vorderem und Hinteren Hart gemeint. Das max. 40 - 50 m tiefe Muldental wird von einem kleinen Bach entwässert, der nun zum größten Teil verdolt ist. Was dieser kleine Bach leistet, ist nicht zu unterschätzen, denn bei Niederschlägen entwässert er einen großen Teil der Rötebene. Der Talacker stellt einen der beiden flachen Aufgänge auf die Röt an deren Südabfall dar; der andere liegt zwischen Sulzrain und Hinterem Hart. Wer mit den Höhenlinien auf der topographischen Karte nicht zurechtkommt, betrachte sich das Netz der Feldwege, die nur an diesen beiden Stellen von der Gönninger Kreisstraße durchgehend bis auf die Röt hinaufziehen.

Als *Talmühle* wurde auch die Schloßmühle in der Mühlstraße bezeichnet. Das Gebäude wurde 1968 abgebrochen; das Mühlenwehr hingegen ist noch erhalten. Hier war der Name jedoch nicht Hinweis auf ein bestimmtes Tal, sondern diente wahrscheinlich nur dazu, die Schloßmühle von der Oberen Mühle bzw. Rehm'schen Mühle zu unterscheiden. Manchem ist an dieser Stelle vielleicht auch die inzwischen leider stark verfallene Genkinger Talmühle, die so wunderschön im obersten Wiesaztal liegt, ein Begriff.

Der tiefste Teil eines Tales ist der *Talgrund*, auch schlichtweg *Grund* genannt:

Bekannt auf der Pfullinger Markung ist der *Grund* beim *Grundhof* an der Straße nach Gönningen. In unmittelbarer Nähe liegt auch das *Grundhäusle*, von denen es auf Pfullinger Markung noch zwei weitere gibt: das zweite liegt im Talgrund am Alten Esch, während das dritte am Wasserteich zu suchen ist. Letzteres war eine Wetter-Schutzhütte; ein kleiner Fachwerkbau mit Zeltdach.

Wer bei Flurnamen wie dem Wasserteich an einen Teich denkt, hat - unter Berücksichtigung des modernen Sprachgebrauchs - zumeist ein Gewässer im Sinn. Bei unseren Flurnamen bezeichnet das *Teich* (mhd. *tîch*, von den Leuten trotzdem: der Teich) jedoch eine Vertiefung, die meist wasserlos und von geringer Dimension ist. Unter den Flurnamen der heimatlichen Markung sind aufzuführen: *Volkmarsteich, Wasserteich, Brönnlesteich* und *Holzböhmer Teich*.

Der *Volkmarsteich* stellt so etwas wie ein Gegenstück zum Maustäle dar: Er liegt ebenfalls zwischen Wanne und Schönberg, und zwar auf östlicher Seite, während sich das Maustäle nach Westen hin öffnet.

Daß das Teich nicht in allen Fällen ohne Wasser sein muß, zeigen die Flurnamen *Wasserteich* und *Brönnlesteich*, die einen Verweis auf das Wasser des Eierbachs bzw. im letzteren Fall möglicherweise auf einige höhergelegene Quellen des Lindentalbachs geben.

Der *Wasserteich* bezeichnet die ganze Talsohle des oberen Eierbachtales, während der *Brönnlesteich* hinter und unterhalb des CVJM-Freizeitheims zu suchen ist.

Hinter dem Wackerstein, auf Unterhausener Markung, liegt der *Holzböhmer Teich* (Böhmen = Bäume).

Im Wald, im oberen Bereich der Hänge, sind kerbenartige Vertiefungen recht häufig. Es handelt sich dabei um wasserlose Gräben, in denen sich Schutt, Laub und verrottendes Holz talwärts bewegen. Oft läßt man bei Waldarbeiten geschlagenes Holz über diese Gräben hangabwärts rutschen, wobei manche sich gerade erst dadurch, nämlich durch die Nutzung über Jahrhunderte, so besonders ausgeprägt haben. Man nennt solche Formen *Ries* (mhd. *riz*).

Das *Hohle Ries* am östlichen Schönbergabhang zum Lippental hin, ist ein Beispiel hierfür; das zweite ist das *Krumme Ries*, dessen Name zeigt, daß eine solche Form nicht immer geradlinig verlaufen muß. Das Krumme Ries befindet sich oberhalb des Wasens am Waldcafé.

Das vielen auch bekannte Nördlinger Ries soll sich indes von der römischen *Raetia* herleiten.

Eine weitere, kleine Form ist der *Graben*, der natürlich oder künstlich angelegt sein kann. Im ersteren Fall handelt es sich zumeist um Fließabschnitte von Bächen, auf denen sich das Bachbett stark in den Untergrund eingetieft hat, wie dies beispielsweise bei der Echaz zwischen dem großen Wehr bei der Gärtnerei Hortense und dem Umspannwerk der Fall ist. Dieser *Hohlengraben* (*1439 „uff dem holen graben", 1475 Hollengraben*) war in früheren Zeiten sicher ein recht wilder Abschnitt der Echaz. Das Wasser überwindet hier ein Gefälle und hat sich drei bis fünf Meter tief in die Kalktuffsedimente eingegraben. Dies steht im Widerspruch zur Kalkablagerung an anderen Stellen. Am Hohlengraben scheint insgesamt gesehen die Abtragung gerade größer zu sein als die Kalkausfällung, wenngleich die Sinterbarrieren einiger Wasserfälle auch dort vorwärts wachsen. Ohnehin wird ja heute der größte Teil des Wassers durch das Wehr über einen Kanal der Baumwollspinnerei zugeleitet und nur wenn bei Hochwasser die Schleusen geöffnet werden, mag man sich ein Bild von der früheren Zeit machen.

Gräben wie der *Landgraben* am westlichen Abhang des Georgenbergs oder der *Teuchelgraben* im Grenzgebiet der Markungen Pfullingen - Reutlingen - Eningen sind wohl künstlicher Herkunft. Ebenso läßt sich über die Natürlichkeit des *Mühlgraben*, so man den ⅜ - Kanal oberhalb der Rehm'schen Mühle nennt, streiten. Ich werde auf diese Frage später noch näher unter dem Kapitel „Wasserbauten" eingehen.

Einsenkungen und Vertiefungen verschiedenster Art werden als *Wohn* (schwäb. *wô*, verwandt mit Wanne = schüsselartige Vertiefung) bezeichnet.

Die Unterhausener *Won*, auch *Wohn* geschrieben, an deren nordwestlichen Rand entlang die Pfullinger Markungsgrenze verläuft, hat ihren Namen möglicherweise von der sattelartigen Eintiefung zwischen dem Genkinger Rößleshart und der 799 m hohen Erhebung weiter ostwärts.

Eintiefungen zwischen zwei Bergen heißen *Sattel*; im Schwäbischen und in verkleinerter Form auch *Sättele*. Ein Blick auf die topographische Karte ist zunächst irreleitend. Wer die Höhenangaben und -linien zu interpretieren weiß, stellt fest, daß es eigentlich ein Berg ist, den man mit dem Namen Sättele bedacht hat. In der Tat: Das Sättele befindet sich dort, wo die schmalen Grate von Wackerstein, Schönberg und Lippentaler Hochberg zu einem Berg von 761 m Höhe aufeinander zulaufen. Doch hier muß man wieder relativ denken und sich die Höhen der umliegenden Berge vergegenwärtigen, die das Sättele um 30 - 80 m überragen. Die Feinheiten klären die Situation dann endgültig:

Das *Vordere Sättele* ist die Eintiefung zwischen dem Sättele-Berg und dem Lippentaler Hochberg, während das *Hintere Sättele* die Verbindung zwischen Sättele-Berg und Wackerstein bezeichnet. Diese Stellen sind für die geologisch-morphologische Weiterentwicklung unseres Gebietes von Entscheidender Bedeutung: Hier findet im Laufe der Zeit - freilich innerhalb von Jahrmillionen - eine Abschnürung der Berge voneinander statt, so daß die momentan noch durch ihre unteren Gesteinsschichten miteinander verbundenen Berge eine Tages isoliert dastehen werden. Man spricht dann von Zeugenbergen, wie beispielsweise die Achalm ein solcher ist. Zwischen Hinterem Sättele (721 m) und der höchsten Erhebung des Wackersteins (825 m) bestehen schon mehr als 100 m Höhenunterschied, zwischen Vorderem Sättele (682 m) und Lippentaler Hochberg (790 m) ist es in etwa derselbe Betrag.

Ein viel schönerer, durch seine Felsen noch viel gratartiger anmutender Sattel findet sich zwischen Wackerstein und Won. Wanderern ist die Stelle, die allerdings meines Wissens keinen bestimmten Namen trägt, bekannt.

Auch dem weniger Bewanderten können sich auf Pfullinger Markung solche Schmalstellen erschließen: So führt beispielsweise die Straße zum Übersberg über den Sattel zwischen Übersberg und Ursulahochberg. Dieser Bergsattel liegt 70 - 100 m tiefer als die beiden Berge. Er trägt den schon an anderer Stelle erwähnten Flurnamen *Rangen*, nach *Walcher* die Stelle, *„wo der Berg einen Rank (Krümmung) macht"*.

Das *Krebshag* im Grenzgebiet zu Unterhausen hat seinen Namen von der *Krebe* (d.i. ein Weidenkorb, der z.B. bei der Weinlese auf dem Rücken getragen wird). Die Bezeichnung kann, wie sämtliche hohle Gegenstände, aber auch für eine Vertiefung im Gelände stehen - in diesem Falle vielleicht für den z.T. heckengesäumten (da „-hag"!) Graben eines Bewässerungskanals, der bei der Unterhausener Baumwollspinnerei vom Hauptlauf der Echaz abgezweigt wird.

Geschlossene Hohlformen

Geschlossene Hohlformen sind solche, die rundherum nach allen Seiten ohne Öffnung sind, so etwa Gruben, Löcher, Mulden, Senken, aber auch Höhlen.

Häufig als Bezeichnung für Vertiefungen ist die *Grube* (von mhd. *gruobe*, schwäb. *gruebe, grueb*). Viele Gruben sind natürlich, doch muß man auch in Erwägung ziehen, daß viele Gruben künstlich angelegt wurden, sei es, um Steine, Sand und Erde zu fördern, oder aber als Fall- und Fanggruben für Tiere (z.B. Wolfsgrube).

Die *Teuchelgrube* befand sich in der Gegend der Sand- oder Schillerstraße; ist also heute schon längst überbaut.

Die *Grubende Wies* (= Wiese mit einer Grube) befand sich zur Großen Steinge hin, zwischen Steingebach und Echaz. Sie ist heute ebenfalls überbaut. Bei beiden, sowohl der Teuchelgrube als auch der Grubenden Wies dürfte es sich um Vertiefungen natürlicher Art gehandelt haben.

Der Flurname *Bei der Lehmgrube*, einem Gebiet südlich der Tennisanlage, dem Lippental zu, ist es möglich, daß dort einmal Lehm abgegraben wurde.

Auf dieser Höhe stehen nämlich die lehmigen Schichten des oberen Braunjura an. Das Gelände ist dort ständig in Bewegung, so daß bei zahlreichen Rutschungsvorgängen Eintiefungen entstehen. Der Name muß somit auch nicht zwangsläufig auf eine Nutzung anspielen, sondern kann lediglich einen einfachen Hinweis auf die Eigenschaft des Bodens, lehmig zu sein, darstellen.

Der Flurname *Bei der Steingrube* dürfte hingegen einen eindeutigeren Hinweis auf eine künstlich angelegte Grube zur Stein- bzw. Schotterentnahme sein. Das Gebiet ist zwischen dem Galgenrain und dem Arbach, an der Grenze gegen Eningen, zu suchen.

Die *Wolfsgrube* bezeichnet in groben Zügen das wellige Gelände am nördlichen und nordöstlichen Hangfuß des Ursulabergs. Es erstreckt sich zwischen der Eninger Markungsgrenze und dem Beginn des Waldes. Der südlichste Teil, dem Alten Esch zu, wird auch gesondert als *Hintere Wolfsgrube* bezeichnet. Auch in der Wolfsgrube führen die obersten Braunjuraschichten zu Rutschungen und schaffen eine heimelig anmutende Landschaft mit vielen Mulden und Vertiefungen. Der letzte große „Rutsch" ereignete sich in den dreißiger Jahren. Damals soll sogar die Straße zur Jungviehweide überschüttet gewesen sein. Der Reichsarbeitsdienst wurde eingeschaltet und von 1934 bis 1936 waren viele Leute damit beschäftigt, die abgerutschten Hänge wieder zu befestigen. Dies geschah u.a. durch das Anpflanzen von Pappeln. Unter den Rutschungen litt auch seit Beginn ihres Bestehens die weiter oberhalb liegende Fahrstraße zum Übersberg. Nach Starkregen im Sommer 2016 wurden die Rutschungen schließlich so stark, daß die Straße für anderthalb Jahre gesperrt und durch ingenieurbauliche Spezialmaßnahmen aufwendig abgesichert werden mußte – ein 1,32 Millionen Euro schweres Projekt! So ist es fraglich, ob der Name Wolfsgrube allein für künstlich angelegte Fallgruben steht, in denen Wölfe gefangen wurden. Nach *G. Maier (1930)* sollen die Wölfe mit verendetem Vieh zu einer glatt ausgemauerten, mit Reisig überdeckten Grube gelockt worden sein, wo sie dann einbrachen. Es könnte sich also auch nur um die schlichte Feststellung handeln, daß es in dieser durch Mulden und Gruben geprägten Gegend Wölfe gibt, bzw. gab. Zuletzt könnte in dem Flurnamen sogar noch ein Besitzername stecken, denn schließlich ist *Wolf* ja auch ein alter Pfullinger Familienname.

Ungeachtet dessen ist die Wolfsgrube heute ein wertvoller Lebensraum für Pflanzen und Tiere: Ihre Hecken, Trockenstandorte oder Feuchtbiotope wie z.B. der Rilling'sche Eisweiher sind wichtige Rückzugsgebiete für bedrohte Arten. Die Ortsgruppe Pfullingen des Naturschutzbundes Deutschland betreut

Grundstücke, auf denen sie Nistkästen und Fledermaushöhlen aufgehängt hat und mäht Wiesen, die als Orchideenstandorte von der Verbuschung bedroht sind.

Ein für eine Form geringen Ausmaßes ebenfalls häufig auftretende Bezeichnung ist das *Loch* (von mhd.). Zu beachten ist dabei allerdings die Ähnlichkeit mit dem *Loh* = lichter Wald oder der *Lache* = flaches Stehgewässer!

Das *Gänsloch* ist in unterhalb des Wasens am Waldcafé zu suchen.

Das *Teufelsloch (1556 „des Teufels Loch")* liegt schon auf Reutlinger Markung, im oberen Bereich der Klinge, die sich, hinter der Kleingartenanlage beginnend, nach Nordwesten zum Breitenbach hinunterzieht.

Auch das *Nübelloch (1622 und 1662 Ybenloch, 1681 und 1701 Übenloch)* liegt im Grenzgebiet zu Reutlingen, am Nordabhang der Röt.

Öfters tritt bei Flurnamen die Mehrzahlform *Löcher* auf. Auf Pfullinger Markung sind die *Nachtfräuleinslöcher* im Zusammenhang mit dem Pfullinger Sagenschatz bekannt. Sie liegen in der Nähe des Hörnle. Früher warf man manchmal Steine in die Löcher, um den Nachtfräulein ein Opfer darzubringen. Man soll (siehe *Kinkelin*) einst einmal dort beim Nachgraben angeblich eine bodenlos tiefe Höhle gefunden haben, doch spricht die Geologie an dieser Stelle eher gegen das Vorhandensein einer solchen. Nach Ansicht einiger waren die Nachfräulein überdies auch praktisch veranlagt und hatten ihre unterirdischen Gänge gleich bis hinab in die Stadt…

Muldenartige Vertiefungen werden mit *Mulde* (mhd. *muolde*) bezeichnet.

Eine solche *Mulde* liegt im Wald auf dem Übersberg, südlich des Übersberger Hofs.
Am nördlichen Abhang des Georgenbergs liegt die *Mult (1626 „in der Muolten")*.

Mehrere kleine Mulden, *Mültlen (d'Miltle)* gibt es auch in der Gegend des Erlenhofs hinter dem Pulversrain.

Vergleiche der Landschaft mit der Anatomie des Menschen sind beim Volk gebräuchlich und so werden markante Vertiefungen häufig mit Bezeichnungen wie *Gurgel* oder *Kehle* bedacht. Solche Vergleiche beschränken sich übrigens nicht nur auf den deutschen Sprachgebrauch: so verwendet z.B. die spanische Sprache beispielsweise das Wort *garganta* (= Kehle, Gurgel), ebenfalls wie wir auch, für eine Schlucht.

Die *Gurgel* (*1556 Gurgel*) ein steiles Kerbtal, dessen Bach zum Breitenbach fließt und das heute zur Reutlinger Markung gehört, lag bis zum Verkauf des ehemaligen Blauhofs wahrscheinlich ganz auf Pfullinger Gebiet.

Die *Kehlen* bzw. das Gebiet *Am Kehlplatz* liegen südöstlich des Wackersteins und stellen den obersten Bereich des Reißenbach-Seitentals dar.

Das Eigenschaftswort *hohl* kann für Vertiefungen verschiedener Art stehen oder aber verstärkend zu Bezeichnungen hinzukommen, die in sich ohnehin schon für eine Vertiefung stehen, so z.B. der *Hohlengraben* oder das *Hohle Ries*. *Hohlwege*, wie es *Eninger Hohlweg* oder der *Steinge Hohlweg* sind, bezeichnen Wege, die entweder in natürlichen Vertiefungen verlaufen oder sich aber durch häufige Benutzung bei gleichzeitig starken Erosionserscheinungen (v.a. bei Wegen mit Gefälle) langsam tiefergelegt haben, wenn sie nicht sogar einst künstlich eingetieft wurden. Ich werde unter dem Kapitel „Wege" noch einmal darauf zurückkommen.

Eine geschlossene Hohlform ist auch die *Höhle* (mhd. *höle*), von denen es am Albrand und auf der Alb zahlreiche gibt. Sie entstehen durch die Einwirkung des kohlensauren Wassers und die Löslichkeit des Kalkgesteins.

Die bisher einzige größere Tropfsteinhöhle auf Pfullinger Markung ist die *Hanneshöhle*, an der nördlichen Hangkante des Wohns. Diese Höhle wurde 1953 von Johannes Taigel entdeckt und irreführenderweise auch manchmal als *Wackersteinhöhle* bezeichnet. Sie liegt als ein unauffälliges Loch im Wald; daher auch manchmal die Bezeichnung *Pfullinger Loch*. Die verschlossene Höhle hat eine Länge von 35 Metern. Über eine Leiter gelangt man den 4,5 m tiefen Einstiegsschacht hinunter. Die Hanneshöhle besteht aus drei sintergeschmückten Hallen, von denen die größte eine Länge von 13 Metern hat.

Eine Höhle in Zusammenhang mit dem Pfullinger Sagenschatz ist die *Schätterhöhle* (ob von *Schütte* = Aufschüttung, Damm; dagegen weniger von *Schotter*, da kein schwäbisches Wort), die am Nordfuß des Ursulabergs, bei der *Schätterhose*, gelegen haben muß, wenn sie je als wirkliche Höhle existierte. In dieser Höhle soll die Sagengestalt Pelzmichel, eine Art „Pfullinger Nikolaus", wohnen.

Die *Glockenhöhle* soll nach einer Sage (vgl. u.a. *Meier 1852*) einst im Selchental gelegen haben. Wenn man in ihr sprach, klang die Stimme wie eine Glocke. Der Dichter Ludwig Uhland verarbeitete das Thema 1847 in seinem Gedicht „Die Glockenhöhle".
Die geologischen Gegebenheiten des Gebietes dort sprechen indes vollkommen gegen das Vorhandensein größerer Höhlen. Der Name ist eine Entstellung von Golckenhäule (= Hau, Wald eines Golck)

Ebenen und Ausdehnungen

Trotz des vorwiegend hügeligen bis bergigen Charakters der Pfullinger Markung gibt es, bedingt durch die Schichtstufen-Geologie unseres Gebietes, auch viele ebene Flächen, die allerdings nicht immer genau in der Horizontalen liegen müssen. Diese Ebenen sind zumeist die Stufenflächen unserer Schichtstufen bzw. Teile hiervon. Eine Verebnungsfläche des Braunjura Gamma ist die Röt, von der wir schon gesprochen haben, während die Hochflächen von Wanne, Ursulaberg und Gielsberg bzw. Pfullinger Berg die Verebnung der Wohlgebankten Kalke (= Weißjura Beta) darstellen.
Die noch höher liegenden Ebenen von Schönberg, Ursulahochberg und Übersberg sind schließlich solche des Weißjura Delta. Als weitere Verebnung nicht zu vergessen ist die alluviale Schwemmebene der Steinge, die durch die Schotterablagerungen von Echaz und Arbach entstanden.

Das ebene Relief von vielen Geländestücken hat allerdings kaum seinen Eingang in die Pfullinger Flurnamenwelt gefunden. *Schlechten (1475)*, was sich vom Mittelhochdeutschen *slihte* (= Ebene) herleiten läßt, ist hierfür als Flurname zu finden. Morphologisch gesehen ist dieses an der oberen Lindentalsteige gelegene Gelände nordöstlich des Gielsbergs keine Ebene sondern ein gestreckter Hang. Schlechten ist ein Teil des Gielsberg-Unterhangs.

Das *Brett* am Katzenbol steht vermutlich ebenfalls für ein ebenes Grundstück.

Auch Eigenschaftsbezeichnungen wie „lang", „breit" usw. geben häufig Hinweis auf das Relief. Vielfach beziehen sie sich jedoch auch nur auf die Größe oder Form der Besitzerparzelle.

Breite Geländestücke treten auf in: *Untere* und *Äußere Braike*, *Breitwiesen* oder *Breitenbohl*. Was es hingegen mit dem *Breitenbach* auf sich hat, wurde unter der Rubrik Gewässer schon erläutert.

Große, weiträumige Flächen sind aus den Flurnamen *Große Steinge* und *Große Wies* abzuleiten; *kleine* aus den Flurnamen *Kleine Wanne, Kleines Eschle* (= *Eschle unter Katzenbohl*) und *Kleine Steinge*. Die Eigenschaften können sich jedoch auch auf Grundstücksgrößen beziehen. Bei der Steinge ist vielleicht auch die Größe dieser Talaue als Ganzes zu betrachten. Hier wurden die Begriffe groß und klein nur gewählt, um beim Gespräch zwischen dem Geländestück zwischen Echaz und Steingebach bzw. Steingebach und Burgweg zu unterscheiden. Möglicherweise hatten zu früheren Zeiten, als die Flurstücke noch sehr groß waren, beide Geländestücke zwei unterschiedliche Besitzer.

Lange Geländestücke bezeichnen Flurnamen wie *Langacker, Lange Äcker, Lange Wiese, Langen Hag* oder *Langweid* (einst 11 Morgen groß; 1 Morgen = 31,52 a).

Die natürliche Lebewelt

Die Pflanzenwelt

Bei Pflanzenfreunden ist Pfullingen vor allem im Zusammenhang mit dem Vorkommen zahlreicher heimischer und inzwischen seltener Orchideen bekannt. Eine Diplomarbeit zu Vorkommen, Verbreitung und deren Schutz in Verbindung mit einer Kartierung habe ich als Abschluß meines Geographiestudiums 1996 verfaßt.
In den Flurnamen gibt es allerdings keine Hinweise auf Orchideen, da diese der Landwirtschaft keinen weiteren Nutzen brachten. Allenfalls manche Kna-

benkräuter wurden früher von einigen Knaben, die daran glaubten, als vermeintliches Potenzmittel genutzt.

Bäume und Sträucher

Auf der Pfullinger Markung, deren Fläche zu über einem Drittel forstwirtschaftlich genutzt ist, tauchen in vielen Flurnamen die Bezeichnungen von Bäumen und Sträuchern auf. Ihre verschiedenen Arten finden sich in unseren Wäldern, aber auch entlang aller Bäche und überall dort, wo aufgrund schlechter physisch-geographischer Gegebenheiten eine andere Nutzung des Geländes ausgeschlossen bleibt. Dies sind auf der Pfullinger Markung hauptsächlich die steilen Oberhänge der Alb-Schichtstufe. Hier würde aufgrund der starken Hangneigung bei anderer als forstwirtschaftlicher Nutzung der Gewinn bei Null oder darunter liegen.

Nicht berücksichtigt werden sollen unter diesem Kapitel die Obstbäume, die ja vom Menschen angepflanzt wurden und daher als Element der natürlichen Vegetation allenfalls in der Wildform eine Rolle spielen. Auf sie soll später unter den Nutzungsformen näher eingegangen werden.

Die Wälder betreffend muß gesagt werden, daß auch diese nur in den seltensten Fällen als Relikte natürlicher und vom Menschen unbeeinflußter Natur aufzufassen sind. Auch hier hat der Mensch stark eingegriffen, gerodet, ausgelichtet oder neu gepflanzt. Ohne den Einfluß des Menschen wäre unsere Landschaft aber nahezu vollständig von Wald bedeckt, in den tieferen Lagen von Laubwald, in den höheren von Mischwald.

Auf einen einzelnen, markanten Baum ohne Artbezeichnung deutet der Flurname *Weißbaum* am Scheibenberg hin.

Sommergrüne Laubbäume

Leit- und Charakterbaum unserer Wälder ist die Rotbuche (*Fagus sylvatica*; mhd. *buoch*, schwäb. *buech*), die Böden ohne Staunässe liebt und sich auf solchen, die weder zu naß noch zu trocken sind, wohl fühlt. Bei den Flurnamen muß allerdings zwischen der *Buche* als Einzelbaum und dem *Buch* als

Sammelbezeichnung, d.h. Buchenwald (vgl. Schönbuch), unterschieden werden.

Die *Bargenbuch* (von *Ave-Märgen-Buch*) war eine Marienbuche auf dem Übersberg, an der Grenze zu St. Johann-Würtingen.

Die *Große Buch* am nördlichen Lippentaler Hochberg muß von außergewöhnlicher Größe gewesen sein, während der Name *Schöne Buch („bei dr scheena Buach")* am Scheibenberg oberhalb des CVJM-Freizeitheims auf eine besonders schöne Wuchsform einer Buche anspielt.

Als Gerichts- aber auch Liebesbaum (wegen der herzförmigen Blätter) spielte die *Linde* (schwäb. *lend*; *Tilia cordata*) seit alters her eine Rolle und ist dementsprechend häufig unter den Flurnamen zu finden. Bei den Bäumen innerhalb der Stadt ist anzunehmen, daß die meisten von ihnen gezielt gepflanzt wurden.

Der Name *Bei der Linde* bezieht sich auf die Linde an der Ecke Klemmenstraße - Gönninger Straße. Der Name taucht nach *Walcher* in älteren Quellen nicht auf und es ist zu vermuten, daß er nicht älter als die derzeit bestehende Linde ist, es sei denn, diese hätte bereits eine Vorgängerin gehabt.

Lindach („Lendich", 1333 Lindach) und *Hohenlindach (1518 „im Hohen Lindach")* weisen wohl auf Lindenbestände entlang von kleinen Bächen, die von der Ostseite des Georgenbergs kommen, hin. Im Zusammenhang damit ist auch die *Lindachbruck (1778 Lindenbruck)* zu sehen. Es gab eine *Obere Lindachbruck* von der Großen Steige zum Diebsteigle und eine *Untere Lindachbruck* bei der Arbachmündung, beide über die Echaz. *Lenden* ist wohl eine mundartlich angelehnte Bezeichnung (*d'Lenda?*), die in einem Steuerbuch von 1753 auftaucht und möglicherweise den Lindach meint.

Im Stadtzentrum erinnern Namen wie *Lindenplatz* und *Lindenbrunnen* an diese Bäume. Die *Lindengasse* und die *Hohe Lindengasse* waren früher Wege von Reutlingen zum Hohenlindach. Der *Lindenrain* ist der Absatz zwischen Blumenstraße und der äußeren Gönninger Straße, die früher auch *Lindenraingäßle* hieß.
Das *Lindensteigle* ist einer der Aufstiege von der Küche zum Gielsberg. Auch vom Lippental zum Hochberg hinauf soll es ein Lindensteigle gegeben haben.

All diese Wege führten wohl entweder an Lindenbeständen vorbei bzw. hindurch oder wurden sogar von Linden gesäumt.

Auch das *Lindental* (*1475 „in lindentale"*, mundartl. *Lendadal*) aus dem der *Lindentalbach* kommt, ist ein mit Linden bestandenes Tal.

Der *Lindengießel* ist ein Wasserfall der Echaz, an dem ebenfalls Linden zu suchen sind. Allerdings wird der Name auch gerne von Lindwurm (= Drache) in Zusammenhang mit dem Pfullinger Sagenschatz abgeleitet, denn der Lindengießel trägt auch den Namen *Dragonersprung* und ist der Sage nach die Stelle, an welcher der Heilige Georg den Drachen besiegte.

Eine als Naturdenkmal ausgewiesene Linde ist die *Schillerlinde*, benannt nach dem zu Marbach am Neckar geborenen Poeten Friedrich Schiller (1759-1805), in einer Kehre des Elisenwegs. Was man heute sieht, ist eigentlich ein noch relativ junger Baum. Die Vorgängerin der jetzigen Schillerlinde erfror leider Mitte der achtziger Jahre und mußte durch einen jungen Baum ersetzt werden.

Die *Eiche* (schwäb. *oich* oder *õech*, fränk. *âch; Quercus spec.*) verkörpert Kraft und Standhaftigkeit.

Bekannt ist die *Bismarckeiche* auf dem Steinenberg, benannt nach dem Reichskanzler Otto v. Bismarck (1815-1898). Die erste Bismarckeiche wurde 1915 gepflanzt, welkte aber nur recht und schlecht vor sich hin, so daß man sich später, um 1929 / 30, nach einem Ersatz umgesehen hat. Man setzte übrigens einen Trieb, der aus einer russischen Eichel gewachsen war. Ein Pfullinger hatte während des Ersten Weltkriegs aus Rußland Eicheln für die Kinder zum Spielen nach Hause geschickt. Diese hatten die Eicheln dann in ihren Garten eingepflanzt. Der Baum, der durch die neueren Bebauungen seine Dominanz leider stark einbüßen mußte, wurde im März 1955 zum Naturdenkmal ausgewiesen.

Die *Esche* (ahd. *asc*; *Fraxinus excelsior*) ist ein Baum, der bevorzugt entlang der Bäche wächst, weshalb sie in dem Namen *Aschach* (= eschenbestandener Bach) auftritt. Allerdings läßt eine ältere Schreibweise vermuten, daß der Name auf die *Espe* zurückzuführen ist. Auch der Name *Aischbach* könnte

Hinweis auf Eschenbestände entlang des Echazlaufs sein, doch gibt es hier auch andere Interpretationsmöglichkeiten.

Die *Espe* (= Zitterpappel; *Populus tremula*) liebt Standorte entlang der Gewässer und dürfte in die Flurnamen *Ehespach* und *Espan* Eingang gefunden haben. Beide Namen bezeichnen Gelände entlang der Echaz zwischen Pfullingen und Unterhausen.

In *Dorsach* steckt *Drose* (= Erle). Auch sie besiedelt gerne die Ufer von Gewässern. Dorsach ist demnach ein von Erlen bestandener Bach(-abschnitt), in diesem Falle auf den Lindentalbach im oberen Lindental bezogen. Früher wurde möglicherweise Drosach gesprochen und im Laufe der Zeit, da Dorsach eben einfacher auszusprechen ist, die Buchstaben umgestellt. Bei uns findet man sowohl die Schwarzerle (*Alnus glutinosa*) als auch die Grauerle (*Alnus incana*).

Die *Felbe* (mhd. *felwe* = Weide, Gattung *Salix*) findet sich in dem Flurnamen *Siketsfelben* (= Weiden des Sixt) wieder. Die Siketsfelben (*1412 „ze Ikhartzfelben", 1555 Sikartsfelben*) sind am Lindentalbach beim Vereinsheim des Kaninchenzuchtvereins zu suchen. Bekanntermaßen sind ja auch Weiden Bäume, die Wassernähe benötigen.

Einer der bekanntesten einheimischen Sträucher ist der *Haselstrauch* (*Corylus avellana*), der an jedem Waldrand, auf Brachflächen und entlang von Bachufern zu finden ist. So ist die *Häsel-* oder *Häßlinshalde* unterhalb des Mädlesfels vom Haselstrauch abgeleitet.

Vom *Elsbeerbaum* oder der Gewöhnlichen Traubenkirsche (*Prunus padus* = Ahle) lassen sich vielleicht auch die Flurnamen *Ahlsberg, Ahlbol* etc. herleiten, doch eigentlich ist der Baum dafür, daß er für so weite Gebiete namensgebend hätte sein können, zu selten. Eher zu erwägen ist der Zusammenhang mit vorchristlichen Heiligtümern; dazu noch später.

Nadelbäume

Alle größeren, homogenen Nadelwaldgebiete auf Pfullinger Markung sind nicht natürlichen Ursprungs, sondern angepflanzt. Unser heutiges Klima am

Albtrauf würde ohne Eingriff des Menschen die Nadelbäume in den Konkurrenzschatten der Laubbäume stellen, so daß diese gezwungen wären, auf wenige, feuchte und kühle Standorte in den Höhenlagen auszuweichen. Treffen wir Nadelwälder an, so sind dies vornehmlich „Stangenäcker" aus Fichten wie beispielsweise in der Küche, im Wasserteich unterhalb der Stuhlsteige oder in einigen Tälern zum Breitenbach hinab.
Daher ist es nur wenig verwunderlich, wenn im Zusammenhang mit Nadelbäumen nur drei Flurnamen auftreten.

Diese sind der *Forchenwald* (nach der Föhre, Waldkiefer, *Pinus silvestris*) am vorderen, westlichen Ursulabergabhang, der *Tannenhof*, ein landwirtschaftlicher Betrieb auf dem Pulversrain, und der *Tannenwald* hinter der Kleingartenanlage beim Schinderbronnen. Beide Flurnamen sind wahrscheinlich auch nicht sehr alt, da sie in den älteren Quellen nicht auftauchen.

Wald, Sammelbegriffe

Wälder können recht unterschiedlicher Art sein und in früheren Zeiten waren sie auch unterschiedlich genutzt: Es gab reine Nutzwälder für die Extraktion von Brenn- oder Bauholz, dann Wälder, die vorwiegend weidewirtschaftlich genutzt wurden, oder solche, die ausschließlich der Jagd vorbehalten waren. Dies war auch davon abhängig, ob sie sich in öffentlichem oder privatem Besitz befanden.

Die geläufige Bezeichnung für ausgedehnte, baumbeherrschte Vegetationsformationen ist der *Wald* (ob u.a. von lat. *saltus* = gebirgiger, waldiger Landstrich?), auch häufig in der schwäb. Diminutivform als *Wäldle*. Die Bezeichnung Wald ist noch nicht so alt und wurde einst nur für Waldgebiete sehr großer Flächenbedeckung (z.B. für ganze Landschaftsbezeichnungen wie Schwarzwald, Odenwald etc.) verwendet.

Der *Communwald* (auf dem Übersberg) ist ein Waldstück im Besitz der Öffentlichkeit.

Der *Eschleswald* liegt am Nordrand der Röt, dort, wo diese mit 547 m ihre höchste Erhebung hat. Der Name läßt jedoch nicht etwa auf Eschen schließen, sondern muß von *Esch* (= zum Ackerbau dienendes Landstück) hergeleitet werden.

Der *Forchenwald* wurde bereits vorhin schon erwähnt.

Das *Herrenwäldle* ist irgendwo am Gielsberg zu suchen und war wohl einst im Besitz des Pfullinger Adels.

Auf dem Übersberg befindet sich der *Hülbenwald*.

Nicht mehr feststellbar ist die Lage von *Kähtummelins Wäldle*, das im *Kaufbuch 1675* erwähnt wurde.

Neben Annelies Wald ist in der Gegend des Übersbergs zu suchen.

Bereits schon angesprochen, liegt der *Tannenwald* westlich der Röt, bei der Kleingartenanlage.

Spaziert man von der Kleingartenanlage weiter in Richtung zum Breitenbach, gelangt man in das *Weiße Wäldle*.

Es zeigt sich also auch bei den Wald-Flurnamen der heimatlichen Markung, daß die Bezeichnung *Wald* erst in jüngerer Zeit geläufig wurde: Von den neun diese Bezeichnung enthaltenden Flurnamen treten lediglich drei in älteren Quellen auf.

Als *Hart* (mhd. und schwäb.), häufig auch *Hardt* geschrieben oder diminutiv als *Här(d)tle* , bezeichnet man ein großes Waldstück, das zu früheren Zeiten auch als Weidewald diente. Man kann sich die Nutzung auf eine Art und Weise vorstellen, wie sie heute z.T. noch in mediterranen Ländern stattfindet. So wurden etwa in Eichenwälder in erster Linie Schweine getrieben.

Ein solches Waldgebiet war beispielsweise das *Eninger Hardt* hinter dem Ursulaberg, an der Grenze zu Eningen und am Alten Esch, woran sich der *Hartbühl* anlehnt. Der Flurname *Harret* wird als Synonym für das *Eninger Hardt* gebraucht und ist auch der auf Karten gebräuchliche Name. Ebenfalls in dieser Gegend befindet sich das *Härtle (1430, 1622, 1650 Hertlin, Herdem, 1665 Herter Acker, Hardt)*.

An der südlichen Hangkante der Röt liegen die beiden *Hart*, das *Vordere Hart* (*1470 „uff dem vordern hard"*) und das *Hintere Hart* (*1439, 1470 „uff dem hindern hard*). Das Vordere Hart liegt an der südöstlichen Ecke der Röt und überragt als beherrschendes Landschaftselement den Südwesten der Stadt Pfullingen. Das Hintere Hart liegt zwischen dem Georgenhof und dem Talakker.

Beide Hart sind Erhebungen für sich: Nachdem die Röt von ihrer Nordkante (= Trauf der Braunjura-Schichtstufe) kontinuierlich nach Süden abfällt, steigt sie im Vorderen und Hinteren Hart noch einmal an, bevor sie dann die Rückstufe zu Eier- und Lindentalbach bildet. Es ist leicht vorstellbar, daß diese beiden Erhebungen noch länger bewaldet blieben als ihre Umgebungen. Die Gebüschformationen entlang der Hangkante des Hinteren Harts mit ihren vereinzelt stehenden Bäumen (Eichen, Kastanien) könnten als Reste der ehemaligen Weidewälder angesehen werden.

Der Flurname ist auch in die Pfullinger Straßennamen, nämlich den *Hartweg* eingegangen, denn Teile des *Vorderen Harts* mit ihrer wunderschönen Rundumsicht wurden in den achtziger Jahren bebaut.

Warum beide Hart sich von der Röt abheben, liegt in der Geologie des Geländes begründet: Zwischen den beiden Hart und der Röt verläuft eine Verwerfung.

Auch *Hartenstein (1615 Hardtenstein, 1618 und 1621 Hartenstein)* westlich der Steige zum CVJM-Freizeitheim weist, wenn nicht in Verbindung mit harter Bodeneigenschaft zu sehen, auf ehemals geschlossen bewaldetes Gelände hin. Inselartig sind noch Waldstücke vorhanden, in denen niedrigere Gehölze wie Feldahorn (*Acer campestre*), Hainbuche (*Carpinus betulus*) oder Mehlbeere (*Sorbus aria*) dominieren.

In dem waldreichen Gebiet westlich des Oberen Selchentals, im Grenzgebiet zwischen Pfullingen und Gönningen, liegt das *Leimlinshardt*, auf neueren Karten meistens *Leimenshart* geschrieben.

Manchem ist möglicherweise noch das *Rosishart* (auch: *Rößleshart*) beim Won, im Grenzgebiet Pfullingen - Unterhausen - Genkingen oder das *Hausemer Härtle* als Verebnung des Lippentaler Hochbergs ein Begriff.

Mit *Holz* bzw. *Hölzle* bezeichnet man kleine, im Privatbesitz befindliche Waldstücke. So treten solche Flurnamen auch auf Pfullinger Markung fast immer in Verbindung mit Besitzernamen auf:

Des *Bisingers Hölzle* liegt in der Nähe des Weißen Wäldle, das vor 1748 noch den Namen *Hißins Hölzle* trug.

Hinter Holz (1439 hinderholtz, 1470 hinterholtz) ist am Arbach zu finden, an der Grenze zu Eningen. In früherer Zeit muß es dort einen Wald gegeben haben, hinter dem dieses Geländestück lag.

In der Nähe des abgegangenen Blauhofs, heute schon auf Reutlinger Markung, liegt *Kälber Lebers Hölzle*.

An der Nordkante der Röt, zwischen Georgenberg und Eschle, befindet sich das *Rempenholz* *(1487 „des Rempen Höltzlin")*, ein Waldstück, das einst dem Adelsgeschlecht der Rempen gehörte und 7 Morgen groß war.

Das *Rugischholz* ist zwischen Eierbach und Scheibenberg zu suchen.

Bekannt ist auch das auf Reutlinger Markung liegende *Vochezenholz (1328 „in Vochentzenholtze")*. Es leitet sich von einem von einem Gebäck aus Weizenmehl, Speck und Zwiebeln ab (vgl. it. *focaccia* = Kuchen). Es ist denkbar, daß das 1828 an Reutlingen verkaufte Gebiet vielleicht Bäckern gehörte bzw. – wie *Willer (2015)* vermutet – diese von dort ihr Holz für ihre Backöfen bezogen.

Von *Spachen* (mhd. = dürres Reisigdickicht) lassen sich wahrscheinlich nur schwerlich die Flurnamen *Ehespach* und *Ehrenspäche* herleiten. Näheres hierzu wurde unter dem Kapitel Gewässer vermerkt.

Mit dem *Spachen* sprachlich verwandt oder aber ob seines schachbrettartigen Charakters so bezeichnet, ist der *Schachen* (mhd. *schache*), bei dem es sich um einzelne, manchmal nur durch schmale Säume verbundene Waldstücke oder Waldzungen handelt.

Auf der Pfullinger Markung gibt es nur einen *Schachen* (1622 „*der Schach*"). Er schließt sich nördlich an die Breitwiesen an, dort, wo das Gelände zum Breitenbach hin abfällt.

Wälder werden häufig nach den dominierenden Baumarten benannt. In unserer Gegend, wie fast überall in Mitteleuropa, ist dies bekannterweise die *Buche*. Hieraus leitet sich die Bezeichnung *Buch* (ahd. *buoch, bohc, bouch*, schwäb. *Buo*, z.B. *Buoberg* bei Gönningen) als ein vorwiegend von Buchen beherrschter Wald her:

Der *Engersbuch* (von *Wang, Wenge* = leicht gewölbte Erhebung, da *1632 Wengenspuch, 1681/1701 Wengenspuoch*) am nördlichen Abhang des Ursulahochbergs befindet.

Vor Buch (*1454 Vorbuoch, 1470 vor buoch*) bezeichnet das Gelände „*vor Scheffbuch*", und liegt am Osthang des Ursulabergs, vor dem Wald. *Scheffbuch* war ein Weiler (*1089 Sceppbuoch*), der später abgegangen ist. Es ist überdies bekannt, daß ca. 1599 bis 1632 ein *Martin Schoffbuch* zu Pfullingen lebte; daher eher von Familiennamen.
Der Wald, den *Vor Buch* anspricht, ist allerdings kein ausschließlich buchenbeherrschter Wald, sondern ein wunderbarer Mischwald, weshalb Teile davon durch das Naturschutzgebiet Kugelberg gesichert sind.

Übrige Pflanzen

Hinweise auf andere Pflanzen treten unter den Flurnamen, zumindest auf Pfullinger Markung, recht selten auf. Dies rührt daher, daß man ihnen - im Gegensatz zu heute - kaum Beachtung schenkte. Nur Pflanzen, die in irgendeiner Form Nutzen brachten, sei es als Holzlieferanten, Nahrungsträger oder Heilpflanzen, waren einer Erwähnung wert; daneben manchmal aber auch jene, die der Landwirtschaft besonders viel Ärger bereiteten (früher „Unkräuter" genannt; heute als „Wildkräuter" bezeichnet).

Auf Pfullinger Markung sind es nur wenige Flurnamen, die im Zusammenhang mit solchen unbedeutenden Pflanzen stehen. Dies sind die Flurnamen

Rohr, Rohrhalde und *Blettschenwies*. Welche Stellung *Katzenbol* und *Ketzler* bei diesem Thema einnehmen, muß offenbleiben.

Das *Rohr* (von mhd. *rôr*, schwäb. *raur*, „*en de Raur*") ist ein sumpfiges Gelände in der Nähe der Mittleren Raine, nord- bis nordwestlich des Eckhofs. Hier entspringt ein kleiner Zubringer des Sulzbachs. Im Quellbereich gibt es ein größeres, zusammenhängendes Geländestück, das mit Schilfrohr (*Phragmites communis*) bewachsen ist.

Die *Rohrhalde* bezeichnet den oberen Teil des Hanges, der sich vom Hinteren Hart zum Lindentalbach hinunterzieht. Der Flurname wird wahrscheinlich kaum mit Schilfröhricht in Zusammenhang stehen, denn dafür ist er viel zu weit oben am Hang angesiedelt. Selbst wenn man annähme, er würde sich auf den Lindentalbach beziehen, hätte man Schwierigkeiten, denn der Lindentalbach bietet mit seiner Erosionsrinne und seiner raschen Fließgeschwindigkeit keinen guten Standort für Schilf. Auch ständige Quellen oder feuchte Mulden, an denen sich solches Schilfröhricht halten könnte, fehlen an diesem Hang. Mit Rohr sind hier wahrscheinlich die Stengel von Bärenklau und anderen Doldengewächsen gemeint. Gerade im obersten Hangbereich, wo das Gelände aufgrund starker Hangneigung weitgehend sich selbst überlassen ist, kommen solche Pflanzen tatsächlich vor. Ihre verdorrten Stengel bleiben auch den Winter über stehen und fallen dann auf.

Die *Blettschenwies* beinhaltet das Wort *Blätschen*, was eine Bezeichnung für große, ganzrandige Blätter, insbesondere jene von Hackfrüchten, ist. Aber auch die Blätter von Huflattich (*Tussilago farfara*) oder Sauerampfer (*Rumex acetosella*) werden häufig damit bezeichnet (vgl. dazu auch *Buck*). Die Blettschenwies lag auf der Kleinen Steinge, zwischen Pfullingen und Reutlingen. Gerade in den feuchten Wiesen der Talaue findet man häufig Pflanzen mit den so bezeichneten Blättern – außer den genannten auch den Breitwegerich (*Plantago major*) und an Gräben die Sumpfdotterblume (*Caltha palustris*).

Die Flurnamen *Ketzler* und *Katzenbol* geben möglicherweise Hinweis auf die Blütenkätzchen, die weichen, pelzigen Blütenstände der Weide hin. Diese Interpretationsmöglichkeiten muß bei allen Flurnamen, die Bestandteile wie -katz- oder -ketz- aufweisen, in Erwägung gezogen werden, besonders dort, wo Wasser in der Nähe ist.

Die Tierwelt

Wir dürfen uns in Pfullingen immer noch einer reichhaltigen Tierwelt erfreuen und hoffen, daß uns diese auch in Zukunft erhalten bleibt. Noch gaukeln seltene Falter wie der Schwalbenschwanz über die Brachflächen und Magerrasen unserer Naturschutzgebiete; noch ist das Singen der Vögel in den Wäldern und das Quaken der Frösche an Tümpeln und Weihern nicht völlig verstummt. In der Lache im Kaltenbronnen tummeln sich die Molche. Am Nordfuß des Gielsbergs und in den waldreichen Schluchten des Breitenbachs und seiner Zubringern ist im Moder des Unterholzes der Feuersalamander zu Hause. Die sonnigen Hänge des Georgenbergs, sowie die warmen, steinigen Halden und Raine der Ursulaberg-Westseite beherbergen hingegen noch einige Reptilien. Besondere Unterstützung durch die Ortsgruppe des Naturschutzbundes Deutschland erfährt die heimische Vogelwelt, der die Pfullinger Markung von Feuchtgebieten über Heckenlandschaften bis hin zu Wäldern verschiedener Zusammensetzung vielseitigen Lebensraum bietet, wenngleich dieser auch hier in den letzten Jahren durch weitere Bebauungen kleiner geworden ist. Durch die Initiative der Naturschützer konnte Fledermäusen wieder eine Heimstatt geboten werden, doch auch Kleinsäuger wie Haselmäuse und Siebenschläfer - sie gehören zur kleinen Familie der Bilche - fühlen sich in den angebotenen Nistkästen wohl.

Dennoch sind Tiernamen weniger in die Pfullinger Flurnamen eingegangen, als man dies zunächst vermuten möchte. Auch hier muß man sich wieder vor Augen halten, daß der Mensch zumeist nur besonders nützlichen oder besonders schädlichen Tieren einen Platz in seinen Flurnamen einräumte. Wenn der Mensch also einen Wald mit *Schweinhatz* benannte, dann deshalb, weil es dort besonders viele Wildschweine gab, die ihm als Jagdbeute dienten. Mit Namen wie *Im Schneckengarten* brachte er seinen Ärger über Gartenschädlinge zum Ausdruck und benannte das Geländestück nicht etwa so, weil ihn die Schnecken faszinierten.
Häufig treten allerdings Nutztiere in Flurnamen auf, doch da ja immer noch von der Naturlandschaft die Rede ist, sollen die Nutztiere an anderer Stelle gesondert behandelt werden.

Wirbellose

Mit dieser Tiergruppe stehen die Flurnamen *Beim Schneckenbergle*, *Im Schneckengarten* und *Immenberg* in Zusammenhang.

Das *Schneckenbergle* liegt zwischen Vor Buch und Kugelberg. Wahrscheinlich bezieht es sich auf das Gelände um einen dort befindlichen, kleinen Quellsumpf, der den Weichtieren einen idealen Lebensraum bietet.

Der *Schneckengarten* hingegen ist ein feuchtes Geländestück entlang eines Quellgerinnes, das vom Rilling'schen Eisweiher aus der Wolfsgrube kommt. Auch hier fühlen sich Schnecken wohl.

Der *Immenberg*, jene galerieartige Verebnung, die sich um den südlichen Ursulahochberg legt, hat seinen Namen von *Immen* (mhd. *imbe*, schwäb. *ême* = alte Bezeichnung für Bienen; daher *emsig* für fleißig und die Berufsbezeichnung *Imker*), weniger hingegen von der Getreideart Emmer (*Triticum dicoccum*).

Wirbeltiere

Während die Fische es nicht wert waren, in die Flurnamen aufgenommen zu werden, und das, obwohl Pfullingen durch die Verleihung eines Fischereirechtes überhaupt eine erstmalige schriftliche Erwähnung fand (siehe die Schenkungsurkunde Otto I. 937), geht es mit der Klasse der Amphibien weiter:

Froschlach, im Märzenstall und schon mehr auf Unterhausener Markung gelegen, ist ein Hinweis auf Frösche (*Ranidae*).

Der *Breitenbach*, dessen Name allgemein auf die Bachbettbreite (siehe Abschnitt Gewässer, Oberamtsbeschreibung) zurückgeführt wird, kann seinen Namen auch von ahd. *praita* = Kröte (vgl. *Buck*, S.35) haben.
Im Frühling wandern die Kröten vom oberen Selchental zum Breitenbach hinab. 1994 wurde die Kreisstraße nach Gönningen mit Krötentunneln versehen, um den Tieren ein gefahrloses Überqueren der Straße zu ermöglichen. So

sollte die Möglichkeit den Breitenbach mit „Krötenbach" zu übersetzen, keineswegs ausgeschlossen werden.

Keine Hinweise erhalten wir auf Reptilien: sie waren, wie die Amphibien auch, eine Tierklasse, vor denen man sich ekelte und mit denen man jede Berührung vermied. Solches, über Jahrhunderte lang und z.T. bis zum heutigen Tage verbreitetes Unwissen über bestimmte Tiere und deren Lebensgewohnheiten, stellt sicherlich die Ursache und den Ursprung vieler Sagen und Legenden dar, ist aber leider auch zu einem großen Teil für deren erschreckenden Rückgang verantwortlich. Sah man eine Eidechse, identifizierte man die friedlichen Tiere in früherer Zeit gerne mit jungen Drachen, während die ausgewachsenen Drachen, da man sie ja nie sah, logischerweise nur in dunklen Höhlen wohnen konnten, dort Schätze bewachten oder dorthin Jungfrauen entführten. Damit hatte man zugleich einen Vorwand, die vielen Höhlen der Alb nicht betreten zu müssen. Unterstützt wurden solche Vermutungen in unserem Raum noch dadurch, daß immer wieder Reste von urzeitlichen Tieren gefunden wurden.
Solche Urängste haben sich, vor allem bei der ländlichen Bevölkerung, lange gehalten und die Kirche hat ihr übriges getan, bestimmte Tiere regelrecht zu „verteufeln".

Der *Drackenberg* bei Eningen, um wieder ein Beispiel aus der nächsten Umgebung anzuführen, war wohl so ein Ort, den unsere Vorfahren mit übersteigerter Phantasie zum Lebensraum gruseliger Riesenechsen machten. Am Berg befindet sich auch eine kleinere, 21 m lange Höhle, die möglicherweise früher als Drachenwohnsitz gedeutet wurde. Der *Dragonersprung*, ein Wasserfall der Echaz, ist hingegen eher von Dragoner (d.i. ein leichter Kavallerist) abzuleiten.

Mehr Flurnamen bieten dagegen Hinweise auf verschiedene Vogelarten:

Da ist zunächst der für den Laien etwas seltsam anmutende Flurname *Hätzengeschrei*, der sich auf den nordöstlichen Abhang des Hinteren Harts bezieht. Im Schwäbischen sind mit *Hätzen* - häufig auch *Hetzen* oder *Hezen* geschrieben - Elstern (*Pica pica*), manchmal auch Eichelhäher (*Garrulus glandarius*) gemeint.

Auch Flurnamen wie *Katzenbol*, *Katzensteg* und *Katzenloch* sind möglicherweise hieraus abzuleiten: man beachte die Schreibweise von letztgenanntem in älteren Quellen: *1611 Hatzenloch, 1618 Hatzenloch, 1720 Hätzen-, Hetzenloch*. Hierbei ist für uns vor allem die Erwähnung von 1720 interessant, aus der ein Zusammenhang mit Hetzen eindeutig hervorgeht.

Auf *Dohlen* weist möglicherweise die *Dachhalde* (ob von *Dahn*, mhd. *dâhe* = Dohle?) am Schönberg hin.

Auf Vorkommen von *Eulen* (mhd. *uwila*, *ûla*; *Strigiformes*), wenn nicht von Besitzernamen (z.B. Egilo, Ulo, Ulrich) oder dim. von Aue, Au (= Äule) abgeleitet, deutet das *Eulental* und auf die Lerche *Lerchenlay*.

Große Schwärme von *Tauben* (mhd. *tûbe*) haben sich wohl schädigend auf dem *Taubenacker* niedergelassen, während die *Storken-* oder *Starkenwies* in der Nähe des Diebsteigle ein Aufenthaltsort für *Weißstörche* (*Ciconia ciconia*, schwäb. *stork*) war. Die Störche brüteten übrigens noch bis in die 20er Jahre auf dem Dachfirst der Martinskirche.

Die *Ente*, wahrscheinlich die gemeine Wild- bzw. Stockente (*Anas platyrhynchos*), steckt in Flurnamen wie *Antwerben* (lat. *anas*, ahd. *anut* = Ente; somit Entenwarben = Ententümpel) oder *Entensee*, einem der nachweislich ältesten Pfullinger Flurnamen überhaupt.

Unter Säugern tauchen in den Flurnamen auf: der *Hirsch* (mhd. *hirze*, schwäb. *hî[r]sch*; er ist wohlgemerkt *nicht* der Mann vom Reh!) taucht auf in *Hirschmetzig* (= Stelle, wo geschossenes Wild ausgenommen wurde), einem Waldstück auf dem Lippentaler Hochberg, der *Bock* (Rehbock) im *Bocksberg*, und der *Wolf* in *Wolfbach*, *Wolfsgrube* und *Wolfsteigle* (wobei Wolf allerdings ein häufiger Familienname in Pfullingen ist).

Treten die Tiernamen *Schwein* und *Sau* auf, ist aus dem Gesamtzusammenhang des Flurnamens zu entnehmen, ob es sich um Wildschweine oder Hausschweine handelt: *Schweinhatz*, was soviel wie Schweinsjagd bedeutet, ist somit eher ein Hinweis auf Wildschweinvorkommen. Das Gebiet liegt zwischen Erlenhof und Kleingartenanlage. Früher erzählte man, wie *Kinkelin* berichtet, bösen Kindern in Pfullingen, sie kämen in den Sauenwald, den sich die Kinder dann wohl oft dort draußen, hinter Schweinhatz, vorstellten (Während des Dritten Reichs hingegen hetzten zweibeinige Schweine ein jüdisches Ehepaar vom nahen Erlenhof!).

Ebenso auf Wildschweine (*Sus scrofa*) deutet sowohl die *Saulach* (= Wildschweinsuhle) als auch der *Sauhag*, beide am Ursulaberg gelegen, hin. Zwar könnte man annehmen, daß es sich beim Sauhag um ein eingegrenztes Landstück (zu umhegen, der Hag) und demnach um die Haltung von Hausschweinen handelt, doch spricht die weite Entfernung von der Siedlung gegen diese Interpretation, so daß *-hag* in diesem Zusammenhang wohl als schlichte Bezeichnung für „Hecke" stehen muß.

Vorkommen von Mäusen (*Muridae*) beschreibt schließlich noch der Flurname *Maustäle*.

Auf Wild im Allgemeinen deutet der Name *Lauf (Oberer, Mittlerer, Unterer Lauf)* hin und ist im Sinne von Wildwechsel zu verstehen. Das Gebiet befindet sich an der zum Lippental weisenden Waldseite des Lippentaler Hochbergs.

Wetter und Klima

Pfullingen liegt in der Buchenzone des Warmgemäßigten Klimas. Das Jahresmittel der Lufttemperatur liegt im Stadtgebiet von Pfullingen bei 8,3° C. Für die höchstgelegenen Teile der Markung kann man etwa 2°C abziehen – dort ist es „einen Kittel kälter".

Niederschläge fallen zu allen Jahreszeiten. Im Durchschnitt sind es 840 mm (l/m²) im gesamten Jahr, etwas mehr als beispielsweise in Stuttgart (dort fallen 703 mm) oder dem benachbarten Reutlingen (752 mm), da sich die Niederschläge am Albtrauf steigungsbedingt verstärken. Der Ursulaberg liegt wie ein mächtiges Bollwerk im Osten der Stadt Pfullingen und bildet für die vorherrschenden Westwinde eine Barriere, die durch Steigung überwunden werden muß. Bei Niederschlägen in den kälteren Übergangsjahreszeiten (November, März / April) ist häufig zu beobachten, daß dieser in der Höhe von 550 bis 600 m in Schnee übergeht, wo er sich an schattigen Stellen und Nordhängen von Wackerstein oder Gielsberg auch den ganzen Tag halten kann. Im Hochwinter fällt und hält sich der Schnee selbst in den tiefsten Niederungen der Markung, doch ist er dann selten pulvrig. In den letzten Jahren kam es immer seltener vor, daß der Schnee auch in den Tallagen liegenblieb.

Mit einer mittleren Sonnenscheindauer, die am Albrand bei knapp 2000 Stunden im Jahr liegt (Metzingen 1949) ist Pfullingen ganz gut bedient (Durchschnitt Baden-Württemberg: 1604). Die mittlere Zahl der Sommertage, d.h. Tage, an denen das Temperaturmaximum 25° C überschreitet, liegt bei 30, während es im Schnitt 105 Frosttage im Jahr gibt, Tage an denen das Minimum 0° C unterschreitet. Die mittlere Zahl der Eistage liegt bei 25. An diesen Tagen überschreitet die Tageshöchsttemperatur 0° C nicht.

Seit der Mensch Ackerbau betreibt, ist er von der Gunst oder Ungunst des Wetter und Klimas abhängig, das über Gedeih und Verderb seiner Feldfrucht entscheidet. Während der Begriff Wetter den augenblicklichen Zustand der Atmosphäre, wie er durch die meteorologischen Elemente Temperatur, Luftdruck, Niederschlag etc. gekennzeichnet ist, beschreibt, bezieht sich der Begriff Klima auf den durchschnittlichen Zustand der Atmosphäre innerhalb langer Zeiträume.

Dem Landwirt bereitet die Unberechenbarkeit des Wetters Sorgen, seit der Mensch in seiner Geschichte begonnen hat, Felder zu bestellen. Während er sich auf das Klima durch langjährige Erfahrung einstellen kann, ist er der Willkür des Wetters preisgegeben und ein unerwartetes Unwetter mit Hagelschlag kann alle Arbeit zunichte machen, ohne daß der Landwirt viel dagegen tun kann. Doch mit wachsender Erfahrung fanden die Menschen auch heraus, welche Teile der Flur etwa bevorzugt von Unwettern heimgesucht wurden oder wo Spätfröste Probleme bereiteten. Flurnamen, die in Zusammenhang mit dieser Thematik stehen, beziehen sich fast ausnahmslos auf Gelände- und Mikroklimate, wo aufgrund topographischer Besonderheiten sich das Klima anders verhält als üblich. Da der Mensch eher dazu geneigt ist, Negatives hervorzuheben, findet sich unter den sechs wetterbezogenen Flurnamen Pfullingens nur ein einziger, der auf eine positive Eigenschaft hinweist.

Dies ist der *Sonnenbau* am Ursulaberg, ein Hang, der durch seine Exposition nach Südwesten lange Zeit Sonne bekommt. Die Hangneigung führt dazu, daß auch früher oder später im Jahr die Sonnenstrahlen unter einem größeren Winkel auf dem Boden auftreffen und somit für mehr Wärme sorgen. So ist der Sonnenbau einer der Orte auf der Pfullinger Markung, an denen es schon früh warm wird und die Küchenschellen (*Pulsatilla vulgaris*) den Frühling einläuten, während etwa im Schatten der Bäume oder tief im Selchental noch

Schneereste liegen. Früher wurde an der nahen Frauenhalde auch Wein kultiviert. Der Sonnenbau ist für seine Flora bekannt, insbesondere Orchideen, von denen viele Arten ebenfalls wärmeliebend sind.

Auf weit unwirtlichere klimatische Verhältnisse weisen die Flurnamen *Küche, Kaltenbronnen, Kalte Herberge, Wetterkreuz* und davon abgeleitet *Wettersbach* hin.

Die *Küche* ist der Talgrund am Fuße des Gielsbergs, wo der Lindentalbach entspringt und wo das Küchensteigle auf die Hochwiesen führt. Nach lange anhaltenden Niederschlägen steigt Nebel aus dieser Talmulde. Man sagt dann, *„daß die Hasen kochen"*. Andere solcher kleinräumigen Nebelbildungszonen finden sich auch entlang der obersten Partien der Stuhlsteige oder am Lippentaler Hochberg. Die Küche ist sicher eine der kühlsten Gegenden auf der Pfullinger Markung, wofür die schattige Nordlage und die Höhenlage verantwortlich sind.

Unweit der Küche, ebenfalls am Nordhang des Gielsbergs, befindet sich der *Kaltenbronnen*. Sofern der Name nicht die Wassertemperatur der dortigen Quelle (die das Naturdenkmal Lache speist) meint, ist er mit Sicherheit auf die Lufttemperatur zu beziehen.

In ähnlicher topographischer Lage wie der Kaltenbronnen liegt die *Kalte Herberge*. Auch hier handelt es sich um einen bewaldeten Nordhang, in diesem Falle um den des Ursulabergs.

Ob *Nübelloch* „Nebelloch" bezeichnet, ist unklar. Die klimatischen Eigenschaften dieses Waldes am Nordabhang der Röt würden jedoch dazu passen.

Besonders dem Unwetter preisgegeben ist das *Wetterkreuz*, eine Stelle auf der Röt, wo man früher ein Wetterkreuz zur Bändigung der Himmelsgewalten aufgestellt hat, vielleicht aber auch eine wetterexponierte Stelle, wo mehrere große Feldwege (Kreuzung) zusammenlaufen.
An dieser Stelle ist zu sagen, daß sich eigentlich relativ wenige Gewitter über der Stadt Pfullingen entladen. Es ist häufig zu beobachten, daß der harte Kern der Unwetter über Reutlingen oder Unterhausen niedergeht, während es in Pfullingen dann allenfalls mehr oder minder stark regnet. Schon die Ober-

amtsbeschreibung aus dem Jahr 1825 weist in einer Tabelle, in der die Häufigkeit von Hagelschlag festgehalten ist, auf dieses Phänomen hin, denn Hagelschlag tritt bekanntermaßen vornehmlich bei Gewittern auf. Warum Pfullingen häufiger von Unwettern verschont bleibt, darüber kann man nur Vermutungen anstellen. Möglicherweise ist es die Konstellation der Albauslieger, die Pfullingen zwar nicht unbedingt besser schützt (denn Unterhausen liegt ja eigentlich wesentlich geschützter im Tal), aber vielleicht die Luftströmungen bevorzugt auf die Nachbarorte lenkt. Auch die Sogwirkung der großen, bebauten Flächen Reutlingens, die sich besonders erhitzen, muß in Betracht gezogen werden. Einige schwere Unwetter im vergangenen Jahrzehnt deuten vielleicht den Klimawandel an.

Der *Wettersbach* als ein kleiner Zubringer des Lindentalbachs schwillt besonders nach Unwettern heftig an, entwässert er ja einen großen Teil der Röt, von der als intensivem Kulturland das Wasser hauptsächlich oberflächlich abfließt. So schön diese Ausdeutung des Flurnamens wäre, ist dieser jedoch wahrscheinlich, worauf alte Schreibweisen hindeuten, auf einen Besitzernamen zurückzuführen.

DIE KULTURLANDSCHAFT

Den wenigsten Menschen ist, wenn sie von Natur sprechen, bewußt, daß es in unserem Land echte Natur eigentlich kaum mehr gibt. Von wenigen Hochgebirgsregionen und einigen kümmerlichen Auwaldresten entlang von Flüssen oder Schutthalden an den Steilabfällen des Albtraufs abgesehen, ist nahezu unser ganzes Land seit mehr oder weniger langer Zeit eine Kulturlandschaft. Selbst die meisten unserer dichtesten Wälder sind angepflanzte und wirtschaftlich genutzte Forste. Oft glauben wir zwar, uns inmitten der Natur zu befinden, doch sind grüne, unbebaute Flächen nicht zwangsläufig mit Natur gleichzusetzen.

Besonders Pfullingen liegt im sogenannten Altsiedelland, in einer der am frühesten besiedelten Gegenden Deutschlands. Darauf weisen nicht nur bis in die Jungsteinzeit zu datierende Funde, sondern auch die Ortsnamenendung -ingen hin, eine Endung, die für Gründungen zur Zeit der schwäbisch-alemannischen Landnahme im 6./7. Jahrhundert charakteristisch ist: Pfullingen, Reutlingen, Eningen, Gönningen usw. Die Ortsnamenendungen –ingen, von denen es im südwestdeutschen Raum unzählige gibt, wie auch solche auf -heim (etwa Wankheim, Talheim, Kirchheim, Weilheim,...) sind kennzeichnend für eine frühe Besiedlung, und das häufige Auftreten dieser Orte in unserer Region zeigt uns deutlich, daß das schwäbische Albvorland eine altbesiedelte Gegend ist.
In einer ersten Besiedlungsphase wurden die strategisch und wirtschaftlich günstigsten Stellen (wieder-)besiedelt: wasserreiche Pfortenlagen am Eingang zu Tälern, geschützte Niederungen, fruchtbare Ebenen und leicht zu rodendes Gelände.
In einer zweiten Besiedlungsphase, der sog. Ausbauphase kam es auch zur Besiedlung von weniger begünstigten Standorten, häufig auch durch Abwanderung von Bevölkerungsüberschuß aus den älteren Siedlungen. Für solche Siedlungen sind Ortsnamenendungen wie -hausen oder -hofen charakteristisch. So läßt sich erkennen, daß die ehemals beiden Hausen Ober- und Unterhausen wahrscheinlich Gründungen sind, die von Pfullingen ausgingen. Man vergleiche nur die Ausstattungen der beiden Markungen Pfullingen und Unterhausen miteinander: Während Pfullingen die günstigeren Gegebenheiten auf dem Ursula-, Ursulahochberg und Übersberg nutzt, muß sich an diesen

Stellen Unterhausen mit den steilen Hängen, die lediglich waldwirtschaftliche Nutzung (früher auch Schäferei) zuließen, begnügen.

Die Urbarmachung des Landes

Am Beginn einer jeden Besiedlung steht die Urbarmachung des Landes. Um landwirtschaftliche Nutzfläche und Siedlungsfläche zu gewinnen, muß zunächst der Wald, der als natürliche Vegetationsformation auftritt, beseitigt werden. Dies kann durch Rodung geschehen, was in früheren Zeiten sicher keine einfache Arbeit war, so daß damit wohl immer dort begonnen wurde, wo die Vegetation schon von Natur aus lichteren Charakter hatte.
Eine andere Möglichkeit, den Wald zu beseitigen, ist das Abbrennen, das sich in unseren Breiten durch die ganzjährig fallenden Niederschläge schon schwieriger gestaltet. So ist von dieser Art der Rodung, der Brandrodung, wahrscheinlich nur in extrem trockenen Sommern Gebrauch gemacht worden. Es ist jedoch zu bedenken, daß manche Zeitepochen im Vergleich zu heute wärmeres und trockeneres Klima hatten, wie es etwa in Teilen des Mittelalters der Fall war.

Unter den Flurnamen finden sich daher zumeist solche, die auf die mechanische Beseitigung des Waldes hinweisen.

Dies sind zunächst alle Flurnamen, welche die Bezeichnung *Hau* enthalten, was auf *aushauen* hindeutet. Dies sind der *Künlenhau* am Lippentaler Hochberg, und der *Steighau* auf dem hinteren Übersberg, der Würtinger Markung zu.

Der Hau tritt auch als Diminutivform *Häule* auf, wie das *Golckenhäule* (auch zu *Glockenhöhle* entstellt) in der Nähe des Blauhofs, heute auf Reutlinger Markung gelegen.

Von ahd. *riuten* = ausreuten (dazu Subst. das *riut*), kommt wahrscheinlich der Flurname *Röt* (mundartl. *Rãet* oder *Rõet*). Die Röt im engeren Sinn ist eigentlich nur ein kleiner Teil der großen Braunjura-Gamma-Verebnung zwischen Georgenberg und Kleingartenanlage, doch im weiteren Sinne wird der Name auch häufig und gerne für die ganze Hochfläche verwendet. Auf der Röt befinden sich die besten landwirtschaftlichen Böden der Pfullinger Markung.

Wahrscheinlich wurde dieses Gebiet daher schon sehr früh gerodet, wobei die beiden am südlichen Rande liegenden Harts, das Vordere und das Hintere Hart, wohl noch längere Zeit bewaldet waren und als Weidewald dienten.

Wo Holz geschlagen wurde, mußte es – auch im Rahmen geregelter Forstwirtschaft – abtransportiert und auf Wagen aufgeladen wurden, wie an der *Ladstatt* hinter dem Maustäle.

Durch Brandrodung, durch *Absengen* der ursprünglichen Vegetation entstanden die *Singenwiesen*, dort wo heute die Kurze Straße die Echaz überquert und in die Friedrichstraße einmündet. Dort befand sich auch der *Sengensteg*. Beides gehörte einst zum Schloß.

Ebenfalls auf *Brandrodung* weist der Flurname *Brenden* (*1475 Brennde*) hin. Er ist in der Gegend des Bongert anzusiedeln; steht vielleicht synonym für das *Weiße Wäldle*.

Auch der *Kohlbronnen* hinter dem Wackerstein könnte ein Hinweis auf Brandrodung sein.

Ist der Wald gerodet, so ist längst nicht alle Arbeit getan. Lange noch bleiben die *Baumstümpfe* im Boden, worauf Flurnamen wie *Stumpen („en de Schdomba")* hinweisen. Die Stumpen befinden sich auch in der Nähe des Bongert an einem finsteren, tiefen Seitental des Breitenbachs. Man spricht auch von der *Stumpach* und der *Stumpachklinge*. Andere *Stumpen* hat es offenbar auch beim Spielbach gegeben.

Wo Land vom Wald entblößt wurde, trifft man *bare* (von mhd. = kahl, nackt) Stellen an, die sich in Flurnamen wie *Barm* oder *Bärnle* wiederfinden. Beide Stellen sind nur schütter bewaldet, doch in beiden Fällen kann man davon ausgehen, daß dieses schüttere Pflanzenkleid nicht durch Rodung (wozu auch an den steilen Hängen?), sondern auf die Übersteilung der Hangkanten zurückzuführen ist.

Durch Rodung neugewonnenes Land wird häufig als *neu* (mhd. *niuwe*, schwäb. *niu, neu*) bezeichnet. Zu diesem Fall finden sich auf Pfullinger Markung die *Neuen Wiesen*. Diese liegen beim Sand und waren ein sehr großes Flurstück, das möglicherweise zum Fronhof gehörte.

Hat man den Boden von allen Hindernissen der Primärvegetation befreit, geschieht die Umwandlung von Ackerland durch das Umpflügen. Dies war, wie alles zu früheren Zeiten, schwere Arbeit. Man benutzte einfache Metall- oder Holzpflüge, vor die man Zugtiere spannte. Will man sich ein Bild vom Besiedlungsgang und der Umwandlung von der Naturlandschaft in Kulturland machen, genügt es häufig solchen Völkern, die noch mit einfachen Mitteln Landwirtschaft betreiben, bei der Arbeit zuzusehen.

Von einem Umpflügen des neugewonnenen Landes kommen Flurnamen wie der *Pflugsberg*, der auf einen Teil des Vorderen Harts zu beziehen ist. Der Flurname Pflugsberg muß somit jünger sein als der Flurname Vorderes Hart, denn wie bereits abgeklärt, war das Vordere Hart ein Weidewald, der später umgewandelt wurde, nachdem ein Bevölkerungsanstieg mehr Ackerland in der Nähe der Siedlung erforderte.

Vom *Umbrechen* des Landes durch den Pflug leitet sich möglicherweise auch der Flurname *Teufelsbruch* her. Der vorangestellte *Teufel-* steht dabei dann vielleicht für die damit verbundenen Schwierigkeiten. Möglich ist jedoch, daß Bruch in der Bedeutung von Sumpfgelände (von ahd. *brog, broch,* mhd. *bruoch*) verstanden werden muß, denn die Gegend zwischen Umwegle und Wolfsgrube gehört zum Rutschungsgelände der oberen Braunjuraschichten. Ackerland gibt es dort jedenfalls aufgrund dieser Eigenschaften heute nicht.

Ob *Schoren* einen Hinweis der Urbarmachung durch die Schore (von mhd. *schor* = Spitzhacke, Schaufel) gibt, kann nicht mit Sicherheit gesagt werden, da die Lage dieser Flur leider nicht mehr herauszufinden ist.

Aufteilung und Inbesitznahme des Landes

Bevor wir uns mit speziellen Formen des Besitzes und mit unseren Flurnamen auf Pfullinger Markung beschäftigen, gilt es, einige allgemeine Dinge vorab zu klären. Im bisherigen Verlauf war häufig von der *Markung* oder *Gemarkung* die Rede, ohne daß es einer näheren Erläuterung bedurfte.

Unter der Markung versteht man die einer Siedlung zugeordnete, scharf abgegrenzte Wirtschaftsfläche. Es ist anzunehmen, daß es zur Zeit der alemannischen Landnahme und sicher auch längere Zeit darüber hinaus noch keine exakt festgelegten Markungsgrenzen gab, sondern eher das, was man einen Bannbereich nennt. Die Grenzen verliefen wahrscheinlich fließend zwischen der Rodungsinsel des einen und der des nächsten Stammesführers. Die Wälder wurden wahrscheinlich auch in Absprache untereinander gemeinsam genutzt, wie aus der Verteilung mancher Hart-Flurnamen ersichtlich wird.

Die Aufteilung und Inbesitznahme des Landes erfolgte meist während oder unmittelbar nach der Rodung. Nun hat Besiedlung ja nicht gleich die vollständige Rodung des Geländes zur Folge. Zunächst wurde erst einmal soviel gerodet, wie für das Anlegen von landwirtschaftlicher Nutzfläche zur Versorgung mit Nahrungsmitteln notwendig war, und das war zu Beginn der Besiedlung nicht sonderlich viel. Erst mit Ausweitung der Siedlung und Bevölkerungszuwachs wurden immer neue Waldstücke gerodet. Zunächst gehörte das Land einigen wenigen Stammesführern, denen ihr Gefolge verpflichtet war, d.h. verpflichtet in Form von sog. Hand- und Spanndiensten, die zu leisten waren. Die Stammesführer und Herren boten ihren Untertanen dagegen Schutz. Auch Waldstücke im ursprünglichen Zustand waren in Besitz der Herren, die dort jagten.

Nicht aufgeteiltes, nicht individuell parzelliertes Land einer Siedlungsgemeinschaft bildete die *Allmende*, die zunächst einmal zur allgemeinen Nutzung bestimmt war. In manchen Ländern wie beispielsweise auf Island, wo das unbewohnte Hochland Allmende ist, spielt diese noch heute eine große Rolle und jeder Bauer hat das Recht, seine Schafe im Sommer dort weiden zu lassen. Die Allmende wurde in Zeiten hohen Bevölkerungsdruckes häufig aufgeteilt und somit der Flur zugeschlagen. Die Flur bezeichnet somit den individuell genutzten, aufgeteilten Teil der Gemarkung.

Gab es zu Beginn der Besiedlung zunächst wenige große Besitzerparzellen (Land der Herrenhöfe, sowie Schloß- und Klosterbesitz), so wurden diese im Laufe der Zeit immer mehr aufgeteilt, und zwar nach der Regel, daß alle Nachkommen einer Familie Land zu gleichem Anteil erhielten. Diese Erbsitte nennt man *Realteilung*, im Gegensatz zum *Anerbenrecht*, wo das Erbe nur an einen Nachkommen ging, der die übrigen Nachkommen ausbezahlen mußte.

Häufig war der Erbe der älteste Sohn; manchmal jedoch auch der jüngste, weil dieser noch am längsten vital war, um die alten Eltern zu versorgen.

Die Realteilung wurde vornehmlich, aber bei weitem nicht immer dort praktiziert, wo physisch-geographische Voraussetzungen ein Auskommen der Bewohner auch auf Basis von kleineren Landstücken gewährleistete, wie es auch in Pfullingen der Fall war. Nicht zufällig decken sich Realteilungsgebiete meistens mit dem Altsiedelland, denn wie wir ja schon erfahren haben, wurden die günstigsten Naturräume zuerst besiedelt. Indes, auch die Realteilung stieß irgendwann an ihre Grenzen. Die einen Erben konnten von ihrem Land nicht mehr leben und mußten auswandern, wie viele Pfullinger im 18. Jh. nach Amerika (insbes. Pennsylvania) oder nach Süd-Rußland und Kaukasien. Andere mußten sich ab dem 19. Jh. in der aufkommenden Industrie ihr Zubrot verdienen und wurden zu sog. „Feierabendbauern".

Aufteilung und Erbsitte ließen ganz bestimmte Flurformen entstehen, die sich nach Form, Größe, Anordnung und Besitzverhältnissen klassifizieren lassen.

Größe und Form der Flurstücke

Folge der Realteilung war eine zunehmende Zersplitterung der Flur in unterschiedlich große Parzellen, die bis hin zu den wenige Meter breiten Handtuchstreifen führte, wie man sie bis vor den Flurbereinigungen ganz bilderbuchmäßig etwa auf dem Heufeld zwischen Salmendingen und Ringingen sehen konnte.

Manche Parzellen wurden zu irgendeiner Zeit mit einem Flurnamen bedacht, der sozusagen „eingefroren", d.h. beibehalten wurde, selbst wenn etwa dann die Breitwiesen, um ein Beispiel anzuführen, inzwischen wieder etliche Male aufgesplittert wurden.

An dieser Stelle ist jedoch auch noch einmal zu sagen, daß manche Flurnamen wohl allein durch den landschaftlichen Eindruck, den z.B. eine lange Weidewiese machte, zustande kamen. Es handelt sich dann also um Geländenamen, wie sie unter dem Kapitel Relief schon angesprochen wurden. Es ist in den meisten Fällen nur noch zu erahnen, ob es sich bei besagten Flurnamen um Geländenamen oder aber um Flurnamen mit Bezug zur Parzellengröße handelt. Man möchte sich dieser Tatsache bei vielen der folgenden Flurnamen bewußt bleiben!

Auf *breite* Flurstücke weisen auf unserer Markung die *Braike*, die einst zum Fronhof am Lindenplatz gehörte, sowie der *Breitenbol* und die *Breitwiesen (1470 Braitwisen, 1475 Breytwiese)* hin. Der Zusammenhang mit ahd. *praita* = Kröte muß bei letzteren beiden vielleicht ebenfalls in Erwägung gezogen werden.

Lange Flurstücke bezeichnen die Flurnamen: *Langacker, Lange Äcker, Lange Wiese* und *Langweid*. Die Namen *Lange Gasse, Langtal* und *Langen Hag* beziehen sich dagegen nicht auf Parzellen, sondern Relief und Vegetation.

Große Flurstücke (mhd. *grôz*, schwäb. *graus, grãos*) tauchen in den Flurnamen *Große Steinge* auf, die noch Anfang des 16. Jh. offenbar ein Grundstück von 13 Morgen Ausdehnung war (1715 aber bereits 27 Teilhaber!), sowie die *Große Wies*; *kleine* Flurstücke in der *Kleinen Steinge* und dem *Kleinen Lindach (1406 „in dem clainen Lindach")*.

Konkrete Größen- und Flächenbezeichnungen von Parzellen finden sich in den Flurnamen *Gaismorgen* (Lage unbekannt) und *Hohmorgen* (in der Gegend der *Hohmorgenstraße*, d.h. überbaut): der *Morgen* ist ein altes Flächenmaß, ursprünglich die Fläche, die an einem Morgen umgepflügt werden konnte. Die von 1806-1871 im Königreich Württemberg verwendete und so bezeichnete Maßeinheit hatte eine Größe von 3.152 m².

Durch die Eigentümlichkeiten der Landschaft, die Flurzersplitterung und das Aufkommen von immer mehr Besitzerparzellen kam es, daß nicht alle Grundstücke eine bequem zu bewirtschaftende rechteckige Form haben konnten.

Wo unebenes Relief vorherrscht, finden sich häufig *krumme*, der Hangform angepaßte Parzellen, wie bei uns die heute überbauten *Krummen Äcker* in der Gegend der Karl-Kuppinger-Straße.
Gekrümmte Flurstücke werden gerne auch mit *Haken* verglichen, wie der *Hakenbühl* unterhalb der Wolfsgrube an der Grenze Eningen – Pfullingen, wenn nicht von Besitzernamen (Haag) abgeleitet.
Krumme Flurstücke finden auch Vergleiche mit Gegenständen, so z.B. der *Schleife*. Der *Schleifer* am Georgenberg ist aber viel wahrscheinlicher auf die dortigen Geländebewegungen zurückzuführen (d.h. von zu schleifen > der Schlipf, d.i. ein Erdrutsch).

Eine andere Bezeichnung für Biegung ist auch der *Rank* (mhd. *ranc*), der sich jedoch, wie bereits im Fallen von *Rangen* schon angesprochen, auch auf Relieformen beziehen kann.

Dort, wo Feldwege in spitzem Winkel aufeinandertreffen oder die Parzellierung es aus anderen Gründen erforderlich machte, entstehen dreieckige, spitze Grundstücksformen:
Des *Maiers Spitz* liegt dort, wo die Echaz in die Pfullinger Markung einfließt.
Die *Spitz*, auch *Schmids Spitz* oder *Schmids Gries* genannt, war ein spitz zulaufendes Grundstück auf der Großen Steinge, dort, wo durch das schräge Einmünden des Arbachs in die Echaz ein zugespitztes Grundstück entsteht.
Der *Spitzgarten* lag in der Nähe der Ziegelhütte, in der Gegend der beiden Ziegelgassen.
Bekannt sind auch die *Spitzwiesen* auf Eninger Markung.

Grenzen

Grenzen sind gedachte oder sichtbar markierte Linien, die Eigentum verschiedener Besitzer oder Herrschaftsgebiete unterschiedlicher Machthaber voneinander trennen. Auch Grenzen der Abgabepflicht spielten früher eine Rolle, so etwa die Zehntgrenzen, die festlegten, wer den zehnten Teil seines Ertrags an die Klöster und Kirchen abführen mußte.

Grenzen waren und sind leider noch immer ein häufiger Auslöser von Streitereien jeder Art: sie beginnen zwischen Nachbarn und enden bei Kriegen zwischen einzelnen Staaten.
Streitigkeiten um die Grenzen gab es häufig mit Reutlingen, die im sog. Krautkrieg 1661 und im Weinbergkrieg 1750 (siehe u.a. *Pfullingen 1982*) endeten.

Besitztümer wurden mit Grenzsteinen markiert. *Schäf (1900)* berichtet, daß unter den Grenzsteinen jeweils drei Scherben als Marksteinzeugen lagen: eine rote (Ziegel), eine weiße (Porzellan) und eine schwarze (Stück Kohle). Sie zerbrachen, wenn jemand versuchte, den Grenzstein zu verrücken. Wer das tat, ohne dabei gefaßt zu werden, mußte nach seinem Tode ruhelos umhergeistern.

Auch in Flurnamen haben Grenzen ihren Eingang gefunden - bei denen der Pfullinger Markung allerdings weit weniger, als man dies bei der Nähe und den Querelen mit dem ungeliebten Nachbarn, der ehemals freien Reichsstadt Reutlingen, vermuten möchte. Dennoch: alle drei Grenz-Flurnamen beziehen sich auf die Grenze zu Reutlingen: dies ist der *Landgraben*, die *Mark* und der *Arbach*.

Der *Landgraben* unterstrich in früheren Zeiten den Verlauf der Markungsgrenzen. *Keinath (1951)* bemerkt speziell dazu:

„...der Landgraben ist ein Grenzgraben mit und ohne Pfahlwerk, Gebüsch und Gehölz, so einst bei Pfullingen, ebenso zwischen Tübingen und Rottenburg".

Der Pfullinger Landgraben lag am westlichen und nördlichen Hang des Georgenbergs. Er war eine Gütergrenze, jenseits derer die Reutlinger auf Pfullinger Markung keine Weingärten erwerben durften. Der Landgraben wurde auch angelegt, um das wilde Erdengraben, das die Reutlinger zur Düngung ihrer Weinberge betrieben, in gelenkte Bahnen zu leiten. *1521* heißt es *„am obersten Graben, der ob dem Weingart am Echetzenberg auffgeworfen".*

Am nördlichen Abhang der Röt liegt die *Mark* (mhd. *marc* = Zeichen; 1556 „in der Marckh"), bezeichnend für die Markungsgrenze zu Reutlingen. Nach Wille (2015) war das Gebiet auf der Pfullinger Seite wohl einst größer und ab dem 15. Jh. kamen immer mehr Stücke davon zu Reutlingen.

Eine andere Grenze zu Reutlingen bildet der *Arbach* kurz vor Einmündung in die Echaz, d.h. in deren Hauptlauf (der Arbach hat sich davor schon mit dem Steingebach vereint). Um den Namen Arbach zu begreifen, muß man sich ältere Schreibweisen ansehen. In alten Quellen wird der Arbach als *Marpach (1347), Marppach (1466), Marckbach (1484)* und *Arppach (1506, 1522, 1669)* bezeichnet. Hier ist die Schreibweise von 1517 *Marckbach* auffällig. Sie bietet den Hinweis auf die Grenze, die der Bach auch z.T. mit Eningen bildet. Wenn der Arbach auch heute zwar nur auf sehr kurzen Strecken die tatsächliche Grenze ist, so ist es dennoch wahrscheinlich, daß einst vor Zeiten einmal die eigentliche Grenze zu den Nachbarn Reutlingen und Eningen bildete, denn Gewässer waren klare und unverkennbare Linien, die daher gerne als Grenzen festgelegt wurden. In der Bedeutung von Markbach ist lt. Wille (2015) offenbar auch der Ortsname Marbach am Neckar zu interpretieren.

Lage der Flurstücke

Ein wichtiger Punkt, der an dieser Stelle angesprochen werden kann, ist die Lage der Flurstücke. Bei vielen Flurnamen, die größere Geländestücke bezeichnen, wird noch nach vorderer / hinterer, oberer / unterer Lage usw. untergliedert. Diese Differenzierung wurde möglicherweise notwendig, nachdem ein größeres Flurstück durch Erbteilung in mehrere Teile zerfiel, kann aber auch schon vorher benutzt worden sein, um sich auf großen Besitztümern sprachlich besser zurechtzufinden.

Während es einerseits Flurstücke gibt, bei denen man gemeinhin den Flurnamen als Oberbegriff verwendet, z.B. *Lauf,* und dann nur bei näherer Differenzierung, sofern sie notwendig erscheint, in *Oberer Lauf, Mittlerer Lauf* und *Unterer Lauf* untergliedert, gibt es Flurnamen, die in der Regel nur mit Lagebezeichnung stehen, ja die uns sogar fremdartig erscheinen, ließe man die Lagebezeichnung wegfallen. Niemand sagt etwa „Wegen". Den Flurnamen würde so niemand kennen, wohingegen *Unter Wegen* jedem Pfullinger ein Begriff ist. Es existiert ja auch kein „Ober Wegen", wenngleich man annehmen könnte, daß ein solcher Namen vor Zeiten vielleicht einmal benutzt wurde und später dann in Vergessenheit geriet oder durch einen anderen Namen ersetzt wurde. Ebenso gibt es zur *Oberen Halde* keine Untere Halde; zumindest wäre diese nicht mehr geläufig.

Daneben existieren Flurnamen mit Lagebezeichnungen, die denselben Flurnamen ohne seine Lagebezeichnung in unmittelbarer Nachbarschaft vermuten lassen. Wo ein Flurname *Hinter Holz* auftritt, muß oder mußte einst auch ein „Holz" angrenzen. „Holz" existiert jedoch nicht mehr als Flurname, weil der Wald, der vielleicht einst mit „Holz" bezeichnet wurde, seit Jahrhunderten gerodet ist.
Genausowenig kennt man „Buch"; *Vor Buch* ist dagegen allgemein geläufig. Der Weiler Scheffbuch, auf den sich der Flurname bezog, ist längst abgegangen.

Im einzelnen bezeichnen nun *vordere Lage* oder Lage vor etwas:

Vorderer Altesch, Vorderer Gerstenberg, Vorderer Gielsberg, Vorderer Kugelberg, Vorderer Schönberg, , Vorderes Hart, Vorderes Maustäle, Vorderes Staigle, Vorderes Wagenried, Vor Buch, Vor dem Ahlsberg, Vor dem Berg, Vor dem Ursulaberg und *Vor der Heide.*

Für *hintere* Lage stehen:

Hinter dem Berg (1529 „hinderm Echentzenberg"), Hinter dem Kirchhof, Hinter dem Kugelberg, Hinter dem Ursulaberg, Hintere Heergasse, Hintere Langweid, Hinterer Altesch, Hinterer Garten, Hintere Röt, Hinterer Spielbach, Hinteres Hart, Hintere Seiten, Hinteres Maustäle, Hinteres Staigle, Hintere Stelle, Hinteres Wagenried, Hintere Wiesen, Hintere Wolfsgrube, Hinter Holz, Hinter St. Leonhardt und *Hinter Umweglen.*

Eine *obere* Lage oder Lage *ob* etwas bezeichnen:

Obere Ehrenspäch, Obere Halde, Obere hinter Röt, Obere Ladstatt, Obere Lindachbruck, Obere Mühle, Oberer Hülbenwald, Oberer Berg (1594 „im obern Berg"), Oberer Lauf, Oberer Märzenstall, Obere Seiten, Oberes Selchental, Ober Umwegle, Ob dem Eninger Weg und *Arbach ob der Straße.*

Mit *mittlerer* Lage sind verbunden:

Mittlere hinter Röt, Mittlere Raine, Mittlerer Gielsberg (1470 „Mittelnberg uff gielsperg"), Mittlerer Lauf, Mittlerer Hülbenwald, Mittlere Seiten und *Mittleres Selchental.*

Untere Lage oder Lage *unter* etwas zeigen an:

Untere hinter Röt, Untere Lindachbruck, Unterer Berg (1639 „im undern Berg"), Unterer Lauf, Unteres Öschle, Unterm Teich, Unter Wegen und *Arbach unter der Straße.*

Äußere Lage haben der *Äußere Ringelbach*, die *Äußere Braike* und *Äußere hinter Röt*, während das *Innere Lindach* (*1691 „im inneren Lindach“*) und *Enenbol* auf *innere* Lage hindeutet.

Lage *an* und *bei* markanten Landschaftselementen oder allgemein bekannten Punkten zeigen:

Am Ahlsberg, Am Eierbach, Am Grasigen Weg, Am Kugelberg, Am Scheibenbergle, Am Übersberg, Am Ursulaberg, An der Rötsteige und *Seiten am Eierbach.*
Bei den drei Steinen, Bei den drei Wehrlen, Bei den Kreuzsteinen, Bei der Linde, Bei der Rinne, Bei der Schleifmühle, Bei der Steingrube, Bei der Wasserstube, Beim Schloß, Beim Schneller, Beim Schützenhaus, Bei Unser Frauen und *Brühl bei der Papiermühle.*

Die Bezeichnung „Im" wird vor *Schneckengarten* und *Württenbach*, auch vor *Kromerle (*„*em Gråmerle“*) und *Schleifer* gestellt; es tritt auch bei dem Flurnamen *Im Rechten Pfand* auf.
Lage *neben* etwas beschreibt *Neben Annelies Wald*,
die Lage *zwischen* Feldwegen taucht schließlich in *Zwischen den Wegen* auf.

Besitzerverhältnisse

Eigen und Lehen

An dieser Stelle ist es sinnvoll, die Begriffe *Besitzer* und *Eigentümer* zu klären, denn beides ist durchaus nicht dasselbe. Da allerdings in vielen Fällen Eigentümer und Besitzer dieselbe Person sind, wird in der Umgangssprache oft nicht genauer unterschieden. Indes, Unterschiede bestehen, die dann von Bedeutung sind, wenn Eigentümer und Besitzer nicht eine Person sind:
Während der Eigentümer eines Landstückes *Verfügungsrecht* über dieses hat, hat ein Besitzer das *Nutzungsrecht*. So kann der Eigentümer über sein Eigentum verfügen, d.h. er kann es z.B. verkaufen, verpachten oder verschenken. Hat er sein Eigentum verpachtet, kann er es jedoch selbst nicht nutzen, denn das Nutzungsrecht liegt dann beim Pächter, der nun der Besitzer ist.

Ein Beispiel für solche Verhältnisse findet sich auch in der Schenkungsurkunde vom 23. Mai 937, in der bekanntermaßen ja Pfullingen seine erste urkundliche Erwähnung findet: Hier schenkt Otto I. einem Priester Hartbert die königliche Fischerei in der Echaz *„zu eigen"* (*„...propietatem donavimus"*). Er bekommt damit die freie und uneingeschränkte Gewalt, seinen Besitz *„zu behalten, zu verschenken, zu verkaufen, zu vertauschen oder was immer er beliebt damit zu tun"* (*„...teneat potestatem habendi, donandi, vendendi, commutandi, vel quidquid sibi placuerit exinde faciendi"*).

Während es heute an Besitzerformen eigentlich nur das Eigentum und die Pacht bzw. Miete gibt, fand man zu früheren Zeiten vielerlei Formen: So etwa die *Lehen* (verwandt mit „leihen", mhd. *lêhen*, schwäb. *laihe*). Diese waren Grundstücke, Höfe, manchmal auch Ämter, deren Besitz bzw. Ausübung bestimmte Rechten und Pflichten mit sich brachten. Der Besitzer mußte für das Nutzungsrecht auf dem Grund bzw. das Wohnrecht auf einem Hof bestimmte Arbeitsleistungen erbringen oder aber einen Teil des Ertrags in Form von Naturalien oder Geld an den Eigentümer abtreten. Solche Formen von Besitz gibt es heute bei uns normalerweise nicht mehr, wohingegen sie in vergleichbarer Form in vielen Ländern z.B. Lateinamerikas noch zu finden sind und je nach Art der Anwendung oft für erhebliche soziale Ungerechtigkeit sorgen.
Die Pfullinger Lehen waren Erblehen, die nur in der Blutslinie vererbt wurden. Dabei wurde das Lehen zunächst nur in eine Hand vererbt. Erst im 15.Jahrhundert finden sich in Pfullingen geteilte Lehen.
Da es sich bei allen Lehen auf Pfullinger Markung, bzw. in Pfullingen um Hofgüter handelte, muß man eigentlich hier eher von Ortsbezeichnungen, denn von Flurnamen sprechen. Diese vier Lehen sind: *Blenklins Lehen, Blessings Lehen, Feickelmännisches Lehen* und das *Fischlehen*. Freilich waren auch *Fronhof, Palmershof* etc. Lehensgüter, doch soll es hier um die Namen gehen, in denen der Begriff als solcher selbst auftaucht.

Beim *Blenklins Lehen* handelte es sich um ein Zwiefalter Hoflehen an der Ecke Heerstraße - Schulstraße.

Ebenfalls ein Zwiefalter Abtshof war des *Blessings Lehen* in der Heerstraße, nahe der Ecke zur Ursulastraße.

In der Gönninger Straße befand sich das *Feickelmännische Lehen*, während das *Fischlehen* (1748 noch *Frischlehen*; daher wohl Besitzername!) ein Kellereilehen an der Ecke Badstraße - Heerstraße war.

Leistungen in Form von Diensten, Geld oder Sachwerten für geistliche, weltliche Herren oder die Gemeinde bezeichnet die *Fron*. Der Name findet sich in der *Frohnbruck*, dem *Frohnbrühl* und dem *Fronhof* wieder.

Die *Fronbruck* befand sich dort, wo heute die Klosterstraße bei der Villa Laiblin die Echaz überquert. 1741 wird sie als *Nerrenbruck (= Herrenbruck?)* erwähnt. *Walcher* vermutet, daß der Name Fronbruck auch eine Entstellung von *Bronnbruck* sein könnte, aufgrund der Nähe zum Kenzlerbronnen.

Der *Frohnbrühl* ist im Ried an der Echaz, an der Grenze zu Unterhausen zu suchen. Er gehörte einst zum Fronhof.

Der *Fronhof* selbst lag einst am Lindenplatz und war der eigentliche Herrenhof des Pfullinger Dorfherren, zu dem 1454 noch 51 Morgen Äcker und Wiesen gehörten. Zusammen mit weiteren Parzellen waren es lt. *Kinkelin* wohl mindestens 70 Morgen Land.

Herrschaftsgüter werden häufig mit *Breike* (ahd. *kipreita*, mhd. *gibraita, gebreite, gebratte* = weites, breites Gelände) bezeichnet. 1439 treten noch mehrere als *Braike* bezeichnete Flurstücke auf: zunächst die uns allen bekannte *Braike* auf dem Gebiet der heutigen *Braikestraße* (bei der kath. Kirche St. Wolfgang) und Umgebung, daneben aber auch noch eine *Braike* nach Eningen zu bei Hinter Holz. Des weiteren taucht eine *Braike* auf dem Vorderen Hart und eine andere in der Gegend Vor Buch auf. Diese Braiken werden dabei noch mit unterschiedlichen Lagebezeichnungen belegt. Die Braike an der Braikestraße gehörte einst zum Fronhof am Lindenplatz, während die anderen wahrscheinlich im Besitz der übrigen Herrschaftsgüter, so z.B. der Oberen Burg, die sich bei der Rehm'schen Mühle befand, waren.

Ein für eine Forderung (z.B. unbeglichene Schulden) ausstehender Haftgegenstand war auch damals schon das *Pfand*. Noch heute wird ja per Gerichtsvollzieher gepfändet, wenn eine mit Schulden belastete Person diese nicht begleichen kann. Auf ein gepfändetes Grundstück weist der Flurname *Im Rechten Pfand (1475 „in Rechtenpfanndt")* hin, falls es sich nicht um sehr alte Schreibfehler oder Entstellungen von „Rechter Pfad" handelt. Das Gebiet findet sich beim heutigen Stollhof, im Wasserteich.

Auf ein Waldstück im Gemeindebesitz weist der Flurname *Communwald* auf dem Übersberg hin.

Die bequemste Art an Eigentum zu gelangen ist und war schon immer das *Erbe*. Auf solch ein durch Erbe zugefallenes Grundstück weist möglicherweise der Flurname *Erbisäcker* hin, wenn nicht etwa im Zusammenhang mit Erbsen oder einem Familiennamen zu sehen. Der Flurname wird im 17. Jh. dreimal erwähnt, kann heute jedoch leider nicht mehr lokalisiert werden.

Flurnamen, die auf Eigentum wie am Anfang besprochen hinweisen, gibt es auf Pfullinger Markung nicht. Um auch hier ein Beispiel anzuführen sei auf das *Eigental*, ein Nebental des Reißenbachtals, verwiesen.

Bei Grundstücken, die nicht Eigentum des Nutzers waren, verhielt es sich oft so, daß im Abstand von gewissen Zeiträumen Leistungen fällig wurden. Flurnamen, die in Zusammenhang mit Monatsnamen oder Jahreszeiten stehen, zeigen oft, wann diese Leistung zu erbringen war.

Für den *Märzenstall* hinter dem Lippental war diese Leistung dementsprechend im Monat März fällig, für die *Pfingstweide* um Pfingsten. Die Bezeichnungen können jedoch auch angeben, zu welchen Monaten erstmals Vieh auf die betreffenden Landstücke getrieben wurde.

Arten der Nutzer

Stände

Weltliche Nutzer, weltlicher Besitz

Die weltlichen Herrscher spielten vor allem im Mittelalter als Eigentümer und Besitzer eine wesentliche Rolle. Auch heute noch finden sich Flurnamen, die auf diese Verhältnisse hinweisen.

Auf *Herren* (mhd. *hêrre*) als Angehörige der Schutz- und Lehensherrschaft weist der Flurname *Herrenwäldle* hin. Er bezieht sich auf ein Waldstück am Gielsberg. Der Name kann in manchen Fällen aber auch für geistliche Herren stehen.

Auf *Ritter*, Edelleute des weltlichen Herrenstandes, deuten die beiden Flurnamen *Rittersbronnen* (im Lindental) und *Rittersbrühl* (mit dem *Hessenbrühl* identisch) hin.

Weltliches Besitztum waren Schlösser und Burgen, wie es in Pfullingen das *Schloß* (= *Untere Burg, Rempenburg*, erstmals 1487 erwähnt) oder die *Obere Burg* (bereits 1262 erwähnt) waren.
Daher stehen Flurnamen und Örtlichkeitsbezeichnungen, in denen Zusammenhänge mit dem Schloß auftauchen, ebenfalls für weltlichen Besitz oder bezeichnen eine Lage nahe dieser Besitztümer. In Pfullingen sind dies Örtlichkeitsbezeichnungen wie *Beim Schloß*, *Schloßbrücke* (wo die Schloßstraße über die Echaz führt, ab 1563 anstelle einer Holzbrücke), *Schloßgaß* (heute Schloßstraße), *Schloßmühle* (ehem. Mühle gegenüber vom Schloß, Ende der 60er Jahre abgebrochen, Wehr noch vorhanden), *Schlößle* (ab ca. 1450, ehem. Schloßkaplanei, jetzt Heimatmuseum) und *Schlößlesbruck*.

Geistlicher Besitz

Der zweite große Besitzer im Mittelalter war die Geistlichkeit.

Im Zusammenhang mit dem Pfullinger Klarissenkloster, das zu Zeiten wie um 1562 riesige Ländereien besaß, nämlich 400 Morgen (hauptsächlich Äcker und hochwertigste Wiesen), treten Flurnamen wie *Frauenbrühl* (1409 „*Der Frowen prügel in Aschach*" = im Lindental) und *Frauenhalde* (Hang am Ursulaberg) auf. Finden wir die Bezeichnung „Frau" in alten Flurnamen, so handelt es sich mit Sicherheit immer um Klosterfrauen oder auch Edelfrauen, denn die „gewöhnliche" Frau wurde noch lange Zeit mit dem heute eher im abwertenden Sinne gebrauchten Begriff „Weib" beschrieben. Auch Flurnamen wie *Klosterhofmaierei* (ehemaliges Klosterlehen , heute Gebäude Klosterstraße 32 - 36), *Klosters Baumgarten* (bei den Bohnenäckern, in der Gegend des heutigen Friedhofs) und *Klosters Wies* (an der Urfall) waren Besitz des Pfullinger Klosters und der Pfullinger Klosterfrauen. Das Pfullinger Kloster wurde um 1250 gegründet, wahrscheinlich von Edeldamen der Adelsfamilie Remp, die offenbar selbst in Rom um die Erlaubnis dazu angesucht haben.

Man muß allerdings wissen, daß Klöster nicht unbedingt immer aus Mildtätigkeit oder Sympathie zur Kirche gegründet wurden, sondern häufig deshalb, weil sie einem einen Platz im Himmel sicherten und für den Adel eine Möglichkeit boten, nachgeborene, uneheliche bzw. sonstwie unbequeme Familiennachkommen abzuschieben. Unterstützung der Kirche zahlte sich aber auch im Alter aus und man hatte die Möglichkeit, an seinem Lebensabend in einem Kloster versorgt zu sein. Andere Klostergründungen wiederum erfolgten manchmal auch aus der Erfüllung von Gelübden heraus, so z.B. nach gewonnenen Schlachten.

Auf einen *Klosterbruder*, einen *Mönch*, wahrscheinlich einen Einsiedler, weisen die Flurnamen *Brudergärtlein* und *Brudersteig*, sowie die *Mönchhalde*, alle drei im *Zellertal*, auf Unterhausener Markung, hin. Sie stehen in Zusammenhang mit einer Sage. Man erzählt, daß einer der Herren von der Burg Greifenstein (zerstört im Städtekrieg 1311) seine Untertanen - wie es sicher nicht selten vorkam - einst ziemlich gequält und schikaniert habe. So soll er sie angeblich gezwungen haben, alle Schneckenhäuschen aus den Feldern zu lesen, die er dann anschließend - den geplagten Leuten zum Possen - wieder ausstreuen und erneut aufsammeln ließ. Nach dem Tod des Greifensteiners sei dessen Bruder in die Gegend gekommen und habe, nachdem er von all den Untaten erfahren hatte, den Leuten viel Gutes getan. Er soll sich in eine *Mönchszelle* ins *Zellertal* (daher der Name!) zurückgezogen haben, wo er den Leuten half, wenn sie mit Sorgen zu ihm kamen. Im Gebiet wurde 1989 an einer Quelle, die für eine Einsiedelei ein perfekter Ort gewesen wäre, ein Mauerrest freigelegt.

Geistliche jeder Art wurden als *Pfaffen* bezeichnet. Auch der *Pfaffenbühl* bei den Sauren Wiesen, sowie der *Pfaffenrain*, schon auf Unterhausener Markung, waren einst im Besitz eines Geistlichen.

Im Besitz des Pfarrers (wenn nicht vielleicht auch von *Farren* = Stier) war die *Pfarrwiese*, ein Flurname, der sich leider keinem bestimmten Flurstück mehr zuordnen läßt.

Einzelpersonen

Dies ist ein Kapitel, dem wir ein ganz besonderes Augenmerk zukommen lassen müssen, gibt es doch eine überaus große Anzahl von Flurnamen, aus denen Eigentümer / Besitzer hervorgehen. Das Kapitel könnte beinahe eine eigene Arbeit wert sein. Obwohl wir nun wissen, daß Eigentümer und Besitzer nicht dasselbe ist, soll im folgenden der Einfachheit halber von Besitzernamen die Rede sein. Um die Namensgebung besser zu verstehen, ist es notwendig, vorweg einen kurzen Einblick in die Entwicklung von Namen zu geben.

Zur germanischen Zeit gab es eine Vielzahl von Namen. In einer kleinen Siedlung hatte jeder seinen eigenen Namen und so waren Familiennamen zunächst überflüssig. In Island beispielsweise, das auch heute noch nur wenige Einwohner zählt, ist das immer noch so. Jungen erhalten als Zweitnamen den Vaternamen mit der Endung *–son*, Mädchen den Vaternamen plus das Suffix *–dóttir* (= Tochter). Fixe Familiennamen gibt es dort bis heute selten.

Mit der Christianisierung kamen allerdings viele der alten germanischen Namen außer Gebrauch, dafür um so mehr die lateinisch-christlichen Vornamen in Mode. Gleichzeitig erfolgte ein Anwachsen der Bevölkerung, so daß die Vornamen nun nicht mehr genügten, eine Person ausreichend zu kennzeichnen. So entstanden nach und nach Beinamen, die auf Beruf, Wohnort, Besitz, Körper- oder Charaktereigenschaften der Personen anspielten. Zwar hatte ja jeder Personenname an sich schon seine jeweils ursprüngliche Bedeutung (z.B. bedeutet Volkmar „der im Volk berühmte"), aber es trat nun das Problem auf, daß immer mehr Personen denselben Vornamen trugen, was irgendwann weitere Unterscheidungsmöglichkeiten erforderlich machte. So bildeten sich zunächst ganz zwanglos die Beinamen. Um mit dem Beispiel fortzufahren nehme man an, der eine Volkmar sei der Dorfschmied gewesen, während der andere sich dadurch auszeichnete, daß er schielte. Man sprach dann vom Volkmar, dem Schmied oder vom Volkmar, dem Schieler. So traf man eine Unterscheidung. Später war dann nur noch vom Volkmar Schmied bzw. Volkmar Schieler die Rede. Die Familiennamen wurden übernommen und wandelten sich im Laufe der Zeit durch verschiedene Aussprachen und Schreibweisen zu Schmid, Schmitt, Schmidt bzw. Schüler, Schöller oder Schiller.

Viele Familiennamen sind ursprünglich auch Personennamen gewesen. Dies rührt aus der Gewohnheit, daß man zu bestimmten Zeiten Personen den Namen ihres Vaters als Beinamen gab, der dann fix zum Familiennamen wurde. Dies soll später am Beispiel des Familiennamen Volk gezeigt werden.

Bei den Flurnamen steht der Besitzername meistens im Genitiv (z.B. *Gielsberg* = des Gils Berg, Berg im Besitz einer Person namens Gil; z.B. *Memmelers Wiese* = des Memmelers Wiese, Wiese im Besitz der Familie Memmeler bzw. einer Person mit dem Familiennamen Memmeler).

Besonderheiten sind bei den Familiennamen weibliche Formen wie z.B. die Flurnamen *Hessin Acker* oder *Müllerin Wies*. Brachte beispielsweise eine Frau in die Ehe mit einem Herrn Hess einen Acker ein, so nannte man die Frau als Gattin des Herrn Hess nun die Hessin, ihr Grundstück dementsprechend der Hessin Acker. Bildungen solcher weiblicher Familiennamen nach dem Familiennamen des Mannes sind z.B. noch in Ungarn gebräuchlich.
Während uns weibliche Formen von Berufen, die ja häufig identisch mit den Familiennamen sind, wie im zweiten Fall (Müllerin Wies) auch heute geläufig sind, sind uns solche Formen wie Hessin Acker heute weitgehend fremd.

Eine andere Auffälligkeit ist die Personifizierung von Flurstücken, die manchmal in Zusammenhang mit Namen auftritt. Da wird eine Wiese oder Baumwiese, die ja dem Sprachgeschlecht nach weiblich ist, zur *Binderin*, wenn sie Besitzer mit dem Familiennamen Binder hat.
Wer sich eingehend mit den Pfullinger Flurnamen beschäftigt, wird auch feststellen, daß oft riesige Geländestücke nach Einzelpersonen benannt sind, was möglicherweise noch auf die einstigen Sonderrechte einzelner Pfullinger Sippen hindeutet.

Personennamen

Weibliche Personennamen

Weibliche Personennamen treten in den Flurnamen seltener auf, was mit der untergeordneten Stellung der Frau in den früheren Gesellschaften zu erklären ist.

In folgenden Pfullinger Flurnamen finden sich weibliche Personennamen:

Bargenbuch: Bargenbuch kommt von *Ave-Märgenbuch*, folglich steckt der Name *Maria* in ihm. Der Flurname rührt von einer mächtigen Buche, die auf dem Altesch gestanden haben soll, her (nach *Kinkelin 1937*).

Betha Baumgart: darin steckt möglicherweise der Name *Bettina*. Zweimal (1392 und 1423) wird eine *Betha* als Priorin im hiesigen Kloster aufgeführt.

Elisenweg, Elisenhütte: nach *Elise Sigel (1859-1920)*, Frau des *Ernst Laiblin (1853-1920)*.

Butturslen Haus, Urslen Wies, Urslenberger Steig, Ursulaberg, Ursulahochberg, Ursulastraße (bei der Heerstraße): von *Ursula* (lat. = Bärchen); bis auf ersteres in Zusammenhang mit der bekannten *Bergursel* („*U[r]sch[e]l*"), einer Pfullinger Sagengestalt.

Madlens Baumgarten: vielleicht von Magdalen(a) oder aber *Metlin* (siehe Mädlesfels).

Maur Annelies Böhmen, Neben Annelies Wald: von *Anneliese*.

Männliche Personennamen

Ahlsberg, Ahlbol etc.: wenn nicht andere Wurzeln, so etwa von *Adalbert*.

Brönnlesteich: von *Brendlin, Brändlin* = Kurzform von *Hildebrand* oder *Brandolf*.

Bulinsbach (= Sulzbach): vielleicht von *Bulin, Bulo*.

Buttnau: vielleicht von *Buto*.

Engersbuch: möglicherweise von *Winimar, Winigar*. Man betrachte die alten Schreibweisen, bei denen der Name *Wengenspuch* geschrieben wird. Daher vielleicht auch von *Wang, Wenge* (= runde Erhebung).

Enenbol: wenn nicht „*innerer Bol*", vielleicht von *Enin (Ehnin Müller, Richter 1522).*

Ernsthütte (Schutzhütte auf dem Ursulaberg): von *Ernst,* nach dem Papierfabrikanten und Major *Ernst Laiblin (1853-1920).*

Eulental: wenn nicht vom Tiernamen *Eule* oder auch von *Häule* (d.h. kleiner Hau = Wald), möglicherweise von den Namen *Ulrich, Egilolf, Eilhard, Eilmar* o.ä. abgeleitet.

Geilenbühl: vielleicht von *Gero, Geiro.* Man beachte aber auch hier die älteren Schreibweisen wie *Geyrenbühl (1632)*; etwa von Fam. Name *Geyer?*

Georgen-, Jergenberg: von *Georg, Jörg, Järg.*

Gielsberg: von *Gil* = Kurzform von lat. *Aegilius, Aegidius.*

Hanneshöhle: von *Hannes* = Kurzform von *Johannes*; nach dem Entdecker *Johannes Taigel.*

Hegetswiese: wenn nicht von *Hag* = Hecke, möglicherweise von *Hugbert oder Hugilo.*

Heintzen Volcken Acker (1475): Heinz.

Holtzmars Wies: wahrscheinlich von *Volkmar.*

Karlshöhe: Karl.

Kiltzengass, Kiltzenmüllers Nußböhmen: vielleicht von *Kilian.* Kil(t)zen- oder Kilsenmühle hieß auch die Baumann'sche Mühle.

Klappersteigle: von *Plapphart.* 1447 wird ein *Albrecht Diem,* genannt *Plapphart,* erwähnt. Daher: 1506 *Blapphardtstaig* und *1650, 1681, 1701 Blappertstaig.*

Klemmengaß, Klemmensteg: von *Klemens*?

Knaurhanßlins Böhmen, Scheuterhansen Bohmgart: von *Hans, Johannes*.

Kühnenbach: möglicherweise von *Kilian (1610 Kielinbach), Kuno* oder *Kunibert*.

Künlenhau: von *Kuno, Kunibert* oder aber vom Familiennamen *Kuhn*, wenn nicht von *Kien* = mürbes Föhrenholz.

Leergässle, Leermühle: wahrscheinlich Koseform von *Hilarius* (lat. „der Heitere"). In der Gegend soll einst eine Kapelle St. Hilarii gestanden haben.

Leimenshart: von *Limo* oder *Limin*, wenn nicht Fam.Name (s.u.).

Lippental, Lippentaler Hochberg: vielleicht von *Phillipp*, nach *Kinkelin* aber von *Hippo, Ippo* (aus gr. *Hippolyt*).

Martins Baumgärten; Martinshof: von *Martin*.

Mors Wiesen: wohl von *Maurus* oder *Morhardt*.

Notstall: von *Otto* oder ahd. *Atto* (da nämlich 1520 noch *Ottenstal*).

Pulversrain: wahrscheinlich von *Burkhard. 1454 Burgars Rain, 1470 Burkatsrain, 1555 Burfelsrain, 1612 Buluerßrain, 1617 Bulffersrain* und *1748 Pulwers Rain*. Burkhard kann dabei sowohl Personen- als auch Familienname sein. Aus dem Jahr 1470 existiert ein Erblehensbrief eines *Hans Burkhart* von Pfullingen über einen Erblehenshof des Frauenklosters.

Rugischholz: möglicherweise von *Rüdiger* oder *Roger*.

Siketsfelben: von *Sixt, Sixtus* (lat. = der sechste [Sohn]) oder auch *Sighart*; bedeutet also: die Weidenbäume (*Felben* = Weiden) des Sixt.

Übersberg, Übersberger Hof, Übersberger Steig: möglicherweise von *Liebherr* oder *Liebhardt* (vgl. *1435 Libersperg, 1718 Lieffersberg*).

Veitengarten: von *Veit* (aus lat. *Vitus*).

Volkmarshof, Volkmarsteich: von *Volkmar*.

Weiglinsbrühl: nach *Kinkelin* von *Wighart, Wigo, Wigelin*. Möglicherweise auch von *Virgil, Virgilius* (aus lat.).

Wagenried: wenn nicht von *wag* = Sumpf, dann von *Mago* bzw. *Magarich, Magolf*.

Wettersbach: von *Baickerich* (vgl. *1381 Baickerisbach, 1439 Betterspach, 1611 Spetterspach, Bätter- Betterspach* und *1618, 1664 Wettersbach*).

Wickenhof: wenn nicht nach den Franziskanerinnen von *Wittichen* (Kloster bei Alpirsbach im Schwarzwald), dann nach dem Schreiner Lud*wig* List, der das interessante und 1985 leider abgebrochene Gebäude 1710 errichtet hatte.

Familiennamen

Auch die Anzahl von Flurnamen, die Familiennamen enthalten, ist sehr groß. Für ein näheres Studium der Pfullinger Familien und Sippen sei auf das *Pfullinger Sippenbuch* von *Friedrich Walcher (1954)* hingewiesen. Familiennamen treten in folgenden Flurnamen auf:

Ackermanns Steig: *Ackermann* (d.i. ein Ackerer = Bauer)

Bäderles Wies: *Bader*. Die Familie Bader stammt ursprünglich nicht aus Pfullingen, sondern hat ihre Ursprünge in Unterhausen, Eningen und Urach.

Betzenried: Betz. Betz war ursprünglich ein Vorname (vgl. auch *Batzo*, Betzingen), nämlich die Kurzform von *Berthold* oder *Berchthold*. Die Familien stammen von der Reutlinger Alb, besonders von Mägerkingen, Genkingen, Undingen und Erpfingen.

Binderin: möglicherweise vom Namen *Binder*, wenn nicht eher von der *Bëund*. Der Name Binder taucht allerdings im Pfullinger Sippenbuch nicht auf.

Bisingers Hölzle: *Bisinger*.

Blauhof: *Blau*. Die Familie, die Pächter oder Eigentümer des Blauhofs beim Selchental war, hat sich wahrscheinlich schon früh in Reutlingen niedergelassen. Im 14./15.Jahrhundert finden sich in Reutlingen genannt: *Cuontz der Blawe (1378), Irmel die Blawerin (1382)*, sowie *Bernhard Blaw (1459)*.

Blenklins Lehen: *Plänklin*. Eine der ältesten Pfullinger Familien. Der Name bezeichnet einen Menschen, der durch irgendeine Eigenschaft, sei es durch sein Aussehen oder seinen Charakter, positiv auffällt. 1260 wird unter den Pfullinger Richtern ein *Wernher Blankelin* genannt und 1386 taucht eine *Irmelin Blänklin* als Pfullinger Klosterfrau auf. 1487 wird ein *Henßlin Blencklin* erwähnt. 1625 *Thomas Blenklin*, Schuhmachermeister.

Blessings Brühl / Lehen: *Blessing*, bis vor einigen Jahren Papierfabrik in der Kaiserstraße.

Buchelers Wies: *Bucheler*.

Bucken-, Beickenhalde: *Buck*.

Eierbach: *Maiger, Maier (vgl. 1321, 1454 Aigerbach, 1370 Maigerbach, 1475 „im ayerbach", 1555 Mayerbach, Ayerbach)*. Maier ist ja ein überaus häufiger Familienname. In Pfullingen gibt es aber eigentlich nur 2 alte Familien, die sich bis ins 16.Jh zurückverfolgen lassen können. Alle anderen Träger dieses Namens sind früher oder später zugewandert. 1279 wird in Zusammenhang mit dem Fronhof ein *Heinrich, Fronmaiger zu Pfullingen* genannt. Die Maier waren Pächter bzw. Lehensmänner auf dem Fronhof.

Erbisäcker: ob nach Erbin (z.B. *Johann Erbin*, lt. Akten von 1683 gerichtlicher Markt-Standgebühr-Eintreiber), wenn nicht mit Erbsen oder Erbe in Zusammenhang.

Feickelmännisches Lehen: *Feickelmann*.

Fischlehen: Frisch (vgl. *1748 „das Frischlehen"*).

Frickentäle: Frick. Eine Familie Frick ist schon für das 16. Jh. nachweisbar. Sie geht auf *Hans Frick*, den Glaser zurück, gest. 1597 (Flurname „Glaserner Bom"). Heutige Namensträger in Pfullingen sind zumeist Nachkommen eines Schuhmachers Frick von Erpfingen. Der Name Frick läßt sich auf eine Verkleinerungsform des Namens *Frido* zurückführen, d.h. er war ursprünglich ein Personenname.

Gerungshof: Synonymbezeichnung für den Blauhof. Darin steckt der Familienname *Gerung* oder *Gering* (= der aus dem Geschlecht des *Gero* stammende).

Golckenhäule (= Wald des *Golgg*; beim Blauhof): nach einer bereits 1386 erwähnten Familie, die zum Reutlinger Stadtadel gehörte.

Götzenbrühl: Götz. Ein Familienname mit 2 Stämmen, die aus Ostdorf (bei Balingen) und Eybach (bei Geislingen a.d. Steige) kommen. Der Familienname kann auch heute noch ein Vorname sein und ist die Abkürzung des Vornamens *Gottfried* oder *Gotthard*.

Hagenlochs Gäßle: Hagenloch. Alte und stark verbreitete Pfullinger Sippe, die sich bis ins 16. Jh. zurückverfolgen läßt, z.T. auch nach Kaukasien und Amerika ausgewandert ist. Der Name kommt vom Ortsnamen *Hagelloch* (von *Hag* = Hecke, Einfriedung) bei Tübingen.

Hagenhaus: von *Haag(e)*.Von 1668 - 1677 war ein *Johann Bartholomäus Haag(e)* Stadtpfarrer in Pfullingen.

Hakenbühl: wenn nicht von Geländeeigenschaft, dann von Hak. 1423-1478 lebte ein *Haintz Hak*, Schultheiß und Amtmann.

Hessenbrühl, Hessenhalde, Hessin Acker: Hess (= „der aus Hessen"). Auch dieser Name läßt sich lange zurückverfolgen (*1487 Hanns Heß*). Der Name zeigt ganz klar an, daß die Vorfahren der Namensträger einst eingewandert sind. In guter Erinnerung, da sehr um das Wohl der Stadt bemüht: *Rudolf Heß*, Bürgermeister von 1982 bis 2015.

Haintzen Volcken Acker: von *Haintz Folck*, einem der Inhaber des Wickenhofs 1454.

Hißins Hölzle: nach *Kinkelin* vom Familiennamen *Hüsin, Husin*, die im 15. Jh. den Palmershof besaßen; seit 1748 dann Weißes Wäldle genannt.

Holtzmars Wies: nach *Kinkelin* möglicherweise vom Personennamen *Volkmar*, wahrscheinlich aber nach *Josef Holtzmann*, gest. 1740.

Iedelins Wiese: vom Familiennamen *Eitel* oder von *Michel Bauder (ca. 1606 - 1650)*, genannt *Ietlin*.

Knaurhanßlins Böhmen: von *Knauer*, im 16. Jh. eine der stärksten Sippen in Pfullingen. Der Name bezeichnet einen Menschen mit knaueriger (= knorriger) Charakter- oder Körpereigenschaft.

Kromerle: kleines Grundstück, das wohl dem *Kramer* (als Familienname oder Beruf) gehörte.

Künlenhau: wenn nicht von Vornamen Kuno, vielleicht von Kuhn. 1487 wird ein *Haintz Kun* genannt.

Langtal, Langweid: wenn nicht auf die Ausdehnung des Geländes bezogen, dann von *Lang* (*Philipp Heinrich Lang*, Stadtpfarrer 1755 – 1762).

Leimlinshardt (Leimenshardt): vielleicht von *Laiblin*? Die Laiblin sind, wenn auch nach *Dr. G. Maier (1930)* ursprünglich aus Boll, eine der bekanntesten Pfullinger Familien. Die Geschichte der Laiblin beginnt in Pfullingen mit dem Gerichtsschreiber *Johann Wendel Laiblin (1653 - 1719)*. Am meisten hat sich für Pfullingen *Louis Laiblin (1861 - 1927)* eingesetzt, der als Geheimrat und Privatier der Stadt zu Bauwerken wie dem Schönbergturm oder den Laiblinshallen verhalf. Der Name hat mit dem Löwen, Leu zu tun.

Listenacker, Listenbrühl: List. Läßt sich auf einen *Michel List* (geb. um 1540) zurückführen, von dem es im Totenbuch heißt, er sei 53 Jahre lang württembergischer Jägermeister gewesen. Der Name bezeichnet listigen Charakter und könnte wohl im Zusammenhang mit der damaligen Jägertradition der Familie stehen. Ableitungen von *Lüsse* (= durch Los zugefallenes Grundstück sind aber ebenfalls in Erwägung zu ziehen.

Loschenhalde: Losch. Alte Pfullinger Sippe, die auf *Jakob Losch (1554 - 1624)* zurückgeht. Der Name soll von Losch, Lösch (= weiches, kostbares Leder) kommen. In früherer Zeit war es durchaus üblich, Leute nach dem zu benennen, was sie erzeugten.

Maiers Gewand, Maiers Spitz: Maier (s.o.).

Maur Annelies Böhmen: *Maur, Anneliese Maur.*

Memmelers Wiese: *Memmeler, Memminger.* Einst ein angesehenes Geschlecht in Pfullingen. Auch hier verrät der Name die eigentliche Herkunft der Namensträger, nämlich Memmingen. Auch unter den Totschlägern des Pfullinger Totschlägerasyls wird ein *Hans Memmeler* erwähnt, wahrscheinlich identisch mit einem 1562 in der Kirchgasse wohnhaften *Hans Memmeler*, dessen Sohn der Papierer *Matthäus Memmeler* (gest. 1597) war.

Millerles Nußböhmen: *Miller, Müller* (s.u.).

Mollerhäglesweg: wohl von *Jörg Mollenkopf*, genannt *Moll-Jergle* (1707 erwähnt).

Müllerin Wies, Müllerrain: *Müller.* Auch Müller ist einer der häufigsten deutschen Familiennamen. In Pfullingen gab es zwar schon im 15. Jh. Familien, die den Namen trugen, doch diese sind später wieder erloschen. Alle heutigen Träger des Namens sind zugewandert.

Palmershof: vom Geschlecht der *Balmaringer* oder *Baldomar - Balmer*, die den Hof im Strohweiler bis 1454 innehatten. Von den Balmeringern sind auch mehrere Personen als Klosterfrauen bekannt, so „*Swester Juzza, genannt die Balmerin*", die 1304 erwähnt wird oder 1391/96 „*Irmel, die Balmerin*"; des weiteren 1412 *Mätz (Mahtilt) die Balmerin* und *Luk (Luitgart) die Balmerin*. 1439 auch „*der balmerinun acker*".

Rehms Gäßle: *Rehm*. Die Rehm sind eine alte und starke Pfullinger Sippe. Der Name Rehm war ursprünglich ein Personenname: Er ist aus dem altdeutschen Personennamen *Raginbald* entstanden. Vielleicht daher auch *Reimenseck* bei den Stämmesäckern.

Rempenholz, Rempenbrühl: Remp. Altes Pfullinger Adelsgeschlecht, das erstmals urkundlich für das Jahr 1260 belegt ist: „*Burchardo cognomine Rempo*" („*Burkard, mit Beinamen Remp*"). Der Name tritt in einer Urkunde des Pfullinger Frauenklosters auf. Am besten ist man über *Caspar Remp*, den letzten adeligen Remp von Pfullingen, informiert. Der Mann starb am 28. Juli 1498. Schreibweisen mit pp kommen vor, v.a. auf Karten.

Rickers Bergele: Räcker oder *Räger*. Der Hauptzweig der Familie stammt aus Unterhausen. Der Name ist wahrscheinlich ein Übername und bedeutet soviel wie starker Mann, Held (von Recke abgeleitet).
Rilling'scher Eisweiher: Rilling. Von der Familie gibt es in Pfullingen einen älteren Zweig, dessen Vorfahre 1768 aus Gomaringen zugezogen ist, und drei jüngere, von denen der eine aus Markgröningen, der andere aus Honau und der dritte abermals aus Gomaringen stammten. Der Name Rilling läßt sich über Umwege vom Personennamen *Rudolf* ableiten (*Walcher 1954*).

Röschenbach: wenn nicht von Geländeeigenschaft, so möglicherweise von *Reisch* oder *Raisch*. Als letzte Pfullinger Klosterfrau (gest. 1595) ist eine *Anna Reischin* erwähnt. So bedeutet Röschenbach möglicherweise „der Reischin Bach".

Ruoffseck: *Ruoff, Ruef*. Heute nur noch eine ganz kleine Sippe in Pfullingen, früher jedoch stärker verbreitet. Der Name läßt sich, wie Rilling auch, vom Personennamen *Rudolf* ableiten.

Sammler (1377 „der Samler"): war ein Weinberg am Osthang des Georgenbergs; lt. *Willer (2015)* nach einem *Walther Samler* von Entringen bei Tübingen.

Schmids Spitz oder *Schmids Gries*: von *Albrecht Schmid*; in dessen Händen ab 1454.

Schwarzer Brühl: *Schwarz*. Der Name Schwarz taucht in unserer Region schon sehr früh auf: 1272 werden die Brüder *Albert Swarz* und *Kunrad am Steg* genannt. Eine Verbindung zu den heutigen Namensträgern ist jedoch nicht erkennbar. Von den drei größeren Stämmen läßt sich der eine nach Genkingen, der zweite nach Kleinengstingen und der dritte nach Nürnberg zurückverfolgen. Der Name spielte, wie Weiß oder Roth, einst auf körperliche Merkmale (z.B. Haarfarbe) an. Der Flurname Schwarzer Brühl könnte aber auch in Zusammenhang mit der Bodenfarbe stehen.

Schwägerlinsbronnen: von *Schwägerlin*, einer alten Pfullinger Familie. In einer Urkunde einer der drei Lehenshöfe des Pfullinger Frauenklosters tritt 1439 ein *Albrecht Schwägerlin* auf. Namensträger finden sich aber auch in der Reihe der Stadtpfarrer, so *Abraham Schwägerlin* (1537 - 1591), Stadtpfarrer von 1577 - 1591, und dessen Sohn, ebenfalls *Abraham Schwägerlin*, Diakon von 1614 - 1620, 1621 bis 1634 Stadtpfarrer in Würtingen, 1635 wieder in Pfullingen; von 1636 - 1640 als Flüchtling in Reutlingen. Außerdem *Gustav Schwägerlin* (1617 - 1682), 1657 Magister zu Tübingen und später Pfarrer zu Kohlberg.

Siegels Wüste: *Sigel*. Die Familie Sigel stammt ursprünglich aus Owen bei Kirchheim. Als Besitzer der Klosterbrauerei werden sie alten Biertrinkern der Region vielleicht noch ein Begriff sein, obwohl die Kloster- oder Sigelbrauerei schon 1982 den Betrieb eingestellt hat und das noch lange leerstehende Gebäude dann im Frühjahr 1993 abgebrochen wurde. Der Name Sigel ist auf *Sigilo*, eine Diminutivform von *Siegfried* zurückzuführen.

Stämmesäcker: nach *Uolrich Stemi*, einem Reutlinger (*1384 „in Stemins äkkern"*).

Stollhof: nach der Familie *Stoll*; landwirtschaftliches Anwesen im Wasserteich.

Teufelsbruch, Teufelsloch: wenn nicht von Teufel im Sinne von tückischer, unguter Eigenschaft, dann von Namen Teuf(f)el. Im Zusammenhang mit Verkäufen des rempischen Besitzes werden 1487 ein *Hans Teuffel* und ein *Eberhard Teuffel* genannt.

Truchseßlens Wies: *Truchseß*. Der Truchseß war der Inhaber eines Hofamtes. In Pfullingen ist der Name wahrscheinlich als Übername zu deuten, denn in früherer Zeit benannte man auch die Inhaber kleiner Gemeindeämter scherzhaft mit Namen wie König, Fürst etc. Vermutlich spielten sich diese Beamten gegenüber der einfachen Bevölkerung auch häufig als solche auf.
Der Name kann indes auch von kirchlichen Spielen herrühren, in denen ganz bestimmte Personen bestimmte Rollen übernahmen. Obwohl es schon im 16. Jh. Träger des Namens in Pfullingen gab, stammen die heutigen Namensträger aus Enzweihingen.

Vogelweidweiher: nach einem *Haintz Vogelwaid* (1572 belegt).

Volken Mühleweg: *Volk*. Die *Volk* sind die älteste unter den Pfullinger Sippen. Hier läßt sich zeigen, wie aus ehemaligen Personennamen Familiennamen wurden. Der älteste um 1250 genannte Volk hat zunächst nur den Personennamen *Volkmar* (= der „Volksberühmte"), doch schon im 14. Jh. erscheinen die Namen *Albrecht* und *Walter Volkmar*. Daraus läßt sich schließen, daß irgendwann der Personenname Volkmar den Nachfahren zunächst als Beiname angehängt wurde. Noch im selben Jahrhundert wurde offenbar aus dem Beinamen Volkmar der Familienname Volk, wie er sich bis heute gehalten hat.

Vottelers Acker: *Votteler*. Ursprünglich aus Reutlingen. Die ersten Namensträger tauchen in Pfullingen im 17. und 18. Jh. auf. Der Name soll aus dem Reutlingerischen kommen und *Vorteiler* (= einer, der immer auf seinen Vorteil aus ist oder andere übervorteilt) bedeuten. Über *Vorteler* soll er sich zu Votteler entwickelt haben. *Walcher* vermutet auch, daß der Name von *Vosseler* (= Fuchsjäger; Voß = Fuchs) kommen könnte.

Walterles Wiesen: von *Walt(h)er*. Mehrere Namensträger tauchen seit dem 15. Jh. auf, einige davon als Richter; einer auch als Diakon.

Weißes Wäldle, Weißbaum: *Weiß*. Die Weiß gehören zu den großen und starken Pfullinger Sippen. Wie Schwarz auch, deutet der Name auf die Haar- oder Gesichtsfarbe des Urahnen hin.

Wolfbach, Wolfsgrube, Wolfsteigle: von *Wolf*, wenn nicht von Tiernamen. Auch die Wolf sind eine große, stark verbreitete Sippe in Pfullingen, die sich in viele Zweige aufgliedert. Ein Original und Unikum, das alle in Pfullingen kannten, war *Gerhard Wolf (1938 - 1986)*.

Zahns Wiese, Zahnwiese: *Zahn*, wenn nicht eher von zäh, also „zähe, nasse Wiese".

Übernamen

Jedem Ort sind ganz bestimmte Besonderheiten zu eigen, die sich auf physisch-geographische Gegebenheiten oder Kultur, Geschichte und Gewohnheiten ihrer Bewohner zurückführen lassen.
So hatten die Bewohner von Dörfern und Städten oft Übernamen, die ihnen von ihren Nachbarn aufgrund irgendeines Anlasses gegeben wurden. So will ich an dieser Stelle, auch wenn dies mit Flurnamen zunächst nichts zu tun hat, kurz auf die Übernamen einiger Orte eingehen.

Die Gönninger hießen beispielsweise *Blômasäck* oder *Sômasäck* (Blumensäkke, Samensäcke), wegen ihres damals so bekannten Samenhandels.
Die Honauer nannte man *Zwiebel*, da sie, als noch mehr Platz im Tal war, offenbar besonders viele Zwiebeln anbauten. Die Reutlinger waren die *Hîschhênle mit em Latênle* („Hirschhörnle mit dem Laternle"), da sie angeblich nur ein gerissenes R sprechen können,
während man die Eninger mit dem Übernamen *Usîber* bedachte. Sie sollen bei festlichen Anlässen zu ihren Nachbarn, den Pfullingern gesagt haben: *„Ihr kommet doch ão zu ûs îber"* („Ihr kommt doch auch zu uns rüber").
Die Unterhausener hießen sehr despektierlich die *Krautscheißer*. Es soll nämlich einmal vor langer Zeit ein Unhold des Pfarrers Garten als Abort mißbraucht und dessen Kraut eingekotet haben. Der Pfarrer erwähnte den Vorfall in seiner nächsten Predigt und forderte den Täter auf, vorzutreten und sich zu melden. Da keiner heraustrat und sich zu der Schandtat bekannte, wetterte der Pfarrer von der Kanzel: „So sollt ihr für alle Zeiten Krautscheißer heißen!".
Solche Geschichten wurden freilich auch gleich in den Nachbarorten herumerzählt und boten heiter Anlaß zu Spott.
Die Pfullinger selbst hießen bei ihren Nachbarn *Füllesdriller*, *Zwiebelmoster* und *Glockendieb* – letzteres bei den Reutlingern.

Was es mit dem Namen *Füllesdriller* auf sich hat, dazu erzählt man folgendes: Zu einer Zeit als die Nutztiere im Dorf noch überall frei umherliefen, soll ein Fohlen immer wieder in einen Garten gekommen sein, um sich dort an Blumen und Gemüse gütlich zu tun. Man habe es dann schließlich - nach altdeutschem Recht sei das möglich gewesen - vor das Gericht gebracht und zu einer Strafe verurteilt, zum sog. Drill. Das war ein Kasten, der sich im Kreis herum drehte und mit einem Göpel angetrieben wurde. Darin drillte man das Fohlen angeblich so lange, bis es tot umfiel. Dies soll auf der *Trillwiese* geschehen sein.

Warum man die Pfullinger *Zwiebelmoster* schimpft, hat folgenden Grund: Wie der Pfullinger eben so ist - man kann es fleißig oder arbeitssüchtig nennen – „schafft" er häufig so lange, bis er die Hand nicht mehr vor den Augen sieht. So mosteten die Pfullinger einmal bis in die Dunkelheit hinein, ohne zu sehen, daß das, was sie in ihre Mostpresse schütteten, nicht mehr Äpfel, sondern Zwiebeln waren.

Glockendieb schimpfen die Reutlinger die Pfullinger, weil im Dreißigjährigen Krieg die Pfullinger angeblich ihren Reutlinger Nachbarn eine Glocke von der Marienkirche gestohlen und über das *Diebsteigle* (man führt den Namen auf dieses Gerücht zurück) nach Pfullingen transportiert haben sollen. Die Pfullinger verleugnen diese Tat bis heute und es ist auch sehr fraglich, ob man eine schwere Glocke von einem so hohen Turm wie dem der Marienkirche einfach hätte stehlen und von den Stadtwächtern völlig unbemerkt aus der Stadt hinausschaffen können. Daher müßten die Pfullinger an sich von dieser Anschuldigung entlastet sein.

Woher es kommt, daß die Hausemer oder Gönninger die Pfullinger *Hopa* oder *Häple* nennen, ist unbekannt, während eine Hop oder ein Häple die gängige Bezeichnung für ein Haumesser, das besonders gern die Weingärtner benutzten, ist. Es bezieht sich somit wahrscheinlich auf die damalige z.T. intensive Weinbautätigkeit der Pfullinger.

Doch nicht nur die Orte untereinander bedenken sich mit Spott-, Spitz- und Schimpfnamen: Auch die Leute innerhalb der Dorfgemeinschaft finden Spitznamen füreinander, die zuweilen auch unter den Besitzer-Flurnamen auftreten. Im günstigsten Fall verunstaltet man lediglich die Personen- oder Familiennamen der betreffenden.

126

So deutet, um wieder auf die eigentlichen Flurnamen zurückzukommen, der Flurname *Bulinsbach*, damals bezeichnend für den heutigen Sulzbach, auf einen *Martin Schoffbuch (ca. 1599 - 1632)* hin, den man *Bul* nannte.

Weitaus unangenehmer werden Übernamen, wenn sie sich auf körperliche oder charakterliche Mängel der Betroffenen beziehen. Heutige Namensträger mögen sich damit trösten, daß sich ja genannte Eigenschaften vielleicht nicht weitervererbt wurden…

Buppelsäcker, Buppelswiesen und *Buppelsgarten* sind nach *Jakob Schwille (gest. 1623)*, genannt *Buppel* benannt. Buppel oder Bobbel ist vielleicht ein Spitzname für einen kleinen, rundlichen Menschen. Dies würde dazu passen, daß auch *Schwille* für einen dicklich-aufge*schwollenen* Menschentypus steht.

Das *Fe(t)zenhannesen Gäßle*, sozusagen ein Vorläufer des Klosterdurch-bruchs, hat seinen Namen möglicherweise von *Hans Munderich (1584 - 1628)*, den man den *Fetz* nannte. Ein Fetz ist ein gerissener, schlitzohriger Mensch. Später wurde diese Gasse oft auch nur „das Gäßle" genannt.

Von *Basti Bauder (1556 - 1626)*, genannt *Mändle*, rührt der Flurname *Mänd-lens Rain*. Der Spitzname war möglicherweise eine Anspielung auf eine ge-ringe Körpergröße der betreffenden Person (*Mändle* = Männchen, kleiner Mann).

Die drei Flurnamen *Scheiten Acker, Scheitenbronnen* und *Scheuterhansen Bohmgart* waren wohl im Besitz eines *Hans Geiselhart*. Dieser Mann lebte zu Beginn des 17. Jahrhunderts und man nannte ihn das *Scheutterhansele*, viel-leicht in Anspielung auf seine Körpergestalt (massig oder kantig wie ein Holzscheit).

Nutzung der Flurstücke

Ist das Gelände gerodet, so kann es verschiedensten Nutzungen übergeben werden. So teilt sich die Gemarkungsfläche eines Ortes auf in Wald, Siedlung und Flur. Auf den Wald sind wir an anderer Stelle bereits zu sprechen gekommen, während wir auf die Siedlung erst später eingehen wollen. Im folgenden soll uns daher die Flur interessieren, jene Markungsfläche, die auf irgendeine Art und Weise landwirtschaftlich genutzt wird.

Über Inbesitznahme und Aufteilung haben wir vorweg schon einiges erfahren. Hier muß abermals unterschieden werden zwischen weidewirtschaftlich genutzten Flächen und zwischen den von der Weidewirtschaft ausgenommenen Flächen. Es gilt, daß Weidewirtschaft dort betrieben wird, wo die physisch-geographischen Gegebenheiten für andere Nutzungen zu schlecht, für die Forstwirtschaft jedoch noch zu gut sind.

Die Flur

Esch und Zelgen

Die von der Weidewirtschaft ausgenommene Fläche, der sog. *Esch* (auch häufig *Ösch* geschrieben; von ahd. *azzisc*, *ezesg*, mhd. *ezzisch*), gliederte sich gemäß der alten Dreifelderwirtschaft, die etwa um 1100 aufkam und noch bis ins letzte Jahrhundert praktiziert wurde, in drei *Zelgen*: eine Zelge für das Wintergetreide, eine für das Sommergetreide und eine für die Brache.

Die folgende Aufgliederung der Flur ist dem Heimatbuch von *Dr. Wilhelm Kinkelin (1956)* entnommen. Sie zielt auf das Jahr 1824 ab, als die Dreifelderwirtschaft noch volle Gültigkeit hatte und zeigt, welche Gewanne zu welchen Zelgen zählten:

„Zelg Braike:
Öschle unter Katzenbohl, Steinenberg, Schützenhausösch oder kleines Öschle, vor dem Urslenberg, uff Steinenbohl, an der Kilstaig (Kirchstaig), beim Schützenhaus, hinter dem Kirchhof (Stadtgarten!), uff der Braike, im Burgweg, in der Zeil (früher bei der Säul), in Bohnäckern, beim Häglin (kleines Hag), in Unweglen, ober, unter, hinter; im Spielbach, im vordern, hintern; in krummen Äckern, Eninger Weg (Bollwegle), am, ob, unter; uff der Steinmauer, im Schneckengarten, im Eninger Öschle, hinter Holz, uffm Galgenrain, bei's Zahns Wies, im obern Arbach; dazu die Allmendteile: uff der Wolfgrub, vorm und hinterm Urslenberg, im alten Öschle. Zusammen 444 Morgen.

Zelg Unterwegen:
beim Seitensteg, Eselacker, uff dem Käppelen, im Käppelen (1365 „Bläng-glins cäppellin"), hinter Röth, im Wettersbach, im Talacker, in Seiten, an der langen Gaß, in's Memmelers Wies (war ehedem der Rempenbrühl am Aier-bach), uff Ehnabol, in hintern Seiten, in Sikets Felben, uff der kleinen Mem-melers Wies, unter Wegen, uff der Mauer, uff Weil, im Schafstall, uff dem Ahlbol (Aalbol), vor dem Aalsberg, ob dem Käppele, auf Aalbohl oder im Eu-lenthal, im langen Haag, im Sand, zu Aierbach, uff Öschkirch.

Zelg vor Buch:
im Entensee, im Kühnenbach, im Gänsbronnen, im Arbach ob der Straße, im Arbach unter der Straße, im Hohlweg, der Totenacker, im Siechenfeldlin, im Lindach; am, im Bronnweilerstig (-steig), im Talacker; im, beim langen Haag, im Sand, im Roßwag, bei des Scheelen Graben; am, im Ehespach; uff's Hessen Brühl, vor Buch, am Katzenbohler Staiglen, am Kuglenberg, hinterm Kuglenberg, uff Langwaid, in der Sulzlach, im Grund; im, uffm Sulzrain."

Anhand dieser Aufstellung läßt sich sehr gut feststellen, wie sich Flurnamen sprachlich und im Schriftbild im Laufe der Zeit verändert haben. Bezüglich der Flurnamen läßt sich auch zeigen, daß es übergeordnete und untergeordne-te Flurnamen gibt.
Auch im Jahre *1900* hält der *Schullehrer Schäf* für die *Sammlung volkstümli-cher Überlieferungen Württemberg* noch fest:

„Wegen der Dreifelderwirtschaft herrscht hier Flurzwang. Die Flurzwänge sind durch einen Graben, Weg oder Rain bezeichnet."

Flurnamen, die direkt an dieses alte System der Dreifelderwirtschaft anknüp-fen sind in Zusammenhang mit *Esch: Alter Esch* (auch *Altaisch* geschrieben), *Eschkirch (Öschkirch), Kleines Eschle, (Unteres) Eschle (oder Öschle), Eschleswald, Schützenhauseschle* und *Eninger Eschle.*

Der *Alte Esch* liegt von Pfullingen aus gesehen jenseits des Ursulabergs, also an seinem Osthang, im Tal des *Fallbachs (= Eschbachs).* Die Bezeichnung „alt" weist darauf hin, daß selbst zu Zeiten der Dreifelderwirtschaft dieser Esch wohl schon außer Betrieb war und in eine Weide (die *Jungviehweide*) umgewandelt wurde.

Der Flurname *Eschkirch* beim Enenbol bezeichnet Gelände auf der Erhebung zwischen Lindentalbach und Eierbach. Dort soll auch eine Kapelle gestanden haben.

Eschle (dim. von Esch) gibt es mehrere auf Pfullinger Markung: das *Kleine Eschle*, auch *Eschle unter Katzenbol* genannt, das sich etwa auf Höhe der heutigen Eisenbahnstraße befindet, das *Untere Eschle*, das sich auf dem nördlichsten, waldfreien Teil der Röt befindet, und das *Eschle beim Staufental*, zur Grenze nach Unterhausen hin. An das Kleine Eschle schließt sich zum Elisenweg das *Schützenhauseschle* an; an das Untere Eschle grenzt der *Eschleswald*. Das *Eninger Eschle* befindet sich in der Nähe der Wolfsgrube, an der Grenze nach Eningen.

Flurnamen, die mit der Bezeichnung *Zelge* in direktem Zusammenhang stehen, gibt es hingegen nicht (mehr).

Ackerland

Ackerland findet sich heute hauptsächlich auf der Hochfläche der Röt, in geringerem Umfang auch entlang von Eier- und Lindentalbach oder am Arbach, an der Grenze nach Eningen. Viel Ackerland wurde in diesem Jahrhundert überbaut, wie an vielen Flurnamen gezeigt werden wird.

Als *Acker* (von ahd. *achar*) bezeichnet man ein in der Anbaufläche liegendes, einzelnes, abgegrenztes Flurstück, das mitunter nicht einmal bebaut sein muß (z.B. wenn es brachliegt). Folgende Flurnamen weisen auf Äcker hin:

Aufziehender Acker: Der Aufziehende Acker war ein den Hang hinaufziehender Acker, der auf dem Gebiet der heutigen Burgwegsiedlung (etwa bei der Hölderlinstraße) zu suchen ist.

Bohnenäcker (*1439 bonenacker*): Auch die Bohnenäcker sind heute schon überbaut. Sie befinden sich etwa oberhalb des Pfullinger Friedhofs. Auf ihnen wurden Bohnen angebaut.

Buppelsäcker: die Buppelsäcker, die mit einem Übernamen des Besitzers in Verbindung stehen, sind auf der Röt (Haldenlauh) zu suchen.

Erbisäcker: zu dem Namen Erbisäcker fehlt leider ein Lagebezug.

Gänsacker: der Gänsacker (vielleicht eigentlich auch usprünglich eher: *Gänsanger*) war der Platz vor dem heutigen Marktplatz.

Nicht mehr festzustellen die Lage des *Haintzen Volcken Acker*.

Hessin Acker: Acker neben dem Arbach, dort wo sich jetzt ein Gartenmarkt befindet.

Hohnacker (= hoher Acker): Acker auf dem Übersberg.

Käppelesäcker (= Kapellenäcker): war Ackergelände auf dem Gebiet der Straßen *Im Käppele* und Sandstraße, wo einst die Kapelle Unsrer Lieben Frau vom Sand gestanden haben soll. Schon lange überbaut.

Krautacker: Acker, auf dem Kraut angebaut wurde. Befand sich zwischen der heutigen Arbach- und Hauffstraße auf dem unteren Burgweg, dem Arbach zu.

Krumme Äcker (1439 „*an dem krumen acker*"): asymmetrisches Flurstück in der Gegend der heutigen Karl-Kuppinger-Straße.

Langacker: Ackergelände mit ausgestreckter Parzellenform in der Gegend Vor Buch am westlichen Abhang des Ursulabergs.

Im Gegensatz dazu handelt es sich bei den *Langen Äckern* um Ackergelände zwischen der Baumwollspinnerei und dem Hausemer Härtle, also schon auf Unterhausener Markung.

Der *Listenacker*, der sich dort befand, wo die Grießstraße die Röthochfläche erklimmt, steht höchstwahrscheinlich mit dem Familiennamen List in Verbindung. Die ältere Schreibweise „Lisenacker" könnte jedoch auch Hinweis darauf geben, wie der Besitzer zu betreffendem Landstück gekommen ist (*Lüsse*

= durch Los zugefallenes Grundstück), wenn nicht vielleicht auch auf Linsenanbau hinweisend.

Die *Mordios Äcker* zum Alten Esch hin, im Grenzgebiet zu Eningen lassen sich entgegen dem weitverbreiteten Volksglauben in Pfullingen wahrscheinlich auf einen Besitzernamen zurückführen (Morhard, Maurus). In Pfullingen erzählt man sich, die Mordios Äcker (vgl. *Pfullingen 1982*) seien die Stelle, an der die Bergursel den Bauernburschen, der zu ihrer Erlösung bestimmt war und diese Aufgabe nicht erfüllen konnte, ermordet hat.

Auf der hinteren Röt liegt des *Scheiten Acker*, nach dem Besitzer benannt.

Am Abhang des Georgenbergs nach Reutlingen zu lagen die *Stamisäcker*. Der Flurname lebt in der heutigen *Stämmesäckerstraße* weiter. Obwohl bei *Walcher* neben dem Flurnamen Stamisäcker der Flurname *Steinmannsäcker* auftritt und er diesen mit einer gesonderten Ziffer in der Nähe der Stamisäcker auf der Karte eingetragen hat, kann man eigentlich davon ausgehen, daß es sich bei beiden Flurnamen um ein und denselben handelt und hier nur lediglich zwei verschiedene Schreib- oder Ausspracheweisen der Bevölkerung vorliegen.

Nicht mehr lokalisiert werden kann der Flurname *Taubenacker*. Nebenbei sei erwähnt, daß es auch auf der benachbarten Markung Gönningen einen Taubenacker gibt.

Bekannter hingegen ist der *Talacker* und die danach benannte *Talackerstraße*. Der Talacker befindet sich in der Vertiefung zwischen Vorderem und Hinterem Hart.

Die *Theiläcker* auf der Langweid in der Nähe des Weiherhofs gehörten möglicherweise zu einer großen, zusammenhängenden Ackerfläche.

Des *Vottelers Acker* läßt klar seinen Besitzer erkennen. Leider konnte auch schon *Walcher* den Flurnamen nicht mehr lokalisieren.

Der *Wiesacker* (1439 *wißacker*) ist laut *Walcher* mit dem *Bohnenacker* oberhalb des Friedhofs identisch. Wahrscheinlich wurden beide Flurnamen nebeneinander gebraucht, denn nach vorhandenen Quellen lassen sich beide gleich weit zurückverfolgen. Bei diesem Acker handelt es sich wahrscheinlich um einen Acker, der an eine Wiese angrenzt oder eine ehemalige Wiese, die in einen Acker umgebrochen wurde.

Obwohl wir heute *Acker* und *Feld* gern als synonyme Begriffe verwenden, war zu früheren Zeiten beides nicht dasselbe. Eine Definition für Acker wurde vorhin schon gegeben. Feld (dim. *Feldle*) bezeichnet hingegen allgemein die aus Äckern bestehende Anbaufläche. Landwirte pflegen diese Unterscheidung jedoch noch in ihrer Sprache: man geht „aufs Feld", redet aber über diesen und jenen „Acker". Deshalb tritt Feld niemals in Verbindung mit Anbauprodukten auf. Selten wird man Flurnamen wie Bohnenfelder oder Krautfeld finden (vgl. aber Bohnenäcker oder Krautacker). Häufig steht Feld sogar für ganze Landstriche und bildet Teile von markungsübergreifenden Landschaftsnamen. Bekannt ist beispielsweise das Heufeld auf der Alb zwischen Salmendingen, Ringingen und dem Dreifürstenstein. Hier vereinigt der Name die unzähligen, früher z.T. nur handtuchgroßen Wiesen und Äcker der Albhochfläche.
Auf der der Pfullinger Markung tritt Feld in Flurnamen aufgrund des Mangels an größeren zusammenhängenden Ackerflächen nur in zwei Fällen auf, nämlich in den Flurnamen *Niederfeld* und *Siechenfeldle*.

Das *Niederfeld* bezeichnet ebenes Ackergelände auf der alluvialen Talsohle des unteren Arbachtals, sowohl diesseits als auch jenseits der Markungsgrenze nach Eningen.

Das *Siechenfeldle* liegt im Grenzgebiet zu Reutlingen, und zwar im nördlichsten Zipfel der Pfullinger Markung. Der Name steht in Verbindung mit dem sich ehemals dort befindlichen Siechenhaus, den Vorläufern der Krankenhäuser im Mittelalter. Von 1854 bis 1955 befand sich dann dort das Arbachbad, ein Freibad, sowie auch eine Jugendherberge (das Gebäude wurde 1999 abgebrochen). Durch Verschiebung der Markungsgrenze fiel das Gebiet 1963 an Reutlingen, nachdem umgekehrt Pfullingen auf der Steige für Zufahrtswege zur Kläranlage und Gewerbeansiedlungen Grundstücke benötigt hatte, die sich in Reutlinger Besitz befanden. So wurde ein Tausch vorgenommen.

Gärten

Als *Garten* bezeichnete man in früherer Zeit ein umhegtes, abgegrenztes Geländestück, das, meist gut gedüngt, jeglichem Zweck dienen konnte. Keineswegs war der Begriff an das zum Haus gehörende mit einer Grasnarbe bedeckte Parzellenstück gebunden, wie er heute zumeist verstanden wird. Auch hier haben wir ein Beispiel dafür, wie sich die Bedeutung von Bezeichnungen mit der Zeit ändern kann.

Gärten stehen häufig mit den Besitzernamen oder den Tieren, die auf diesen umhegten Geländestücken gehalten wurden.

Gärten mit Besitzernamen sind in der Einzahl der *Buppelsgarten*, der *Gräuenin Garten* und der *Veitengarten*, sowie in der Verkleinerungsform das *Brudergärtlein*.

Der *Buppelsgarten* liegt zusammen mit den Buppelsäckern und Buppelswiesen auf der Röt vor dem Georgenberg.

Der *Gräuenin Garten* (von Besitzernamen Grauer?) lag wahrscheinlich in der Nähe des alten Pfullinger Schlosses, während der Veitengarten in der Nähe der Volk'schen Mühle zu lokalisieren ist.

Das *Brudergärtlein* befindet sich am Talschluß des Unterhausener Zellertals.

Gärten, die Hinweis auf dort gehaltenes Vieh geben, sind die *Eselsgärten* (Esel), der *Gänsgarten* (Gänse) und der *Tiergarten* (Tiere allgemein).

Die *Eselsgärten* befanden sich zwischen der heutigen vorderen Eisenbahnstraße und Großen Heerstraße. Hier wurden die Esel des Pfullinger Klosters geweidet.

Der *Gänsgarten* ist als Flurname zweimal vertreten: der eine lag dort, wo sich die Schulstraße und die ehemalige Eisenbahntrasse kreuzen, der andere zwischen der Friesenstraße und der Ahlsbergsiedlung.

Auch der *Tiergarten* taucht als Flurname zweimal auf: der eine liegt in unmittelbarer Nähe des zuletzt erwähnten Gänsgarten und es sind zu vermuten, daß beide Flurnamen synonym für dasselbe Geländestück gebraucht wurden. Der andere Tiergarten (wohl *1439, 1470 tiergarten*) gehörte einst zum Schloß, was darauf schließen läßt, daß dort weniger Nutztiere, sondern insbesondere auch andere Tiere wie Ziervögel etc. gehalten wurden.

Aus dem Flurnamen *Im Schneckengarten* darf natürlich keineswegs geschlossen werden, daß in diesem Garten etwa Schnecken gehalten oder gezüchtet wurden, sondern der Flurname, der ein Geländestück beim Rilling'schen Eisweiher bezeichnet, gibt lediglich einen Hinweis auf die Lageungunst des Gartens in Bezug auf Schädlinge.

Andere Gärten auf Pfullinger Markung sind der *Hintere Garten* (keine Lokalisierung durch *Walcher*) und der *Spitzgarten* in der Nähe der Ziegelhütte, letzterer wohl so genannt, da im Spitz der beiden Ziegelgassen oder zwischen Kleiner Ziegelgasse und Eierbach.

Abschließend möchte ich an dieser Stelle noch auf den Flurnamen *Dunggart*, der in der Nähe des Bongert lokalisiert werden kann, eingehen. Auf Anhieb läßt der Flurname ein glänzendes Beispiel für einen Garten mit intensiver Düngung vermuten. Wer sich jedoch ältere Schreibweisen des Flurnamens ansieht, stellt enttäuscht fest, daß der Name weder mit Garten, noch mit düngen etwas zu tun hat: *1418 Tunhardt, 1475 Dunhart, 1611 Thunhardt, 1650 Dunghardt*. Im Namen steckt also *Hart*, d.i. ein Weidewald, und *Tun* (= Zaun; so in Island noch heute für Hauswiese oder ein Feld!). Somit bedeutet der Name möglicherweise: umzäunter Weidewald. Der Flurname Dunggart ist wahrscheinlich wesentlich älter als der Flurname Bongert, denn wohl erst nach Aufgabe der Weide in dem dortigen Wald wurde dieser umgebrochen und auf dem Gelände eine Baumwiese angelegt.

Gewann, Bëunde, Bitze und Ehe.

Unterabteilungen der Feldflur, die aus gleichwertigen Äckern und Wiesen bestanden und an denen jedes Gemeindemitglied gleichen Anteil hatte, bezeichnete man als *Gewann* oder *Gewand* (von mhd. *gewande, gewende*). Gewand ist auch ein früheres Ackermaß.

In Pfullingen lehnen sich zwei Flurnamen daran an, nämlich das *Kühweizengewand*, das sich dort befindet, wo die Ahlsteige wieder auf die Stuhlsteige trifft, und des *Maiers Gewand*, das jetzt durch das Neubaugebiet Kühnenbach überbaut wurde.

In dieselbe Sparte von Flurnamen gehören solche, die mit dem *Anwänder* zu tun haben. Unter dem Anwänder verstand man früher die Schmalseite des Ackers, einen anliegenden Grenzstreifen, auf der die Angrenzer ihren Pflug umwenden durften. Hierher gehört der Flurname *Anwanden*, der einst für Akkergelände auf der Kleinen Steinge stand.

Außerhalb der eigentlichen Flur oder zumindest vom Flurzwang befreit war die *Bëunde* (vgl. ahd. *biunt, biunda* mhd. *biunde*, schwäb. *boind* oder *baind*, alem. *bünd*, seltener auch *bünk*). Diese Bëunde war ein privater und intensiver Nutzung vorbehaltenes Geländestück, das zu Zeiten des allgemeinen Weidegangs eingezäunt wurde, um Schäden durch das Vieh zu vermeiden. Die Bëunden wurden häufig mit Sonderkulturen genutzt, z.B. durch den Anbau von Flachs und Hanf. Flurnamen, die sich höchstwahrscheinlich an die Bëunde anlehnen, sind *Binderin*, *Bindhaus* und *Bündt*.

Die *Binderin* befand sich in der Nähe des Hessenbrühls.

Das *Bindhaus* war ein Haus in der Klemmenstraße und die *Bündt* ein Geländestück zwischen Schulstraße, Großer Heerstraße und der ehemaligen Eisenbahntrasse.

Während bei den letzten beiden Flurnamen eine Beziehung zu Bëunde eher gegeben ist, ist in Erwägung zu ziehen, ob die Binderin nicht vielleicht doch eher eine Wiese oder Baumwiese ist, die einer Person mit dem Familiennamen Binder gehörte (siehe Familiennamen).

Ähnlich wie die Bëunde ist die *Bütze* oder *Bitze* (von ahd. *bizuna*, mhd. *biziune*) auch ein von der Beweidung ausgenommenes, umfriedetes Landstück, wie es sich im Flurnamen *Bützen* wiederfindet. Der Flurname bezeichnet den südöstlichen Teil der Röthochfläche oder das Gebiet, das sich nördlich an das Vordere Hart anschließt.

Die Ehe (ahd. *êwa*) bezeichnet Landstücke, die bestimmten Gesetzen oder Verboten unterliegen, wie dies im Flurnamen *Ehespach* (auch *Aischbach* gesprochen), auftritt. Wie hier zu sehen, wird Ehe mundartlich häufig zu *Ai*, woraus dann z.B. Flurnamen wie *Auf der Ay* (auf der benachbarten Markung Gönningen) hervorgehen. Häufig waren solche Gebiete Gemeinweiden. Den Pfullinger Ehespach kenne ich zumindest aus meiner Zeit als Rinderweide.

Eine hervorragende Stellung in der Nutzung genoß der *Brühl* (vgl. mhd. *brüel*, it. *brogilo* = Park). Auch der Brühl war häufig vom Flurzwang befreit. Heute gehören solche Flurnamen zu den häufigsten und bekanntesten im süddeutschen Raum. Auf die Flurnamen dazu soll später noch gesondert eingegangen werden.

Grünland

Grünlandwirtschaft stellt einen großen Teil der Wirtschaftsfläche der Pfullinger Markung. Im folgenden soll zwischen Wiesen, Baumwiesen und Weideland unterschieden werden.

Wiesen

Gängigste Bezeichnung für Flurstücke mit einer Grasnarbe ist die *Wiese*. Wiesen finden sich meist dort, wo das Gelände für den Ackerbau zu naß oder zu steil ist. Auch auf der Markung Pfullingen sind Wiesen nach der forstwirtschaftlichen Nutzung des Bodens das dominierende Landschaftselement. Noch sind viele unserer Wiesen reichhaltig und erfreuen uns mit ihren vielen Farben in der Vegetationsperiode. Zum hellen Gelb der Schlüsselblumen Anfang April gesellt sich an manchen Stellen das Blau der Traubenhyazinthen. Ende April beherrscht das satte Gelb des Löwenzahns weite Teile der Markung. Nach und nach, mit dem Verschwinden des Löwenzahns Anfang Mai, streuen sich der gelbe Hahnenfuß, der hellblaue und violette Storchenschnabel, die purpurne Pechnelke und die weißen Dolden des Wiesenkerbels ein. Besonders schön und artenreich sind die einmähdigen Magerwiesen, wie sie in größeren Flächen auf dem Gielsberg oder dem Ursulahochberg unter Schutz gestellt wurden.

So haben die Wiesen regen Eingang in die Welt der Flurnamen gefunden, wenn man nicht sogar behaupten kann, daß sie einen der größten Teile aller Pfullinger Flurnamen stellen. Auch hier stehen viele Namen mit dem Besitzer; andere stehen mit Eigenschaften hinsichtlich Ertragsfähigkeit und Ausdehnung. Wiesen mit Besitzernamen kommen am häufigsten vor. Näheres zu den Besitzern selbst wurde bereits erläutert.

Die *Armenwies*, die vermutlich weniger im Besitz einer armen Person, sondern eher ertragsarm war, befindet sich in der Nähe des Reutlinger Südbahnhofs und ist heute überbaut.

Des *Bäderles Wies* ist von Wohnhäusern in der Gegend der Kiessteige überbaut.

Am Ahlsberg, westlich des Jakob-Albrecht-Hauses, befindet sich des *Buchelers Wies*.

Die *Bild- oder Billetwiese* lag in der Gegend der Villa Laiblin.

Die *Buppelswiesen* liegen auf der Ebene der Röt, vor dem Georgenberg.

Dort, wo die Marktstraße den Arbach überquert, lag, heute durch das Berufsinformationszentrum überbaut, der *Hainritin Wies*.

Östlich der Erddeponie Selchental befindet sich die *Hegetswiese* (von Hugilo).

Auf dem Hessenbrühl liegt des *Iedelins Wies*.

Im Besitz des Pfullinger Klosters war die *Klosterswies* an der Urfall, dort wo sich die Echaz teilt.

Des *Memmelers Wiese* ist der schmale Streifen zwischen der Kreisstraße nach Gönningen, dem Eierbach und dem Eierbachsportplatz.
An der Markungsgrenze, wo der Eninger Arbach nach Pfullingen einfließt, befinden sich des *Mors Wiesen*.

Südwestlich des Gaisbühls, schon auf Reutlinger Markung, aber dicht an der Grenze nach Pfullingen, liegen der *Müllerin Wies*.

Im Besitz der Stadt waren drei Grundstücke, die als *Stadtwies* bezeichnet werden: Die erste Stadtwies lag in der Nähe der Jungviehweide auf dem Alten Esch, eine zweite (*1569 Stattwissen*) – damals auf Pfullinger Markung, aber im Besitz von Reutlingen und dem Kloster Salem zehntpflichtig - beim ehemaligen Blauhof am Breitenbach, heute Markung Reutlingen. Es wird noch eine dritte Stadtwies genannt, doch läßt sich deren Lage nicht mehr eindeutig lokalisieren.

Der *Urslen Wies* war eine Wiese auf der Kleinen Steinge, die dort an den Arbach angrenzte.

Überbaut von der unteren Burgwegsiedlung, dem Arbach zu, ist des *Zahns Wiese*, die 1562 als Besitz des Pfullinger Klosters aufgeführt ist und 7 Mannsmahd (1 Mannsmahd = 47,3 a) umfaßte.

Wiesen mit Besitzernamen, deren Lage nicht mehr ausfindig gemacht werden kann sind des *Holtzmars Wies*, der *Helferei Wies*, die *Pfarrwiese*, des *Truchseßlens Wies* und des *Walterles Wiesen*.

Wiesen mit Gelände- und Ertragshinweisen sind die *Freudenwiesen* (gute Eigenschaft = Grund zur Freude!) bei der Eschkirch, die *Grubende Wies* (Wiese mit Vertiefung) auf der Kleinen Steinge, die *Hangenden Wiesen* (Hinweis auf Hanglage) am Scheibenbergle, die *Sandwiesen* im Süden der Stadt (tuffsandiger Boden; heute Gewerbegebiet) und die *Sauren Wiesen* an der Echaz (versauerter Boden; wertvolles Vogelschutzgebiet).

Hinweis auf die Größe und Ausdehnung geben die *Breitwiesen* (breit) an der Straße nach Gönningen, die *Große Wies* (groß; möglicherweise die Magerwiese an dem Sattel zwischen Lippentaler Hochberg und dem Sättele) und die *Lange Wiese* (lang) im Lindental.

Aussagen über bestimmte Pflanzen machen das *Feigenwiesle* (von Veilchen; Lage unbekannt) und die *Blettschenwies* (große Blätter) auf der Kleinen Steinge.

In Zusammenhang mit Tieren stehen *Starkenwies* auf der Kleinen Steinge und die *Storkenwies* beim Diebsteigle, beide Storchwiesen.

Die *Bildwies* oder *Billetwiese* bei der Frohnbruck lag bei einem Bildstock und war einst Klosterbesitz, die *Kappelwies* auf der großen Steinge unweit der Pantaleons-Kapelle und die *Kreuzwiese* auf der Kleinen Steinge bei einer Kreuzung von Feldwegen oder einem Feldkreuz .

Erst in späterer Zeit von Wald oder Gestrüpp gerodet wurden die *Neuen Wiesen*. Ihre Lage ist heute leider unbekannt.

Durch Absengen der ursprünglichen Vegetation entstanden die *Singenwiesen*, dort wo heute die Kurze Straße die Echaz überquert.

Durch eine Hecke (= Hag) eingesäumt waren die *Hagenwiesen* oberhalb der Ahlsteige, zum Maustäle hin.
Ein Hag in Verbindung mit einem Zaun waren vermutlich die *Haglatten* unterhalb des Geilenbühls.
Kleine Hecken waren auch die *Häglen* im Bereich der *Häglenstraße* zum Ursulaberg hinauf.

Heyenwiesle, eine kleine Wiese auf der Großen Steinge, bedeutet Heuwiese, nach dem ersten Grasschnitt, dem Heu.

Die *Trillwiese* auf der Großen Steinge ist möglicherweise im Zusammenhang mit dem Pfullinger Übernamen *Füllesdriller* (siehe dort) zu sehen.

Die *Wasserwiesen* (erstmalig 1289 „*in wazzerwizen*") waren bis Mitte der sechziger Jahre intensiv genutzte Wiesen zwischen Pfullingen und Unterhausen. Über ein Netz von Kanälen und Gräben, die der Echaz abgezweigt wurden, leitete man das Wasser auf die Wiesen und wässerte so vornehmlich die Zwetschgenbäume, aber auch andere Obstbäume, was deren Düngung, aber auch der Verbesserung des Kleinklimas diente. Der Feldschütz kontrollierte, ob dabei die Vorschriften eingehalten wurden. Der Wasserzustrom wurde über Fallen reguliert. Man setzte häufig beiderseits der Wassergräben große Tuffsteinquader, die mit einer Rinne versehen waren. In die Rinne konnten Bretter geschoben werden, je nach Wasserbedarf mehr oder weniger. Später verwendete man auch Schieber mit hölzernen (früher Eichenholz) oder eisernen Rahmen. Im Zuge der Pflegemaßnahmen des Naturschutzgebiets Echazaue wird das System nun wieder reaktiviert. Gewässert wurde übrigens nicht nur in den Wasserwiesen und zwischen Pfullingen und Unterhausen, sondern überall entlang der gesamten Echaz; ab dem 15. Jahrhundert in ganz besonderem Maße auch auf der Steige nach Reutlingen zu. Wo wann wieviel gewässert werden durfte, darüber entschied der Pegelstand der Echaz in Wannweil, denn man mußte darauf achten, daß auch im Unterlauf des Flusses noch genügend Wasser ankam. Mehr zu dem Thema ist auch in dem hervorragenden Band Nr. 19 zur Pfullinger Geschichte *Historische Wasserwirtschaft der Echaz in Pfullingen* von *Waltraud Pustal (2018)* zu erfahren.

Weisen (*1439 „wysen an den waysen"*) auf dem Hohlengraben ist wahrscheinlich eine Verunstaltung des Wortes Wiese.

So muß auch der Flurname *Kühweizengewand* (an der Ahlsteige) wahrscheinlich gleichermaßen als Kuh*wiesen*gewand gedeutet werden.

Die *Zehntwiese* läßt ihren einstigen Besteuerungsstatus erkennen, nicht mehr aber ihre Lage.

Als *Pfullinger Wiesen* werden manchmal die Hochwiesen auf dem Gielsberg (Pfullinger Berg) bezeichnet.

Heute unbekannt ist die Lage der *Hinteren Wiesen*.

Eine speziellere Bezeichnung für ein Grasland ist der *Mahd* (Pl. die *Mähder*, mhd. *mât*, schwäb. *mad*). Es handelt sich hierbei um eine Wiese, die in ihrem Ertrag so mager ist, daß es sich in der Regel nur einmal im Jahr lohnt, sie zu mähen.

Einen Hinweis auf eine solche Wiese, zu denen früher viele Wiesen der Alb zählten, geben Flurnamen wie *Mädlesfels* und *Mägdleinshalde*. Mit der Ausdeutung dieser Flurnamen hat es sich das Volk lange Zeit sehr einfach gemacht.
Wie gut paßt aber auch die Sage von einer keuschen Jungfrau, angeblich eines der Nachtfräulein aus der Unterwelt des Ursulabergs, die, von einem wilden

Jägersmann verfolgt, dem Sprung den steilen Felsen hinab in den Tod gegenüber dem Verlust ihrer Jungfräulichkeit den Vorzug gab! Für den, der den Ausgang der Sage nicht kennt: Das ehrbewußte Fräulein hatte ein Kleid an, das sich, einem Fallschirm gleich, aufblähte und so kam das Mädchen, für seine Keuschheit belohnt, heil unten an. Der Jäger sah das, glaubte, es ihr gleichtun zu können und sprang in den Tod.

Eine schöne Sage, doch nur eine volkstümliche und keine richtige Deutung des Flurnamens. Dabei ist die Deutung der Flurnamen keineswegs schwer, zumindest nicht für den, der die Verkleinerungsform von Mahd kennt: Mähdle! Jedoch auch die Ableitung von Besitzernamen wurde bereits aufgezeigt.

Eine andere Sonderbezeichnung für Wiese ist die *Aue* (von mhd. *ouwe*). Zahlreiche Ortsnamen lehnen sich daran an. In näherer Umgebung z.B. Honau (was ja „hohe Au" bedeutet) oder Owen (dazu der nette Spruch: „Owen sagen die Doofen, Auen die Schlauen!") unter der Teck. Bezog sich der Begriff Aue zunächst nur auf Inseln oder Halbinseln (vgl. Mainau oder Reichenau im Bodensee), so wurde er später auf jede weite, gute und wasserreiche Wiesenfläche bezogen. In der Geographie bezeichnet man die Talaue als den Teil der Talsohle, der regelmäßig beim Hochwasser überflutet wird. Durch die Überflutung lagern sich – wie man schon im alten Ägypten am Nil wußte - feinste Sedimente und organische Partikel auf der Wiese ab, die dem Boden so die begehrte Fruchtbarkeit verleihen. Dies ist auch heute noch zu beobachten, wenn zwischen Pfullingen und Unterhausen die Echaz über ihre Ufer tritt und nach dem Hochwasser einen braungrauen Belag auf den Wiesen hinterläßt.

So liegt auch die eine *Au* an der Echaz beim Entensee, während die zweite *Au* an der Echaz in der Gegend der Bismarckstraße zu suchen ist.

Auch in der *Buttnau (1489 „die Buttnow")* steckt natürlich das Wort Aue. Die Buttnau liegt in der nordwestlichen Ecke der Markung, dem Breitenbach zu.

Die Verkleinerungsform von Aue, das *Äule*, ist – wenn nicht tatsächlich von Eulen abgeleitet - möglicherweise im *Eulental* (Tal mit kleiner Aue?) zu suchen.

Ebenfalls für Wiesenland von Üppigkeit und hoher Wertigkeit steht – siehe auch oben bereits - die Bezeichnung *Brühl*. Der Wert der Brühle lag vor allem in der Zweimähdigkeit ohne das Zutun von Dünger. Nicht selten steht die Bezeichnung auch für Wässerwiesen. Die Brühle gehörten, wie die Braiken, einst zu den Herrenhöfen; waren also deren Grasland und entsprechend große Flurstücke. Auf Pfullinger Markung gibt es eine größere Anzahl solcher Brühl-Flurnamen, von denen viele in enger räumlicher Verbindung mit der Echaz stehen.

Da ist zunächst der *Brühl an der Kirchsteig*, dort, wo die Kiessteige sich dem Stadtrand nähert. Der Brühl gehörte zum Fronhof am Lindenplatz und umfaßte 12 Morgen. Noch im 16. Jahrhundert war er in der Hand eines Besitzers - ein Beispiel dafür, daß die Flurzersplitterung erst eine jüngere Entwicklung ist. Heute ist der Brühl ein beliebtes Wohngebiet Pfullingens. Ein Synonym für diesen Brühl ist möglicherweise der Name *Listenbrühl*, der bei der Karte von *Walcher* an derselben Stelle auftritt. Bei der Vielzahl an Besitzerparzellen ist zwar auch die Möglichkeit, daß in früherer Zeit vielleicht sogar jede Parzelle ihren eigenen Flurnamen hatte, nicht ganz auszuschließen, doch würde der Name bei der Größe, welche die Brühle im allgemeinen hatten, vermutlich eine andere Gegend bezeichnen und es handelte sich somit nicht um dasselbe Flurstück. Die Fülle an Flurnamen führte mit der Zeit oft auch dazu, daß manche Flurnamen schlichtweg synonym füreinander gebraucht wurden, obwohl sie ursprünglich zweierlei verschiedene Geländestücke bezeichneten. Man behalte diese Entwicklung für die folgenden Beispiele.

Der zweite Brühl, ist der *Brühl bei der Papiermühle*, der zur Oberen Burg gehörte. Mit Papiermühle ist natürlich die Rehm'sche Mühle in der Leonhardstraße (früher: Leergäßle) gemeint. Freilich ist der Brühl vermutlich älter als die Papiermühle. Der Zusatz entstand wahrscheinlich nur, um eine Unterscheidung von den anderen Brühlen zu erleichtern.

Dort, wo die Unterhausener Echaz auf Pfullinger Markung übertritt, liegt der *Frohnbrühl* (*1398* und *1439 Fronbrügel*) Dieser Brühl wurde wahrscheinlich zu früherer Zeit intensiv gewässert. Wer am Echazufer sucht, kann fündig werden: noch findet man Reste von Stellfallen, die das Wasser der Echaz in Gräben und über diese auf die Wiesen leiteten.

Der *Götzenbrühl* (*1398 Götzbrügel*) befand sich in den Wasserwiesen.

Ebenfalls bei den Wasserwiesen, in der Echazaue, liegt der *Palmersbrühl* (*1412 Balmers Brügel*), der zum Palmershof im Strohweiler gehörte.

Auch der *Hessenbrühl* (*1439 „under hessenbrügel", 1470 „Hessen brüel"*) früher *Rittersbrühl* genannt, auf halben Wege der Stadt zu, wurde durch das Wasser der Echaz zum üppigen Obstgarten. Über zwei größere Kanäle, die vom Hauptlauf der Echaz abgezweigt werden, bekommen die Wiesen noch heute regelmäßig ihr Wasser. Synonym oder eng benachbartes Flurstück war des *Blessings Brühl*. Wie der Brühl bei der Papiermühle war der Hessenbrühl im Besitz der Oberen Burg und einst im 14. Jh. in den Händen eines Ritters Wernher von Pfullingen (daher auch Rittersbrühl), der ihn später seinem Enkel Heß Crützi (daher Hessenbrühl) vererbte.1410 aber verkaufte dieser Heß Crützi den 8 Mannsmahd großen Brühl zur Hälfte an das Frauenkloster. Dieser Flurname ist ein gutes Beispiel dafür, wie sich mit dem Wechsel der Besitzer oft auch der Flurname ändern kann.

Schließlich ist als letzter Brühl an der Echaz noch der *Schwarze Brühl* zu nennen. Er ist, wenn man es genau nimmt, sogar ganz von der Echaz umgeben. Direkt nach dem Umspannwerk wird der Echaz ein größerer Teil des Wassers abgezweigt. Dieser Kanal vereinigt sich mit dem Wasser jener Gräben, die von den Wasserwiesen und vom Hessenbrühl kommen. Das Wasser fließt gemeinsam am östlichen Talauenrand entlang und trifft beim ehemaligen Südbahnhof wieder auf den Hauptlauf der Echaz, die sich kaum hundert Meter flußabwärts wieder bei der Urfall in den ⅝-Kanal (eigentliche Echaz) und den ⅜-Kanal (Mühlgraben, Heergaßbach) zu teilt. Der Schwarze Brühl gehörte zum Frauenkloster und hatte eine Fläche von 6 Mannsmahden.

Weiter von der Stadt entfernt liegende Brühle sind der *Frauenbrühl* im Lindental, der wohl einst ebenfalls im Besitz des Pfullinger Klosters war, sowie der *Weiglinsbrühl* (*1470 Wiglins Brühl*) in der Nähe des Sulzrains und der *Rempenbrühl* beim Eierbachsportplatz. Letzterer gehörte zum Schloß und umfaßte 12 Morgen Land.

1330 tritt noch ein *Brühl „uf den Wisen in Stagunstal"* auf, vermutlich im Zellertal gelegen.

Eine Wiese von kleineren Ausmaßen ist der *Wasen*, wie man ihn aus Volksliedern („Uff em Waasa graset d'Haasa") kennt. Eine Verwandtschaft zwischen den Wörtern Wiese und Wasen läßt sich wohl kaum verleugnen. Auf der Pfullinger Markung finden sich indes vier solcher Wasen.

Der erste *Wasen*, wohl auch der in Pfullingen heute noch bekannteste, ist der Wasen am Ursulaberg, unweit des Waldcafés und bei der VfL-Skihütte. Es handelt sich um steile, z.T. halbtrockene bis trockene Rasengesellschaften, die im Sommer viele Orchideen beheimaten.

Der zweite *Wasen* liegt, weniger bekannt, am obersten Lauf des Eierbachs, im Wasserteich. Wer sich dorthin aufmacht, wird nicht mehr viel von einer Wiese entdecken: Einst herrliche feuchte Quellwiesen wurden der Aufforstung mit Fichtenmonokulturen geopfert!

Ein Wasen mit Lagebezeichnung (bei der Mühle) ist der *Mühlwasen*, der auf der Scherr, dort, wo die Hohe Straße die Echaz überquert, zu suchen ist.

Der *Schelmenwasen* liegt lt. *Walcher* auf der Steinge am Arbach. Nach *Keinath* wurden so Stellen bezeichnet, an denen man Vieh schlachtete.

Baumwiesen

Mit den Baumwiesen und Baumgärten kommen wir zu einem weiteren umfangreicheren und für Pfullingen wichtigen Thema, zählten Gebiete wie das Albvorland doch früher zu den Kerngebieten des Obstbaus. In der *Oberamtsbeschreibung von 1824* heißt es:

„Das ganze Thal gleicht einem Obstwalde"

Die Baumwiesen bieten dem Grundstücksbesitzer eine Doppelnutzung: Zum einen kann er sie, wie jede Wiese, mähen und den Heuertrag nutzen. Zum anderen kann er das Obst der Bäume ernten, sei es als Tafelobst, zum Dörren (z.B. für die Herstellung von „Schnitzbrot"), zur Verwendung für Konfitüren („Gsälz") oder – v.a. bei Äpfeln – zum Pressen von Most.
Im Zeitalter der Maschinen ist es allerdings meistens nicht mehr rentabel, das Gras solcher Baumwiesen zu nutzen, da die arbeitserleichternden Maschinen zwischen den Obstbäumen allenfalls schwer eingesetzt werden können.
Auch das Obst dieser sogenannten Streuobstwiesen ist heute auf dem Markt keineswegs konkurrenzfähig. Es kann sich jedoch zur Erntezeit als gesunde

und umweltfreundliche Alternative zu makellosen Südtirolern und glänzenden Neuseeländern anbieten, und auch der Most stellt nach wie vor in jedem Herbst ein unverfälschtes Stück Pfullingen dar.

Viele Baumwiesen werden oft in Verbindung mit kleinen Hütten oder Wochenendhäuschen genutzt, auf denen sich die Pfullinger in ihrer freien Zeit gerne aufhalten, vor allem, wenn sie sonst vielleicht keinen großen Garten besitzen. Diese „Gütle" tragen viel dazu bei, daß die Beziehung der Menschen zur Natur nicht vollständig abreißt, und solange in Pfullinger Kellern Most gärt und in Pfullinger Küchen Apfel- und Zwetschgenkuchen gebacken wird, besteht auch Hoffnung für den Grünspecht, den Gartenbaumläufer, für Bilche und alle anderen Tiere, deren Lebensraum die Streuobstwiesen sind.

In unseren Flurnamen treten Streuobstwiesen meist als *Baumgärten* auf. In der mundartlichen Aussprache wird Baumgarten zu *Bongert* (vgl. auch Weingarten zu Wengert, Weingärtner = Wengerter). Auch Schreibweisen wie *Bohm* oder *Bom* bzw. Pl. *Böhmen* oder *Behmen* sind auf die mundartliche Aussprache zurückzuführen (Baum = *Bôm*; Pl. *die Bêm*).

Die meisten Baumgärten stehen mit ihren Besitzer:

Nördlich der Arbachstraße, jenseits des Arbach, befindet sich des *Klosters Baumgarten*, der einst im Besitz des Pfullinger Frauenklosters war.

Des *Martins Baumgärten* liegen am Ausgang des Lippentals auf dem Schwemmkegel des Lippentaler Bachs.

Des *Scheuterhansen Bohmgarten* befand sich etwa zwischen der heutigen Arbachstraße und der Hauffstraße in der Burgwegsiedlung.

Eine der Streuobstwiesen am westlichen Hang des Ursulabergs, dem Kugelberg zu, ist der *Seilerin Baumgarten*.

Nicht mehr auszumachen sind die Baumwiesen, welche die beiden Flurnamen *Betha Baumgart* und *Madlens Baumgarten* bezeichnen.

Beim bereits oben erwähnten *Bongert* handelt sich um die große Lichtung, auf die man nach einiger Zeit gelangt, nimmt man seinen Spazierweg vom Parkplatz der Kleingartenanlage Wald einwärts. Hier stehen alte Obstbäume - vereinzelt zwar nur, doch läßt der Flurname sicherlich auf eine intensivere Nutzung als Baumwiese zu früheren Zeiten schließen.

Streuobstwiesen werden auch häufig in der Mehrzahl bezeichnet. Man kann bei solchen Flurnamen davon ausgehen, daß es sich fast immer um Obstbäume handelt, selten aber um Wald. Wald wird im Regelfall auch als solcher bezeichnet oder mit den anderen für Wald gängigen Begriffen beschrieben. Ohnehin genügt im Zweifelsfall ein Blick auf die Karten.
Auf Pfullinger Markung finden sich einige typische Beispiele hierfür.

Unweit der Baumann'schen Mühle (heute Museum, früher die *Kilsen-* oder *Kil[t]zenmühle*), befanden sich des *Kiltzenmüllers Nußböhmen* - ein Beispiel, wieviel an Information in einem Flurnamen stecken kann. In diesem Fall erhalten wir Auskunft, was das wesentliche Element eines Geländestücks ist: es sind Bäume. Zum anderen erfahren wir, was für Bäume es sind: Nußbäume. Zuletzt sagt uns der Flurname, wem sie gehören: dem Müller der Kilsenmühle, d.h. der Baumann'schen Mühle.

Ein ähnlicher Flurname ist *Maur Annelies Böhmen*, der eine Baumwiese beim Spielbach (d.i. nördl. der Zeilstraße, Richtung Arbach) bezeichnet.

Zwischen dem Unterhausener Staufental und der Echaz auf Ehespach befinden sich die *Gelochten Böhm*. Dieser Flurname weist beispielsweise auf die Qualität der Obstbäume hin, so daß gelocht möglicherweise als morsch oder ausgefault aufzufassen ist.

Die Flurnamen *Knaurhanßlins Böhmen* und *Heckennußböhmen*, die ebenfalls hier einzuordnen sind, lassen sich leider nicht mehr lokalisieren.

Flurnamen, in denen *Baum* in der Einzahl vorkommt (mundartlich als *Bohm* oder *Bom* und daher oft so geschrieben), die aber außerhalb von Waldgebieten auftauchen, weisen mit größter Wahrscheinlichkeit auf besonders dominante, schöngewachsene oder ertragreiche Obstbäume hin.

So als Pfullinger Beispiele der *Brecherin Bom*, der etwa nahe der Kreuzung Bismarckstraße - Silcherstraße stand.

Ein anderer, markanter Baum, möglicherweise im Besitz eines Glasers, muß der *Glaserne Bom* gewesen sein, dessen Standort jedoch auch *Walcher* schon nicht mehr ausfindig machen konnte.

Auch der *Breitenbaum* ist nicht lokalisiert.

Weideland

Zu früheren Zeiten spielte die Landnutzung als Weide noch eine viel größere Rolle als heute. Viele Landschaftstypen, wie z.B. die Wacholderheiden auf der Alb oder im Reißenbachtal bei Unterhausen entstanden überhaupt erst durch intensive Beweidung, so etwa mit Schafen.
Zu Zeiten, als noch nicht so viel Land gerodet war, spielte der Weidegang in den Wäldern eine bedeutende Rolle. Wie heute in manchen Mittelmeerländern noch, wurden Schweine in die Wälder getrieben, die sich dort dann eigenständig von Eicheln oder Pilzen ernährten und in guten Jahren gütlich vollfressen konnten.

Flurnamen, die direkt auf Weideland hinweisen, finden sich auch auf Pfullinger Markung recht häufig: Wer die bezeichneten Gebiete aufsucht wird vielfach erstaunt feststellen, daß sich nicht viel geändert hat: auch heute sieht man hier und da noch friedlich das Vieh grasen.

Großvieh

Da gibt es zunächst zwei Viehweiden. Die erste *Viehweide* liegt am Scheibenbergle (dort, wo die Straße zum CVJM-Freizeitheim die große Kehre macht), während sich die zweite am Ahlsberg befand, heute von den Wohngebieten der Wackersteinstraße überbaut.

Mit Angabe der Tiere, die geweidet wurden, stehen die *Gaißenweide* am Ahlsberg (*d'Goißawõed*, seit 1905 Landesziegenweide), beim Ziegenhaus, wo auch heute noch Ziegen gehalten werden, sowie die *Kälberweid* im Lippental zwischen Ahlsberg und Lippentaler Hochberg.

Ein langgestrecktes Grasland, das vom Weiherhof an der Straße nach Gönningen den Nordfuß des Gielsberg hinaufzieht, ist die *Langweid* (*1475 „an lanngenweyd"*) während auf die *Pfingstweide* unweit der Kleingartenanlage entweder zu Pfingsten das Vieh getrieben wurde oder aber bestimmte Pflichten zu diesem Termin fällig waren.

Die frühere Weide in den Wäldern betreffend, steht die Bezeichnung *Har(d)t* für Weidewald, so etwa *Hinteres* und *Vorderes Hart*, *Eninger Hardt*, *Leimlinshart* (oder: *Leimenshart*; ob von Laiblin?), *Rosishart (Rößleshart)*, *Hartbühl*, *Hartenstein*. *Härtle* (zwischen dem Eninger Hardt und dem Harret) tritt als Verkleinerungsform, *Harret* als verzerrte Form auf. Näheres zur Lage der einzelnen Gebiete wurde bereits unter dem Thema Wald besprochen.

Dauerhafte oder zeitweilige Unterstände, die zum Schutz des Viehs errichtet wurden, heißen *Stall*. Ställe werden meist dort eingerichtet, wo es aufgrund der Entfernung zur Siedlung nicht lohnt, das Vieh jeden Tag heimzutreiben oder wo aufgrund anderer widriger Umstände den Tieren Gefahr droht.
Bei den mit Stall in Zusammenhang stehenden Flurnamen sei darauf hingewiesen, daß Stall sich manchmal auch irreführend aus der Verschmelzung des Besitzernamens (im Genitiv) mit dem Suffix „-tal" entwickelt haben kann, wie vielleicht bei Notstall (s.u.) geschehen.

Im Teil der bewaldeten Ursulahochbergebene liegt der *Alte Stall*. Hier hat man möglicherweise dem auf der Hochwiese weidendem Vieh eine Unterkunft geboten, die dann später aufgegeben oder deren Standort verlagert wurde.

Auf dem hinteren Übersberg, der Grenze nach Würtingen zu oder vielleicht auch schon auf Würtinger Markung (Lage nicht mehr ganz genau feststellbar) befindet sich der *Eckenstall*, der wahrscheinlich ein Stall für das Vieh der Übersberg-Weiden war.

Am östlichen unteren Abhang des Georgenbergs liegt der *Koppenstall* (von Kuppe). Es ist anzunehmen, daß zumindest Teile des Georgenbergs zeitweilig auch als Weide dienten.

Beim Lippental, Unterhausen zu, befindet sich der *Märzenstall*, der möglicherweise mit bestimmten Abgaben zum Monat März behaftet war. Der Märzenstall ist wahrscheinlich auch mit dem *Ahlenstall (1435 Alhenstall)* identisch.

Auskunft über das gehaltene Vieh gibt uns der *Schafstall* zwischen Stuhl- und Ahlsteige.

Nichts mit Viehhaltung hat der Flurname *Wasserstall* (eher von Wasserstelle, wenn nicht gar Wassers-Tal, da *1439 wasserstal*; beim Talacker) zu tun; ebensowenig der *Notstall* beim Breitenbach. Der Notstall („*em Naudeschtal*") ist ein hervorragendes Beispiel, an dem sich zeigen läßt, wie ein Besitzername mit dem Suffix „-tal" so verschmelzen können, daß sie letztendlich zu einer vollkommen falschen Deutung führen, berücksichtigt man nicht jahrhundertealte Quellen und die dortige Schreibweisen des Flurnamen:
Nach *W. Kinkelin: 1475 Notenstall, 1484 Ottenstal, Zwiefalter Lagerbuch 1520: Ottenstal, Pfullinger Lagerbuch 1562: Notenstal, Zwiefalter Lagerbuch 1608 Ödenstall, Kaufbuch 1610 Naudenstall usw.*

Verwandt mit dem Stall ist die *Stelle*. Stelle steht entweder bezeichnend für kleinere umzäunte Weiden, oder aber auch für Schutzstellen ganz im Sinne von Stall, wobei diese Schutzstellen sich aber auch auf große schutzbietende Bäume oder überhängendes Gebüsch beschränken können.

Eine dieser Stellen liegt im Nordwesten der Markung, dem Breitenbach zu. Diese *Stelle* wird auch oft als *Hintere Stelle* bezeichnet. Unweit der Hinteren Stelle, dort, wo die große Waldwiese des Bongert beginnt und eine kleine Klinge (Waldschlucht) zum Breitenbach hinabführt, liegt der *Stellenbuckel*. Das Gebiet von *Hinterer Stelle* und *Stellenbuckel* wird auch mit dem Flurnamen *Viehstelle* bezeichnet.

Eine andere *Stelle* gibt es auf Ehespach, nach Unterhausen zu. Ob sie an der Echaz lag oder mehr hangaufwärts zum Schönberg hin, kann nicht mehr ausfindig gemacht werden. Bei *Walcher* findet sich lediglich der Hinweis „am Aispach" (= Ehespach).

Dort, wo die Alte Stuhlsteige den Eierbach überquert, beim Stollhof, liegt die *Diebstelle*. Dieser Flurname hat, wie das Diebsteigle auch, wahrscheinlich nichts mit Dieb zu tun, sondern muß sich wohl eher auf *Diet* (ahd. *diota*, mhd. *diet* = Volk, Nation) zurückführen lassen. So verweist der Flurname Diebstelle möglicherweise auf ein im Besitz der Öffentlichkeit stehendes Weidelandstück oder eine entsprechende Schutzstelle für Vieh hin.

Wege, über die das Vieh regelmäßig zur Weide getrieben wurde oder aber auch Grundstücke, auf die das Vieh zur Weide getrieben wurde, heißen *Trieb* bzw. *Viehtrieb*. Auf Pfullinger Markung finden sich allein fünf Örtlichkeitsbezeichnungen, die Viehtrieb heißen.

Der erste *Viehtrieb* befand sich in der Gegend der heutigen Krauß- und Ursulastraße.

Ein zweiter *Viehtrieb* findet sich westlich der Lindentalsteige, die zum Gielsberg führt.

Ein dritter *Viehtrieb* liegt auf Umweglen, in der Gegend unterhalb der Schillerlinde, wo der Elisenweg zum Übersberg die große Kehre macht.

Als vierter *Viehtrieb* ist die Gegend um das sog. Hexenhäusle, einer Wetterschutzhütte auf der Röt nördlich des Hinteren Hart, zu nennen, während der fünfte und letzte Viehtrieb in der Küche, auf dem Gielsberg oder im oberen Lindental - genaueres konnte auch *Walcher* schon damals nicht mehr herausfinden - anzusiedeln ist.

Eine spezielle Weide, nämlich eine Nachtweide für Arbeitstiere (z.B. Zugvieh), ist die *Aucht* (von ahd. *uohta* „Dämmerung, Morgenweide", mhd. *ûhte* oder *uohte*, schwäb. *oucht*), die bei uns in dem Flurnamen *Auchtert* auftritt. Damit werden die obersten Hangpartien des Genkinger Gielsbergs bezeichnet. Während die Hochfläche selbst zu Genkingen gehört, liegen die Hänge auf Pfullinger und Gönninger Markung. Hier erreicht, nebenbei bemerkt, die Pfullinger Markung mit 833 m ihren höchsten Punkt. Der Name ist wahrscheinlich eine Verschmelzung von *Aucht* und *Hart*.

Von *Barn* (mhd. *barn* = Futterkrippe; also Hinweis auf eine Futterstelle für das Vieh) lassen sich möglicherweise die Flurnamen *Barm* und *Bärnle* ableiten, wenn sie nicht in Zusammenhang mit dem Eigenschaftswort *bar* (im Sinne von kahl, entblößt) zu sehen sind. Näheres wurde schon unter dem Kapitel Geologie und Bodenbeschaffenheit angesprochen.

Wenn von Futterstellen für das Vieh die Rede ist, sollten auch Flurnamen, die Viehtränken bezeichnen, nicht außer acht gelassen werden. Eine weitverbreitete Art von Viehtränke, vor allem auf der wasserarmen Albhochfläche, war die *Hülbe* oder *Hüle* (mhd. *hülwe* = Sumpf). Solche Hülben können natürlich entstanden sein, z.B. auf vulkanischen Schlotfüllungen, die - anderes als das klüftige Kalkgestein des Weißjura - das Wasser besser halten.
Sie können aber auch künstlich angelegt worden sein, indem man eine schon vorhandene Vertiefung mit Lehm auskleidete oder eine Vertiefung auch ganz neu aushob und abdichtete. So konnte das Regenwasser gesammelt werden und die Hülbe als Viehtränke dienen. Viele Orte wurden überhaupt erst um solche Hülben als eine Art Lebensgrundlage gegründet. Ortsnamen wie Hülben, Hülbenstetten oder Berghülen belegen dies.

Auch auf Pfullinger Markung gab es wohl einst solche Hülben, wie uns der Flurname *Hülbenwald* auf dem Übersberg verrät. Noch auf der topographischen Karte Reutlingen 1: 25 000, Ausgabe 1936, ist auf dem Übersberg ein kleiner See verzeichnet, der später wahrscheinlich für den Segelflugsport beseitigt wurde. Möglicherweise handelte es sich dabei um eine (der) Hülbe(n). Allerdings liegt dieser See relativ weit von dem als Hülbenwald bezeichneten Gebiet entfernt. Man kann jedoch davon ausgehen, daß man für das Vieh, das auf dem Übersberg gehalten wurde, sicher mindestens eine Hülbe angelegt hat, denn zu den nächsten Quellen oder Bächen ist es sehr weit. Sie liegen alle unten im Tal; die dem Übersberg am nahegelegensten überdies noch auf den Nachbarmarkungen.

Wie schon erwähnt wurden, durfte nicht überall Tiere zur Weide geführt werden. Der *Esch* war vom Weiderecht ausgenommen. Daneben gab es Flurstükke, wie den *Espan*, in denen nur bestimmte Personen Weiderecht hatten, während sonst, auf dem übrigen Weideland, allgemeines Weiderecht galt.

Der Pfullinger *Espan* befand sich in der Echazaue, der Grenze nach Unterhausen zu. Er liegt räumlich nahe beim Ehespach, dessen Verbote sich vielleicht auf die Weidewirtschaft bezogen.

Welche Tiere zur Weide geführt wurden, das wurde im Laufe des Kapitels schon immer wieder deutlich. Ich will diese Stelle trotzdem nutzen, um die Flurnamen noch einmal nach Tieren zu ordnen, zumal dabei viele bisher noch unberücksichtigte Flurnamen auftauchen werden.

Eine Sammelbezeichnung für Nutztiere aller Art ist *Vieh*. Wie schon gesehen, kommt es in den Flurnamen *Viehstelle*, *Viehtrieb* und *Viehweide* vor.

Die *Kuh* (weibliches Rind) kommt im Flurnamen *Kühweizengewand* (zwischen Ahls- und Stuhlsteige = „Kuhwiesen-Gewand") vor.

Der *Ochse* (männliches, kastriertes Rind) findet sich in den Flurnamen *Ochsenhorn* (beim Georgenberg) und *Ochsensteige*. Die Ochsensteige ist die Fortsetzung der Lindentalsteige und führt auf die Hochwiesen des Gielsbergs (Pfullinger Berg, Pfullinger Wiesen). Der Name Ochsensteige bedeutet jedoch nicht, daß an dieser Steige etwa Ochsen geweidet wurden, sondern deutet vielmehr auf die Verwendung von Ochsen als Zugtiere hin. Sie waren nötig, um den steilen Weg den Berg hinauf zu bezwingen und das Heu von den Hochwiesen ins Tal zu bringen.

Auf *Zuchtstiere* (= *Hagen* oder *Hägen*) könnten auch einige der Hag-Flurnamen hinweisen, doch muß immer die Möglichkeit der Herleitung von Hecke (= Hag) oder dem Familiennamen Hag im Auge behalten werden.
Auf *Pferde (Rösser)* weist der unlängst erwähnte Flurname *Rosishart* oder *Rößleshart* am Wohn hin, daneben auch der *Roßegart* an der alten Stuhlsteige beim Stollhof, sowie der *Roßwag* beim Freibad.

Tragtiere für schwere Lasten und steile, schwer begehbare Wege waren die *Esel*, die sich im Flurnamen *Eselsgärten* wiederfinden.

Flurnamen wie *Schweinhatz, Sauhag* und *Saulache* sind höchstwahrscheinlich eher in Zusammenhang mit Wildschweinen als mit Hausschweinen zu sehen. An anderer Stelle wurde bereits darauf eingegangen.

Von *Barg* (d.i. ein kastriertes männliches Schwein) kommt möglicherweise der Flurname *Bargenbuch*. Der Bargenbuch war also ein Buchenwald, in dem vor Zeiten solche Schweine zur Weide geführt wurden. Das Volk deutet den

Flurnamen aber auch als von Ave-Märgenbuch abgeleitet. In noch vorchristlicher Zeit soll in diesem Wald eine prächtige Buche gestanden haben, die der Bergursel geweiht war und im Zuge der Christianisierung in eine Marienbuche umfunktioniert wurde.

Auf Schafhaltung verweist der Flurname *Schafstall* zwischen Ahl- und Stuhlsteige.

Kleinvieh

Kleinvieh macht bekanntlich auch Mist und nebenbei einige Flurnamen!

Hühner als häufigste Art von Klein- und Federvieh treten erstaunlicherweise nur in einem Flurnamen, dem *Hühnerbühl*, der an jener der Stadt zugewandten, östlichen Kante der Röt liegt, auf.

Der Anzahl der Flurnamen nach zu urteilen, wurden *Gänse* früher sehr häufig in Pfullingen gehalten. Die Echaz mit ihren vielen Kanälen und andere Gewässer wie der Eierbach boten sich auch dafür an.

Gänse wurden auf dem *Gänsacker* (vielleicht auch entstellt von *Gänsanger*?) gehalten, dem Platz vor dem heutigen Marktplatz; außerdem im *Gänsbronnen*, einem Quellgebiet am Ursulaberg nahe des Wohngebiets Kühnenbach, sowie im *Gänsgarten* (Flurname zweimal vertreten, wie bereits erwähnt) und im *Gänsloch* unterhalb des Wasens am Waldcafé.

Hausenten wurden möglicherweise auf dem *Antwerben* gehalten, wohingegen der *Entensee* mit Sicherheit für Wildenten bezeichnend ist, da es sich bei diesem ja nur um mehr oder weniger periodisch überflutete Wiesen an der Echaz handelt.

Brachland

In unserer heutigen Zeit glauben wir leider, der Natur ununterbrochen Höchst-leistungen abverlangen zu können und vertrauen blindlings auf technische Möglichkeiten. Dabei braucht die Natur, nicht anders wie wir selbst, ihre Ru-hephasen.

Der Begriff der Brache ist in Zusammenhang mit der alten Dreifelderwirt-schaft zu sehen. Der Nutzung für Wintergetreide im ersten Jahr folgte eine Nutzung als Stoppelweide im zweiten Jahr, während im dritten Jahr der Acker brach lag, d.h. nicht bebaut wurde. Was statt dessen geschah, war ein mehr-maliges Umpflügen zwischen Juni und Herbst. Der Boden konnte so von un-erwünschten Wildkräutern gereinigt werden und - was noch viel wichtiger war - sich erholen und regenerieren. Zum Herbst konnte der Acker dann wie-der mit Wintergetreide bestellt werden.
Dann gab es aber auch Flurstücke, die aufgrund physisch-geographischer Voraussetzungen so schlechten Ertrag brachten, daß sie schließlich ganz auf-gegeben und sich selbst überlassen wurden.

Auf Pfullinger Markung finden sich jedoch nur ganze drei Flurnamen, die in engem Zusammenhang mit der Brache stehen.

Einer dieser Flurnamen ist *Roßegart*, in dem *Egart* (mhd. *egerte*) steckt. Die Egart bezeichnet entweder unbebautes oder ehemals bebautes Land - in die-sem Falle möglicherweise ein Landstück, das aufgegeben und einige Zeit noch als Pferdeweide genutzt wurde.

Auch die *Heide* steht für unbebautes, wildbewachsenes Land, das vielfach jedoch noch zumindest als Weideland genutzt werden konnte. So bezeichnet der Flurname *Vor der Heide* (auf der Röt) ein Geländestück, das in unmittel-barer Nähe zu einer solchen Heide lag.

Eine andere Bezeichnung für brachliegendes Gelände ist die *Wüste*, die in Pfullingen in dem Flurnamen *Siegels Wüste* auftritt. Diese berühmte Pfullinger Wüste ist auf dem Steinenberg zu durchqueren. Als *Wüstung* wer-den auch aufgegebene Siedlungen bezeichnet wie etwa die abgegangenen Weiler Scheffbuch und Breitenbach, sowie der Blauhof.

Wasserbauten

Das Thema Wasser und Gewässer wurde zu Beginn schon eingehend behandelt. Waren es zunächst naturgegebene Erscheinungen, die dort angesprochen wurden, so soll es hier um die Veränderung und Nutzung von Wasser und Wasserläufen durch den Menschen gehen. Speziell zum Thema Wasserversorgung der Stadt sei auf *Hermann Taigel* und seine Arbeit *„Zur Geschichte der Wasserversorgung in Pfullingen" (1997)* hingewiesen.

Pfullingen ist ja sozusagen ein bestes Beispiel für die optimale Ausnutzung der Wasserkraft, die ihren Höhepunkt im 19. Jahrhundert erreichte und damit Anlaß für zahlreiche Industrieansiedlungen, z.B. in der Papierindustrie, bot. Doch schon früh, wahrscheinlich vor Jahrhunderten, wurden Bach- und Flußläufe umgeleitet und Gräben gezogen. Es gibt viele Flurnamen, die sich mit solchen Nutzungen beschäftigen. Die Mühlen als Gebäude selbst sollen jedoch unter dem Stichwort Siedlung besprochen werden. Hier geht es zunächst um Flurnamen, die erkennen lassen, auf welche Art und Weise Wasserläufe künstlich verändert oder gar neu angelegt wurden.

Häufig treten Flurnamen in Zusammenhang mit *Graben* auf. Gräben können allerdings, wie schon unter dem Stichwort Relief besprochen wurde, auch natürliche Formen sein, wie das beim *Aischbachgraben* und dem *Hohlengraben* der Fall ist.

Der *Teuchelgraben* im Grenzgebiet der Markungen Pfullingen - Eningen - Reutlingen ist mit Sicherheit künstlich angelegt. Beide Bestandteile des Flurnamen sprechen dafür. Zunächst steckt Graben in dem Flurnamen, dann aber auch *Teuchel* (von mhd. *tiuchel*, schwäb. *teichel*), was für eine hölzerne Wasserleitung steht, von denen auch alte Quellen im Zusammenhang mit der Instandhaltung der Brunnen immer wieder sprechen.
In diesem Zusammenhang ist auch die *Teuchelgrube* zu sehen, die sich auf dem Gelände der Laiblinshalle / Laiblinsschule befand.

In beiden der letzten Fälle wurde wahrscheinlich Wasser über hölzerne Rohrleitungen, wie sie noch im Pfullinger Heimatmuseum zu bestaunen sind, geleitet - nicht unbedingt, um als Trinkwasser in die Stadt geführt zu werden, sondern vielleicht auch nur, um es in einen größeren Trog zu leiten und das Vieh zu tränken.

Quellen werden jedoch nicht nur in Rohren gefaßt. Schon am Beginn von Wasserfassungen steht oft eine *Brunnenstube*. Die Brunnenstuben haben einerseits den Zweck, die Quellen zum einen so zu nutzen, daß möglichst wenig Wasser dabei verlorengeht; zum anderen soll das Wasser vor Verunreinigung geschützt werden, wenn es als Trinkwasser dient. Früher war die Brunnenstube meistens eine ausgeschachtete Grube, die durch Holzplanken befestigt und von einem stubenartigen Überbau, ebenfalls aus Holz, geschützt war.

Unter den Flurnamen weist die *Brunnenstube*, die wahrscheinlich den unterhalb der Rehm'schen Mühle liegenden Kenzlerbronnen faßte, auf solche Quellfassungen hin.

Auch der Flurname *Bei der Wasserstube* spricht den Kenzlerbronnen, der das Wasser für das Kloster lieferte, an.

Wahrscheinlich von *Kiener* (= Wasserleitung, Wasserrinne) läßt sich der *Kühnenbach* herleiten, sofern nicht andere Deutungen (z.B. ein Personenname) zutreffen (vgl. betreffenden Abschnitt).
Wasser in größeren Bächen und Flüssen wird durch Fallen und Wehre reguliert, entweder, um den idealen Wasserstand für Mühlen bzw. wassergetriebene Werke zu halten oder aber um Wasser einfach anzustauen und zum Zwecke der Bewässerung auf Grundstücke zu leiten.

Mit der *Urfall*, die schon im Jahr 937 unter der Bezeichnung *urfallum* auftaucht, kommen wir nun zu einem interessanten Flurnamen innerhalb des Themas Gewässer in Pfullingen. Die Urfall ist jene Stelle, wo sich am Südrand der Stadt zwischen Entensee und Schwarzem Brühl die Echaz seit mindestens historischen („Ur-") Zeiten in zwei größere Läufe teilt: man spricht heute von der ⅝-Echaz und der ⅜-Echaz. Letztere, die in ihrem oberen Bereich auch Mühlgraben oder Heergaßbach heißt, bekam bis 1792 sogar noch ein Drittel allen Wassers. Immer wieder entbrannte zwischen den einzelnen Mühlenbesitzern Streit darüber, wem wieviel Wasser zustünde.
Bevor es ab 1854 das Arbachbad und ab 1924 das Eierbach-Schwimmbad gab, war die Urfall auch eine beliebte Badestelle für die Jugend, wobei man den unsicheren Schwimmern erzählte, daß dort einst schon einmal ein ganzes Ochsengespann in den Fluten versunken sei oder das Wasser so tief sei wie

die am Ufer stehenden Pappeln hoch. Auch berichtete man vom Hakenmännle („Hoagamännla"), das die Badenden mit einer langen Stange in die Strudel ziehe.

Es stellt sich nun die Frage, ob man bei der Urfall und der Echaz wirklich von „sich teilen" sprechen darf oder ob der ⅜-Kanal nicht vielleicht sogar künstlich angelegt wurde. Wahrscheinlich jedoch ist diese Verzweigung der Echaz natürlich, erwies sich im Zuge der späteren Besiedlung als günstig und wurde durch den Menschen fixiert. Die erhöhte Lage des Bachbetts auf einem Kalktuffrücken spricht für die Natürlichkeit der heutigen Situation. Es wäre jedoch auch denkbar, daß der vielleicht zu sehr viel früheren Zeiten gebildete Kalktuffrücken speziell für die Anlage des ⅜-Kanals ausgewählt wurde oder daß man ein älteres, trockengefallenes Bachbett reaktiviert hat. Was auch immer der Fall sein mag, so hat die Urfall ihren Namen daher, daß an der Verzweigungsstelle das Wasser über Fallen und Schieber genau geregelt und für eine eventuelle Reinigung des Kanals sogar ganz zurückgehalten werden konnte. Heute läßt sich das Wasser an der eigentlichen Urfall nicht mehr regulieren, dafür jedoch ein Stück weit unterhalb.

Der *Fallbach* (auch: *Eschbach*) hat seinen Namen wahrscheinlich nicht von künstlichen Fallen, sondern in dem Namen ist vielmehr das starke Gefälle mit den vielen Wasserfällen des Baches angesprochen.

Auf *Wehre* deutet der Flurname *Bei den drei Wehrlen* hin. Hier haben wir im Gegensatz zum letztgenannten Flurnamen ein Beispiel für Wasserregulierung zum Zweck einer Bewässerung, präziser gesagt zur Bewässerung von Wiesen oder Obstwiesen auf der Kleinen Steinge.

Noch vor wenigen Jahren konnte man auf der Kleinen Steinge, versteckt im Heckengebüsch der letzten unbebauten Flächen, Reste von kleinen Schiebern entdecken und den Verlauf von Gräben verfolgen. Um Wiederholungen zu vermeiden möge man sich in diesem Zusammenhang auch wieder an die Wasserwiesen erinnern, die ich unter dem Kapitel Graslandsysteme schon angesprochen hatte.

Der *Wasserstall* war eine Wasserstelle ob des Talackers, an der man künstlich Wasser aufstaute.

Der *Weiher* ist ein kleiner, künstlich aufgestauter Teich, der zu bestimmten Zeiten abgelassen werden kann. Meistens dient er der Fischzucht.

Der *Weiherhof* hat seinen Namen von Weihern, die sich am nahen Lindental-bach befanden und auf älteren Karten noch eingezeichnet sind.

Als *Eisweiher* hingegen, wo früher das Eis für die örtlichen Brauereien gebrochen wurde, diente der *Rilling'sche Eisweiher* in der Wolfsgrube.

Der *Vogelweidweiher (1569 „Vogelwaids Weiher")* lag einst am Kaibach. Das nach einem Besitzer benannte Gebiet befindet sich heute auf Reutlinger Markung.

Die Siedlung

Als Teil der Kulturlandschaft genießt die Siedlung eine hervorragende Stellung, die in jüngster Zeit, verursacht durch einen rasenden Flächenverbrauch, immer mehr negative Nebenerscheinungen mit sich bringt.
Hier soll es um Flurnamen gehen, die Straßen, Plätze oder herausragende Gebäude im alten Pfullingen kennzeichneten.

Verkehr

Straßen und Wege

Straßen und Wege waren auch früher schon ein entscheidendes Element der Siedlung und auch allgemein der Kulturlandschaft. Als erster Schritt der Erschließung einer Naturlandschaft, verbinden sie Wohn- und Wirtschaftsgebäude in einer Siedlung untereinander, verbinden einen Ort mit seiner land- und forstwirtschaftlichen Nutzfläche und schaffen Kommunikation und Austausch mit den Nachbarsiedlungen. Viele Orte sind überhaupt erst an bedeutenden (Handels-)Straßen oder wichtigen Wegekreuzungen entstanden.

Auch Pfullingen befand sich seit alters her in besonders verkehrsgünstiger Lage. Es saß am Eingang des Echaztals, geschützt durch die beiden Zeugenberge Achalm und Georgenberg an der Stelle, an der sich die Straßen von Reutlingen, von der Alb, durchs Echaztal und von Gönningen oder Eningen her kommend trafen. Viele Straßen, (Feld-)Wege, Steigen und Steige tauchen in den Pfullinger Flurnamen auf. Um als Einführung zu diesem Abschnitt darzustellen, welchen Stellenwert Straßen und Wege hatten, seien die unter den Flurnamen vorkommenden Wege zu nennen, die in den Nachbarort Eningen führten oder immer noch führen: *Eninger Fahrweg, Eninger Fußweg, Eninger Gäßle, Eninger Hohlweg, Eninger Straß* und *Eninger Weg*. Mehr dazu s.u.

Besonders häufig tritt, wie zu sehen, die Bezeichnung *Weg* auf, weil er ursprünglich bezeichnend für alle ebenen Verkehrsträger steht. Wenn wir auch im heutigen Sprachgebrauch mit dem Begriff eher einen Verkehrsträger von untergeordneter Bedeutung und ungenügender Befestigung im Sinne von Feldweg assoziieren, so war früher die Bezeichnung Weg, was die Größe oder Wichtigkeit anbetraf, weniger wertend.
Es treten solche Wege auf, die Auskunft darüber geben, wohin sie führen, oder andere, die uns nennen, an welchen markanten Stellen entlang sie führen.

Der *Achalmer Weg* war einst der Weg von Pfullingen zur Achalm hinauf und wurde daher auch *Burgweg* genannt. Die Burgwegsiedlung hat ihren Namen daher. Heute bildet der ehemalige Achalmer Weg den unteren Teil der Marktstraße nach Reutlingen zu.

Zum *Ahlbol* hinauf führt der *Ahlbolweg*, der auch heute noch als Straße existiert. Der Ahlbolweg von heute zweigt von der Hohmorgenstraße ab und führt zum Stadion am Jahnhaus hinauf.

Am untersten Lauf des Eierbachs entlang führte der *Eierbachweg*, die heutige Bachstraße zwischen Gries- und Ernststraße.

Sagt eine bekannte Redensart, daß alle Wege nach Rom führen, so wäre eine Pfullinger Variante davon: Alle Wege – zumindest einige der großen - führen nach Eningen!

Da ist zunächst der *Eninger Weg* (*1439 Eninger weg*), dessen Verlauf auch vom heutigen Eninger Weg noch nachgezeichnet wird.

Vom Reutlinger Südbahnhof nach Reutlingen zu verlief der *Eninger Hohlweg*, das Wegestück der heutigen Marktstraße zwischen Südbahnhof und Reutlingen.

Der *Eninger Fußweg* ist wahrscheinlich identisch mit dem Eninger Weg.

Der *Eninger Fahrweg* hingegen muß etwa dort verlaufen sein, wo nun die Hauffstraße (Burgwegsiedlung) verläuft.

Dennoch erinnere ich mich, daß in meiner Pfullinger Zeit damals weite Teile im Grenzgebiet Pfullingen – Eningen noch nicht überall gut durch Wege miteinander verbunden sind; manchmal geradezu so, als ob es sich nicht um einen Nachbarn, sondern ein feindliches Land handele.

Der *Hohmorgenweg*, die heutige Hohmorgenstraße, die von der Hohen Straße abzweigt, dann die Sandstraße quert und an der Laiblinschule endet, war ein Weg, der ursprünglich wohl die Funktion hatte, die Grundstücke auf dem Hohmorgen anzuschließen.

Kirchhofweg war die Bezeichnung für die heutige Schulstraße. Die Schulstraße beginnt an der Einmündung der Häglenstraße und trifft sich an der großen Kreuzung bei der Martinskirche mit den anderen wichtigen Straßen. Bevor der Kirchhofweg den Namen Schulstraße bekam, hieß sein unterer Abschnitt Obere Bahnhofsstraße, während der obere Abschnitt noch den Namen Kirchhofstraße beibehielt.

Zum Garten der Lohmühle (= Volk'sche Mühle) führte der *Lohmühlegartenweg*, der im Zug der Stadtentwicklung schon zu Walchers Zeiten verschwunden war.

Von der Heerstraße zur Volk'schen Mühle führte der *Volken Mühleweg*, die heutige Kraußstraße.

Der *Mühlweg* wiederum war die südliche Hälfte der heutigen Mühlstraße, von jener Stelle, an der sich noch das Wehr der 1968 abgebrochenen Schloßmühle befindet, bis zur Einmündung in die Schloßstraße. Der andere Teil hieß Krispelgasse.

Als *Marktweg* wurde der Weg von Gönningen durch das obere Selchental bezeichnet.

Über die Steinge führte der *Steingeweg*, nahe Hinter Holz und Spielbach, sowie der *Steinge Hohlweg*. Letzterer verlief, wie der Name schon vermuten läßt, in der Rinne des Steingebachs. Es ist nicht nur möglich, sondern sogar sehr wahrscheinlich, daß der Wasserlauf selbst zuweilen als Fahrweg diente, da er, im Gegensatz zu den bei Regen aufgeweichten Ufern, sicherlich ein besseres Fortkommen gewährleistete.

Hanfländerweg war die alte Bezeichnung für Strohweilerstraße, die auch *Hagenlochs Gäßle* hieß.

Irgendwo am Ahlbol liegt der *Schelengrubenweg* (ob von scheel = krumm?), während der *Scherrländerweg* wahrscheinlich in der Nähe der Scherr verlief. Doch nähere Aussage über Lage und Verlauf der beiden letztgenannten Wege erhalten wir auch bei *Walcher* nicht.

In manchen Fällen geben uns Wege auch Auskunft darüber, wer in den angrenzenden Gebäuden wohnte. Zu früheren Zeiten wußte man dies in kleineren Flecken ja noch und es war stets beliebter Anlaß zur Namengebung, wenn irgendwo ein auffälliger Mensch wohnte.

So wohnte am *Mollerhäglesweg*, einem Weg, der heute eine Verbindung zwischen Heerstraße und Eisenbahnstraße darstellt, wahrscheinlich eine Person mit dem Familiennamen Mollenkopf.

Andere Wege auf Pfullinger Markung sind der *Grasige Weg*, der als Flurname zweimal vertreten ist. Einer der beiden - wohl der bekanntere - befindet sich auf der Fläche der Röt, während der andere jenseits des Arbachs, an der Markungsgrenze zu Eningen auf der Stelle eines größeren Fleischerbetriebs zu suchen ist. Nach *Keinath* ist Grasiger Weg eine häufige Bezeichnung für ehemalige Römerwege. Dies könnte in Zusammenhang mit einem weiteren Flurnamen auf der Röt interessant sein, denn der Grasige Weg der Röt liegt in Nachbarschaft zu dem Flurnamen *Vor der Heide*. Möglicherweise weisen beide Flurnamen auf abgegangene römische Siedlungen und Befestigungen hin, denn auch Bezeichnungen wie Heide stehen des öfteren für Wüstungen.

Sogar *Röt* mag letztendlich von römischen, roten Ziegelresten herrühren, doch Funde von der Röt sind meines Wissens bisher noch unbekannt.

Der *Roschweg* (von rosch = spröde, hart), ein Feldweg, muß irgendwo in der Nähe der Ahlsteige verlaufen sein.

Der *Steinweg* ist einer der Wege, die zwischen dem Lippental und dem Roßwag über die Wiesen und Weiden hinauf zum Wald führen. Der Name deutet entweder im negativen Sinne auf Steinigkeit und damit schlechte Befahrbarkeit, oder aber auf eine bessere Befestigung im Gegensatz zu den anderen Feldwegen hin.

Der *Triebweg* soll nach *Kinkelin* auch eine Bezeichnung für das *Diebsteigle* sein.

Indirekt bezeichnen Wege auch Flurnamen wie *Unter Wegen* oder *Zwischen den Wegen*.

Mit *Unter Wegen* (mundartl. *„ondr Weãga"*, 1454 *Underwegen*) werden die Wiesen und Äcker zwischen Stuhlsteige, Eierbach, dem ehem. Firmengelände Böhmler und dem Eierbachsportplatz bezeichnet. Noch bis ins letzte Jahrhundert hieß eine der drei Zelgen als Teil des nicht weidewirtschaftlich genutzten Landes Unter Wegen und umfaßte viele andere Fluren. Unter Wegen ist daher ein übergeordneter Flurname. *Unterwegenrauns* ist manchmal eine Bezeichnung für den *Eierbach*.

Der Flurname *Zwischen den Wegen* ist möglicherweise zwischen der heutigen Marktstraße und der Bollstraße anzusiedeln.

Der Weg tritt auch in seiner Verkleinerungsform *Wegle* auf, wie in den Flurnamen *Bollwegle*, *Kohlwegle* oder *Umweglen*.

Das *Bollwegle* ist wahrscheinlich mit dem oberen Teil des Eninger Fußweg gleichzusetzen.

Das *Kohlwegle* verläuft im Entensee entlang der ehemaligen Bahnlinie, die ⅜- und ⅝-Echaz überquerend. Der Weg hat seinen Namen von der Gewohnheit, ihn früher mit den schlechten Kohlen aufzufüllen.

Dort, wo der Elisenweg die Stadt Richtung Übersberg verläßt, liegt unterhalb und hangabwärts das *Umwegle*, auch häufig *Unwegle* geschrieben. Der Name läßt sich als schwer begeh- oder befahrbarer Weg deuten oder aber auch als Umweg um ein unwegsames Geländestück herum. Beide Deutungen sind möglich und es ist schwer zu sagen, welche die richtige ist. Seit langer Zeit wird sowohl *Unwegle* als auch *Umwegle* geschrieben, wobei allerdings *Unwegle* zuerst auftritt. Auch die mundartliche Aussprache (*Ôweagla* oder *Ãoweagla bzw. Ãonwegene*) gibt dazu keinerlei weiteren Aufschluß. Als näher differenzierende Lagebezeichnungen treten *Ober Umwegle, Hinter Umwegle* und *Unter Umwegle* auf.

Abgrenzender als die Bezeichnung Weg hält sich die Bezeichnung *Gasse*. Gasse steht in der Regel für innerhalb der Siedlung verlaufende Wege. Bevor die Straßennamen Pfullingens „salonfähig" gemacht und in die Schriftsprache übertragen wurden, gab es viele Gassen in Pfullingen.

Den Beginn der Klosterstraße bildete die *Badgasse*, heutige Badstraße, benannt nach der Badstube im Gasthof Krone, an dessen Stelle heute die Konditorei Padeffke, ehemals List, steht.
Die Klosterstraße hieß früher auch *Pfrenngaß*; möglicherweise von der Rinne (mundartl. *Renn*) des Kutzisbach abgeleitet.

Die heutige Kraußstraße nahe der Volk'schen Mühle trug auch den Namen *Gaisgasse*; die heutige Ursulastraße war das *Gaisgäßle*.

Die heutige Marktstraße vom ehemaligen Gasthof Lamm am Lindenplatz nach Reutlingen zu war die *Krämer-* bzw. *Römergasse*.

Die heutige Spitalstraße hieß früher *Spitalgasse, Scherrgasse* oder *Mußgasse* (wohl Müßgasse und von *Misse* oder *Müsse* = Sumpf).

Der südliche Teil der Mühlstraße hieß *Mühlgasse*.

Die *Steingengasse*, nicht zu verwechseln mit dem *Steingegäßle*, bildete einen Teil der heutigen Lindachstraße und der Kurzen Straße bis zur Echaz.

Beispiele für Gassen, die nicht innerhalb des Ortes verlaufen, sind die *Lindengasse*, die vom Hohenlindach nach Reutlingen verlief, sowie die *Lange Gasse* zwischen dem Birnenweg und der Kreisstraße nach Gönningen. Bei letzterer ist jedoch zu überlegen, ob es sich bei dem Flurnamen nicht um eine Anspielung an das Relief handeln könnte. Der Lindentalbach hat sich in dieser Gegend stellenweise stark eingetieft, so daß Gasse hier möglicherweise nur für diese Oberflächenform bezeichnend ist.

Die Verkleinerungsform von Gasse ist *Gäßle*, das in Pfullingen ebenfalls häufig auftritt.

Das *Eiergäßle* unweit des Eierbachs, war früher die Gönninger Straße, etwa bei der Filiale der Kreissparkasse.

Weiter stadtauswärts ging das Eiergäßle dann in das *Lindenraingäßle* über, etwa an der Stelle, wo heute die Sandstraße einmündet.

Das *Eninger Gäßle* war die heutige Lindenstraße, die quer von der Bahnhofstraße abzweigt, die Kaiserstraße quert und in einem schmalen Durchlaß auf den Lindenplatz trifft.

Im Zuge der modernen Stadtsanierung der 80er Jahre und der Realisierung des Klosterdurchbruchs verschwunden ist das *Fe(t)zerhannesen Gäßle*. Als es die jetzige, große Verbindung zwischen Heerstraße und Klosterstraße noch nicht gab, stand an der Kreuzung oberhalb des Klosterbuckels (bzw. des Stich) die Hayd'sche Getreidemühle. Von dort konnte man über einen schmalen Weg, eben das Fe(t)zerhannesen Gäßle, zur Heerstraße gelangen. Das Fe(t)zerhannesen Gäßle war sozusagen eine Art Vorläufer des Klosterdurchbruchs.

Anstelle der heutigen Luther- oder Ottostraße zog sich über die Käppelesäcker das *Galgengäßle*, das zu einer Galgenstätte auf der Kleinen Wanne führte.

Als *Hagenlochs Gäßle* - wahrscheinlich wohnte dort eine Familie Hagenloch - wurde die heutige Strohweilerstraße bezeichnet. Sie trug auch den Namen *Hanfländerweg*; führte zu den Hanfländern, deren Fasern man für die Textilherstellung nutzte.

Die heutige Leonhardstraße, die von der Klosterstraße abzweigt, den Hügel hinauf zur Rehm'schen Mühle erklimmt und leicht abfallend auf die Heerstraße stößt, hieß früher *Leergäßle*. Als man die alten Straßennamen Pfullingens ins Schriftdeutsche zu übertragen versuchte und der Sprache damit in vielen Fällen nicht unbedingt einen Gefallen tat, übersetzte man den Namen Leer mit Leonhard, weil man glaubte, es handle sich dabei um eine Koseform von Leonhard. Das Leergäßle ist aber vielmehr auf den Namen Hilarius und eine damals in der Nähe befindliche Kapelle St. Hilarii zurückzuführen. Es handelt sich somit um eine Koseform des Namen Hilarius. Leider meinte man zu gewissen Zeiten, unbedingt modern sein zu müssen, was sich in einer krampfhaften Umbenennung alter, über Jahrhunderte gebräuchlicher Namen in unglücklich übertragene oder völlig neue Namen äußerte.

Als *Rehms Gäßle* (auch *Mühlweg* genannt), nach einem der bekanntesten Pfullinger Familiennamen, bezeichnete man den Weg, der von der Josefstraße bei der Wilhelm-Hauff-Realschule abzweigend zur Echaz bei der Baumann'schen Mühle führt, diese dort überquert und auf die anderen Wege vom Schlößlespark trifft.

Das *Steingengäßle*, das von der Steingengasse zu unterscheiden ist, befand sich auf der Großen Steige.

Während die Gasse für einen innerhalb der Siedlung verlaufenden Weg steht, bezieht sich der Begriff der *Straße* (lat. *via strata*) meist auf die Hauptverbindungsachsen zwischen den Siedlungen. Es handelte sich meist um gepflasterte oder anderweitig gut befestigte Wege.

Abzweigend vom Achalmer Weg bzw. Burgweg und dem Eninger Hohlweg führt die *Eninger Straß*, die heute Reutlinger Straße heißt, nach Eningen.

Die *Holzelfinger Straß* war wohl eine andere Bezeichnung für die heutige äußere Heerstraße und den Fahrweg, der nach Unterhausen und ins Zellertal führt.

Honauer Straß hieß früher die von Pfullingen über Unterhausen nach Honau führende Landstraße; die alte B312 (nicht die Ortsumgehung).

Weitere Flurnamen, in denen der Begriff der Straße auftaucht, sind die Flurnamen *Arbach ob der Straße* und *Arbach unter der Straße*. Mit dieser Straße ist der Burgweg oder Achalmer Weg gemeint, der zwar den neutralen Begriff Weg trägt, aber als Verbindung von Pfullingen nach Eningen bzw. Reutlingen mit Sicherheit Straßencharakter besaß.

Abschüssige Straßenabschnitte heißen *Stich*, so etwa die Klosterstraße am Klosterbuckel. Leute die dort wohnten, trugen oft den Beinamen „am Stich".

Steigen und Steige

Pfullingen besitzt durch seine Lage vor dem Stufenhang der Schwäbischen Alb eine Vielzahl von Wegen, die das bergige Gelände erklimmen und als Steigen bezeichnet werden. Der Höhenunterschied zwischen den höchst- und tiefst gelegenen Punkten der Markung beträgt immerhin 434 Meter!

Nach dem Schriftbild ist die *Steige* manchmal schwer von dem im Anschluß behandelten *Steig* - beide Worte sind eng verwandt - zu unterscheiden, doch wer sich an der schwäbischen Aussprache orientiert, die für Steige *Stoig* oder *Stõeg* lautet, für den Steig hingegen *Steig*, kann sich die genaue Deutung der Flurnamen erleichtern. Beide Begriffe tauchen in Flurnamen auch häufig mit *ai* geschrieben auf. Trotzdem bleibt es in vielen Fällen schwer, eine Entscheidung zu treffen, denn heute, im Zuge des allgemeinen Vergessens von volkskundlichem Gut, wissen oft selbst die Alteingesessenen nicht mehr genau, ob es sich nun um eine Steige oder einen Steig handelt. Viele der jüngeren Pfullinger haben zudem, sofern sie sich noch dafür interessieren, die Flurnamen von Karten und Stadtplänen „gelernt", auf denen - da häufig von Auswärtigen bearbeitet - die Schreibweisen nicht immer korrekt sind. Zunächst soll auf die *Steigen*, d.h. auf ansteigende, mit Wagen befahrbare Wege, eingegangen werden.

Die in Pfullingen bekannteste Steige ist wohl die *Stuhlsteige*, die auf die Alb nach Genkingen führt. Hier ist jedoch heute zwischen der *Alten Stuhlsteige* und der *Neuen Stuhlsteige* zu unterscheiden ist. Die Bezeichnung Stuhlsteige tritt 1596 in Zusammenhang mit einem Fall von Totschlag, der auf dem Pfullinger Schrannengericht verhandelt wurde, auf. Ihr Name kommt vermutlich auch daher, daß sie für die Älbler der Weg zum Gerichtsstuhl war; *1707* noch *Stuehlstaig* geschrieben.

Die *Alte Stuhlsteige* war an sich die Fortsetzung der *Ahlsteige*, querte den Eierbach beim heutigen Stollhof und zog sich dann in Serpentinen zum Ruoffseck hinauf. 1920 wurde die Stuhlsteige neu trassiert bzw. verlegt und heißt seitdem *Neue Stuhlsteige*. Sie verläuft zunächst unterhalb der Ahlsteige / Alten Stuhlsteige, quert diese dann und führt ganz um das Quellgebiet des Eierbachs herum. Sie holt dann weit zum Scheibenbergle aus, wo sich die Abzweigung zum Gielsberg / Pfullinger Berg befindet, bevor sie dann beim Ruoffseck mit der Genkinger Markung die Albhochfläche erreicht. Die Neue Stuhlsteige hat eine Länge von 6,5 km (Ortsschild Pfullingen - Ruoffseck) und überwindet dabei einen Höhenunterschied von 330 m. Im Zusammenhang mit der Stuhlsteige sei eine nette Anekdote erwähnt, die man sich in Pfullingen zuweilen erzählt: Um die Zeit, als man die Stuhlsteige neu anlegte, gab es in Pfullingen einen reichen Bauern, den man den „Ochsendekan" nannte, da er angeblich besonders liebevoll mit seinen Tieren umging und zuweilen auch mit ihnen sprach. Dieser Mann saß auch im Kreistag und hatte sich stets gegen die Neutrassierung der Stuhlsteige ausgesprochen. Als sie dann doch neu gemacht wurde, benutzte er, der Entscheidung zum Trotz, nie die neue Steige, sondern plagte sich weiterhin mit seinen Ochsen auf der unheimlich steinigen und steilen, alten Steige – ein klassisches Beispiel für den Pfullinger Eigensinn…

Angesprochen wurde vorhin schon die *Ahlsteige* (1439 *aulstayg*) die heute die Hauptverkehrsstraße zur Ahlsbergsiedlung ist und die sich auch schon vor Jahrhunderten an derselben Stelle hangaufwärts zog.

Vom Friedhof zum Steinenberg hinauf verläuft die *Kiessteige*, früher auch manchmal *Alter Weg* genannt – eine Steige, die ebenfalls exakt an der Stelle eines schon lange vorhandenen Weges verläuft. Der Name hat indes mit Kies nichts zu tun, sondern bedeutet *Kirchsteige*, wie ältere Schreibweisen belegen: *1439 Kyrchstayg, 1563 Kirrsteig* und *1612 Kirchstaig*.

Des weiteren ist auch die *Rötsteige* unter den Pfullinger Straßennamen verblieben. Heute mehr ein Fußweg und eine Verbindung zwischen Drossel- und

Oberhaldenweg, war die Rötsteige in früherer Zeit wahrscheinlich der Hauptweg, der von der Stadt auf die rund hundert Meter höher gelegene Fläche der Röt führte.

Als es den Elisenweg, über den wir heute auf den Ursula- und Übersberg gelangen, noch nicht gab, fuhr man über die *Urslenberger Steig*, die jetzt auch *Alte Steig* heißt. Die Alte Steig begann beim Waldcafé, machte beim Hörnle eine scharfe Doppelkurve und erklomm dann bei dem aufgelassenen Steinbruch die Ursulabergebene. Bis in jüngerer Zeit soll man am Beginn der Steig am Remselesstein der Bergursel, einer Pfullinger Sagengestalt, Remselen (das sind beinerne Knöpfe) als Opfer für glückliche Fahrt gebracht haben. Eine Station des Pfullinger Sagenweges erzählt davon an dieser Stelle und hat den alten Brauch neu aufleben lassen. Inzwischen findet man in der holzgeschnitzten Hand neben dem Remselesstein wieder viele Knöpfe aller Farben und Formen!
1895 wurde dann ein neuer Aufstieg unter Finanzierung des Papierfabrikanten *Louis Laiblin (1853-1920)* gebaut. Der nach dessen Gattin *Elise Sigel (1859-1920)* benannte *Elisenweg* verläuft auf der anderen Seite des Ursulabergs.

War man auf dem Ursulaberg und wollte beispielsweise die Hochwiesen auf dem Ursulahochberg mähen, galt es weitere hundert Meter Höhenunterschied zu überwinden. So führte zum Ursulahochberg die *Hohenberger Steig*. Sie beginnt bei der Elisenhütte und zieht sich den Nordhang des Bergs hinauf bis auf die Hochwiese.

Eine andere *Hohenberger Steig* gab es auch am Lippentaler Hochberg. Hier zog sich der Weg durch das Lippental in Serpentinen zum Lippentaler Hochberg hinauf.

Um auf den Übersberg zu gelangen, muß man die *Übersberger Steig* benutzen, die auf dem schmalen Sattel zwischen Ursulahochberg und Übersberg beginnt und bis zum Übersberger Hof fast hundert Höhenmeter überwindet.

Zum Gielsberg fuhr man durch das Lindental über die *Lindentalsteige*. Die Lindentalsteige endet am Beginn des steilen Oberhangs, wo auch die Wege zur Lache im Kaltenbronnen und der Waldweg zum CVJM-Freizeitheim im Brönnlesteich abzweigen.

Die Lindentalsteige setzt sich in der *Ochsensteige* fort und erklimmt als nördlichste Steige die Gielsbergebene. Vom Waldweg in den Brönnlesteich zweigen die anderen Gielsbergsteigen ab.

Als zweitnördlichste verläuft, noch im selben Taleinschnitt wie die Ochsensteige, das *Heusteigle*. Hierbei handelt es sich, wenn auch die Schreibweise beide Vermutungen zuließen, um eine Steige, nicht aber um einen Steig, was mehr oder weniger Fußweg bedeuten würde. Der Name („Heu"), die Größe dieses Weges sowie die Tatsache, daß in manchen topographischen Karten auch Heusteige geschrieben wird, spricht eindeutig dafür, daß es sich wirklich um eine Steige handelt, die für Holz- oder Heuabfuhr benutzt wurde.

Durch den anderen, den südlicheren Taleinschnitt, verlief die *Küchensteige*. Sie war früher bis weit ins Lindental hinunter durchgehend. In den letzten Jahrzehnten wurde aber ein ganzer Abschnitt von ihr wieder der Natur überlassen.

Wir kommen jetzt zu den Steig-Flurnamen, also zu jenen, die für Fußwege bezeichnend stehen. Dabei müssen diese Steige nicht an Steigungen gebunden sein, sondern können fallweise sogar auch in ebenem Gelände verlaufen. Dennoch trifft man freilich auf eine große Zahl von Steigen, die auf Hügel, Berge und Hänge hinaufführen, was damit zusammenhängt, daß man in der Ebene leicht dazu tendiert, einen schmalen Steig dann auch zu einem breiteren Weg auszubauen.

Einer der bekannteren Steige, auch heute noch, ist der *Bronnweiler Steig* auf der Röt, auf vielen Karten aber auch *Bronnweiler Steige* geschrieben. Der Bronnweiler Steig war ein Fußweg von Pfullingen zur Marienkirche von Bronnweiler, die zu bestimmten Zeiten ein beliebter Wallfahrtsort war.

Nach Gönningen führte der *Gönninger Steig*, von denen es zwei gab. Der erste verlief in der Nähe des Blauhofs, während der zweite von der Küchensteige abzweigte und über die nördlichere Runse den Gielsberg erklomm. Für diesen letztgenannten Gönninger Steig taucht auch der Name *Lindensteigle* auf.

Man sollte überhaupt wissen, daß es früher nicht einfach war, von Pfullingen in die Nachbarorte Gönningen und Bronnweiler zu gelangen. Die heutige

Kreisstraße hat eigentlich so gesehen keine direkten Vorläufer. Sie verläuft durch ein Gebiet, das über Jahrhunderte wegen ungünstiger physisch-geographischer Gegebenheiten gemieden wurde. Wo heute die Straße den Wald am Breitenbach durchquert, war es, bevor es den modernen Straßenbau gab, sehr unwegsam. Die oberen, wasserstauenden Braunjuraschichten und die zahlreichen Quellen des Breitenbachs über diesem Quellhorizont müssen ein Fortkommen so sehr beschwerlich gemacht haben, so daß man diesem Weg den Weg durch das tiefe Selchental oder gar den Auf- und Abstieg über den Gielsberg vorzog.

Des *Ackermanns Steig* ist wahrscheinlich mit dem *Diebsteigle* im Grenzgebiet Pfullingen - Reutlingen identisch.

Bekannt, obwohl schon auf Unterhausener Markung, ist auch der *Brudersteig* im hinteren Zellertal.

Nicht mehr lokalisieren läßt sich hingegen der *Kohlsteig* (ob vielleicht andere Bezeichnung für das *Kohlenwegle*?).

Der Steig oder die Steige treten auch, mehr indirekt, in den Flurnamen *Steighau* und *Eninger Steigklinge* auf. Beide Flurnamen sind am Übersberg anzusiedeln, die Eninger Steigklinge wahrscheinlich schon auf Eninger Markung, während es sich beim Steighau um Wald im nordöstlichsten Teil der Pfullinger Markung handelt.

Fast noch häufiger tritt der Steig in seiner Diminutivform *Steigle* auf:

Da ist zunächst das *Steigle* im Wasserteich, unterhalb des schmalen Sattels, der den Wackerstein mit dem Wohn oder besser gesagt, den Auslieger des Ahlsbergs mit der Alb verbindet. Das Steigle führte möglicherweise über diesen Sattel ins Reißenbachtal. *Walcher* unterschied ein *Vorderes Steigle* und ein *Hinteres Steigle*.

Bekannt ist, wie vorhin schon erwähnt, das *Diebsteigle (1417 „ob dem Diebstaiglin")*, das im Reutlinger Straßennamen weiterlebt und über das man früher vielleicht auch die Rechtsbrecher zum Hochgericht auf den Steinenberg brachte. Die Reutlinger erzählen gerne, über diesen Weg hätten die Pfullinger eine von ihrer Marienkirche gestohlene Glocke nach Pfullingen geschafft. Selbst wenn diese Geschichte wahr sein sollte, so ist der Name wahrscheinlich eher von *diet* (mhd. = Volk, Leute) abzuleiten und bedeutet demnach schlicht und einfach Volksweg. Nach Kinkelin (1937) wurde das Diebsteigle auch als *Triebweg* bezeichnet. Auch bei Sondelfingen gibt es, wie vielleicht bekannt, einen Dietweg, der dort (*vgl. Wille 2015*) ein Teil der alten Landstraße von Tübingen nach Urach war.

Vom Sattel zwischen Ursulahoch- und Übersberg führt auf den Übersberg ein Fußweg durch eine felsige Runse, das *Klappersteigle*. Tief eingefahrene und möglicherweise jahrhundertealte Wagenspuren, die sich noch heute an felsigen Schwellen finden zeigen, daß das Klappersteigle nicht immer bloß ein Fußweg gewesen sein kann, sondern lange Zeit wahrscheinlich die einzige Auffahrt von Pfullingen auf den Übersberg war. Was haben da die Wagen geklappert, bei dem steinigen Weg! Doch steckt hinter dem Klappersteigle der Personenname Plapphardt, wie ältere urkundliche Erwähnungen zeigen.

Ein Steig, der den nördlichen Hang des Gielsbergs zum Kaltenbronnen hinaufführte, war das *Kronensteigle*, was soviel wie grünes Steigle bedeutet (vgl. ahd. *gruoni* = grün). Möglicherweise wurde es seltener begangen und war daher überwachsen.

Identisch mit dem *Gönninger Steig* ist, wie schon angedeutet, das *Lindensteigle*, das auf den Gielsberg führte.

Über die Breitwiesen zog sich das *Rote Steigle*. Der Name ist möglicherweise eine Anspielung auf die Bodenfarbe, die bei solchen Steigen bei häufiger Benutzung sichtbar wird.

Vom Breitenbach (Wolfbach) im Selchental kam man über das *Wolfsteigle*, heute auf Reutlinger Markung, zum Blauhof. Es ist der Pfad, der heute seinen Beginn auf dem Stellenbuckel hat und hinunter zum Breitenbach führt, diesen dort, an der Grenze zu Reutlingen, mit einem Steg (früher wohl der *Hohe Steg* genannt) überquert und am gegenseitigen Hang wieder hinaufzieht.

Bevor wir das Thema Wege abschließen, können wir uns vor Augen führen, daß früher Wege von einem Ort zum anderen nicht immer nur in ihrer Gesamtheit Namen trugen, sondern - je nach Beschaffenheit der Strecken oder

Besitzer der angrenzenden Grundstücke - abschnittsweise verschiedene Namen führten. So wurde erwähnt, daß der Weg nach Bronnweiler und Gönningen früher über die Röt und durch das Selchental führte. Wahrscheinlich stellen Rötsteige, Bronnweiler Steig und das Wolfsteigle Teilabschnitte dieses Weges dar.

Gebäude

Innerhalb einer Siedlung werden die Grundstücke hauptsächlich durch Gebäude eingenommen, aber auch außerhalb der eigentlichen Siedlung können Bauernhöfe, Kapellen, Schutzhütten oder Mühlen liegen. Gebäudenamen stehen häufig mit dem Besitzernamen, zeigen ihre frühere oder jetzige Funktion oder geben Auskunft über Eigenheiten des Gebäudes bzw. dessen räumliche Lage zu anderen markanten Punkten.

Häuser mit Wohn- und anderen Funktionen

Landwirtschaftliche Siedlungen bzw. Betriebe werden meist mit *Hof* umschrieben. Dabei kann es sich um ein Gebäude oder auch mehrere handeln, z.B. wenn noch Wirtschaftsgebäude dabei sind. In jedem Falle bezeichnet der Hof eine Betriebseinheit, also den Besitz eines Bauern.

Die meisten heutigen Pfullinger Höfe liegen im westlichen Teil der Pfullinger Markung, in jener parkartigen Landschaft, die sich beiderseits der Kreisstraße nach Gönningen ausdehnt.

Verläßt man Pfullingen in Richtung Gönningen, so liegt nach kurzer Strecke linkerhand der *Weiherhof*.

Die Straße macht eine Linkskurve, zu deren rechter Seite sich, im *Grund*, der *Grundhof* befindet. Das 1923 erbaute Anwesen wurde während des Zweiten Weltkriegs stark beschädigt, wird inzwischen von der vierten Generation bewirtschaftet und arbeitet mit Kühen, Mastbullen und Hühnern.

Nach der Kurve folgt, wieder auf der linken Seite, der *Eckhof*.

Vielleicht wird man von dieser kleinen Weilersiedlung auch den *Erlenhof* sehen, der sich rechterhand auf einer Anhöhe zwischen Pappeln und Obstbäumen versteckt. Der Erlenhof, der in den letzten Jahren im Zusammenhang mit NS-Raubkunst auch überregional in die Schlagzeilen geraten ist, kann mit Sicherheit als der schönste Hof Pfullingens angesehen werden. Der Hof wurde auf Geheiß des Stadtmäzen Louis Laiblin 1904 von Theodor Fischer an Stelle eines größeren Gartenhauses erbaut. In dem Anwesen soll auch der weltbekannte Schriftsteller und Dichter Hermann Hesse (1877-1962) verkehrt haben, der 1946 den Literatur-Nobelpreis erhielt. 1927 wurde der Erlenhof von dem jüdischen, kunstliebenden Ehepaar Ernst und Agathe Saulmann, das 1936 vor den Nationalsozialisten fliehen mußte, erworben.

Wer zum Erlenhof gelangen möchte, biegt von der Kreisstraße hinter dem Vereinsheim der Kaninchenzüchter rechts ab und hält sich auf den großen asphaltierten Feldwegen links. Man kommt dabei auch am *Georgenhof* vorbei, der am hinteren, unteren Ende der Röt liegt.

Auf dem Pulversrain, unweit des Erlenhofs, liegt der *Tannenhof* mit Pferdepension und Reitschule.

Am Eierbach liegt der bei Kindern beliebte *Schwillehof*, ein Erlebnis-Bauernhof.

Im Wasserteich, wo die ehemalige Alte Stuhlsteige den Eierbach überquert, liegt der *Stollhof*.

Ein beliebtes Ausflugsziel und daher auch weit über Pfullingen hinaus bekannt, ist der *Übersberger Hof* auf dem Übersberg, der von Pfullingen aus über den Elisenweg und eine Anfahrt von 8 km erreicht werden kann. Der Übersberger Hof hat seinen Vorläufer in einer Unterkunft, die 1691 für einen ständigen Hirten und sein Vieh erstellt wurde. Der Übersberger Hof war dann von 1764 - 1766 ein Fohlenhof. Herzog Karl Eugen hatte ihn gepachtet, den Vertrag wegen des dortigen Wassermangels aber dann bald wieder gelöst. Der Hof hatte verschiedenste Pächter. Das Recht zur Betreibung einer Schankwirtschaft wurde 1838 erteilt. Die Geschichte des Übersberger Hofs beschreibt ausführlich *G.Maier (1930)*.

Am Lindenplatz lag der *Fronhof*, der zum Achalmgut gehörte. Dieser war der Herrenhof (ahd. *fro* = Herr, *frouwa* = Herrin), wo sich einst zur Zeit der Landnahme der Stammesführer niederließ. Der Herr auf dem Fronhof war ein Hochadeliger. Bis ins Mittelalter hinein war er der größte Hof und auch der einzige, der östlich der Linie Heerstraße - Marktstraße lag. Zum Fronhof gehörte auch die nahegelegene Braike. 1454 umfaßte der Fronhof knapp 38 Jauchert (1 Jauchert, auch Joch genannt = 33,09 Ar) Acker „*in Steinow* (wahrsch. Steinge?), *Underwegen und Vorbuoch*".

An der Ecke Strohweilerstraße / Gönninger Straße, wahrscheinlich an der Stelle des Gebäudes Nr. 42, lag der *Palmershof*, von dem aus auch der Übersberg eine Zeitlang bewirtschaftet wurde. Der Palmershof war Ausgangspunkt für die Entstehung des merowingischen Strohweilers, während sich das eigentliche Pfullingen lange Zeit östlich der Echaz hielt. Auch der Palmershof war ein achalmisches Gut. Zum Palmershof gehörte neben einer Vielzahl von anderen Flurstücken auch der Palmersbrühl, der 1412 genannt wird.

In der Josefstraße, hinter dem Pfarrhaus II befand sich der *Volkmarshof*.

Bis Mitte der achtziger Jahre war in Pfullingens Stadtmitte der *Wickenhof* ein dominantes Gebäude. Erstmals 1454 genannt, war er ein Klosterhof des Klarissenklosters Wittichen bei Alpirsbach und dritter Großhof in der Reihe der Achalmgüter. Das Gebäude, das zuletzt noch einen türkischen Laden im Untergeschoß hatte, wurde um 1750 erbaut. Von verschiedenen Seiten gab es Bestrebungen, den Wickenhof als eines der immer weniger werdenden alten Gebäude in Pfullingen zu erhalten. Anderer Ansicht war leider das Landesdenkmalamt, das den Wickenhof nicht als schützenswertes Objekt einstufte. So rückten im Frühjahr 1985 die Bagger an, um Platz für ein neues Gebäude zu schaffen. Der Grund lag jedoch zunächst einige Zeit brach: Er wurde dabei länger von einem Griechen und dessen Imbißbude genutzt, und erst 1990 begann man dann mit der Errichtung des derzeit an dieser Stelle stehenden Gebäudekomplexes.

Restauriert wurde hingegen vor einiger Zeit ein schmuckes Fachwerkhaus in der Klemmenstraße: der ehemalige *Martinshof*.

Am Stellenbuckel, wo der Weg ins dunkle Selchental hinabführt, lag der *Kappelhof*. Der Hof bestand nur 27 Jahre lang. In der *Oberamtsbeschreibung von Reutlingen (1824)* heißt es:

„Der Capelhof, der im Jahr 1790 von zwey Pfullinger Bürgern angelegt worden war, wurde 1817 wieder abgebrochen".

Angeblich betrieb der Bewirtschafter dort im finsteren Walde auch finstere Machenschaften wie Falschmünzerei. Der Pächter soll auch Reisende ausgeplündert haben und daher als Schimmelreiter im Selchental umgehen.

Eine andere Hofwüstung, die heute auf Reutlinger Markung liegt, ist der *Blauhof* oder *Blauenhof* auch *Gerungshof (1386 „deß Blawen hoff, den man nemmet Gerungsholtz")*, der entweder auf einem Riedel zwischen dem Selchental, der Gurgel und der Gönninger Wolfbachklinge (man findet dort noch Siedlungsspuren) oder aber unten beim Breitenbach, vielleicht sogar beim Weiler Breitenbach (s.u.), lag. Nach *Wille (2015)* war er zunächst wohl noch ein Weiler, der bis 1300 den Gönninger Herren von Stöffeln gehörte und dann durch die Krisen des 14. Jh. zu einem Hof schrumpfte.
Der Hof umfaßte einst ein Gebiet von 250 Morgen. Die Familie Blau war in zu der o.g. Zeit Pächter des Hofs, eine Familie Gerung hingegen der Eigentümer. Beide Familien sind zu dieser Zeit urkundlich in Reutlingen belegt. Auch existiert eine Zeichnung des Gebietes aus dem Jahre 1569. Der Hof, der auch dem Grafen von Württemberg und dann zum Reutlinger Spital gehörte, ging spätestens im 16. Jahrhundert ab; das Land wurde 1826 an Reutlingen verkauft. Wegen der Lage- und Besitzverhältnisse war der Blauhof immer wieder Zankapfel zwischen Reutlingen und Pfullingen. Näheres vom Blauhof berichtet auch *Paul Schwarz* in *Pfullingen einst und jetzt (1982)*.

Wenn von Wüstungen die Rede ist, muß auch der Weiler Breitenbach im unteren Breitenbachtal bzw. Selchental erwähnt werden, der nach *Wille (2015)* um 1441 noch bewohnt, aber um 1500 bereits verlassen war. Um das 12. /13. Jahrhundert, eine Zeit, die ohnehin im Mittelalter eine Blütezeit war, hat offenbar reger Umtrieb im Selchental geherrscht. Heute ist es still um diese Gegend und nur einige Schilder des Forstbetriebs mit den Flurbezeichnungen weisen noch auf die restlos wüst gefallenen Siedlungen hin. Der Weiler Breitenbach fällt somit unter die zahlreichen spätmittelalterlichen Wüstungen, die zu jener Zeit u.a. als Folge von Pestepidemien (1347-51) und Klimaver-schlechterungen mit Beginn der sog. Kleinen Eiszeit verschwunden sind.

Als die am häufigsten erscheinende Bezeichnung für Einzelgebäude tritt *Haus* auf. Im siedlungsgeographisch-wissenschaftlichen Sinne steht der Begriff für ein Gebäude, bei dem sich Dach und Wand klar unterscheiden lassen und auch aus unterschiedlichen Materialen bestehen. Im Gegensatz dazu gehen bei der *Hütte* Dach und Wand ineinander über und bestehen auch aus demselben Material. Diese Unterschiede macht das Volk allerdings nur selten bei der Benennung der Gebäude. Für die Namensgebung beim Volk ist wichtiger, ob ein Gebäude ständig oder nur zeitweise bewohnt ist und welche Größe es hat. Wie auch heutzutage noch, so wurden schon früher Häuser mit ganz besonde-ren Funktionen eigens benannt.

Auf der Scherr stand früher das *Armenhaus*, dort, wo sich heute die Sägemüh-le Flad befindet und die Hohe Straße die Echaz mit einer Brücke überquert, die wegen der Nachbarschaft zum Armenhaus auch *Bettelbruck* hieß. Die Armenhäuser waren die bescheidenen Vorläufer unserer heutigen sozialen Einrichtungen. Das Armenhaus brannte 1764 ab. In der Nachfolge wurde dann das *Schießhaus* an der Kiessteige zum Armenhaus. Bis zu dieser Zeit war das Schießhaus ein Schützenhaus, worauf auch die Flurnamen *Beim Schützenhaus* und *Schützenhauseschle*, die beide in räumlicher Nähe liegen, hinweisen.

Das *Schulhaus* befand sich südlich des Kirchturms innerhalb des Kirchhofs. Es wurde 1557 u.a. aus den Steinen der auf dem Georgenberg abgebrochenen St. Georgs-Kapelle gebaut und dann im 19.Jahrhundert ebenfalls abgerissen, nachdem schon 1752 der Unterricht ins heutige Rathaus II verlagert worden war. 1844 wurde dann das *Bubenschulhaus* ob der Martinskirche und 1901/02 das *Mädchenschulhaus* (heutige Uhlandschule) gebaut.

Beim *Pfarrhaus*, das *Walcher* erwähnt, handelt es sich um das Pfarrhaus am Laiblinsplatz. Es wurde 1740 an der Stelle eines kleineren erbaut und 1804 vom Spital Nürtingen gegen das Pfarrhaus in Neckarhausen eingetauscht.

In der Josefstraße, früher Kilzengasse, befand sich das Haus des Pfarrhelfers (Diakon), daher genannt das *Helferhaus* (heute Pfarrhaus I des Stadtpfarramts), zu dem wahrscheinlich auch die *Helferei Wies* gehörte. Mit *Helferei* wurde oft auch die ganze Josefstraße bezeichnet.

In der Lindachstraße befand sich das *Hundshaus*, in dem die herzoglichen Hunde des Schlosses für die Jagd gezüchtet, gepflegt und bereitgehalten wurden.

Waschhäuser gab es offenbar lt. *Walcher* drei: eines in der Klemmengasse, ein zweites beim Klemmensteg und ein drittes beim Bad.

Der Name *Bindhaus*, der ein Haus in der Klemmenstraße bezeichnete, weist auf die Lage des Gebäudes nahe einer Bëunde hin, während das *Hagenhaus*, das auch noch als *Farrenstall* bekannt war und neben dem Rathaus II lag, wahrscheinlich nicht auf Hecken (Hag), sondern auf seinen Besitzer, eine Person mit dem Personennamen Hagen oder dem Familiennamen Ha(a)g hinweist.

Ganz eindeutig auf den Besitzer weist auch der Name *Butturslen Haus* hin.

Das Haus tritt auch in seiner Verkleinerungsform *Häusle* auf, wie in *Siechenhäusle, Wächterhäusle, Grundhäusle* und *Hexenhäusle*.

Das *Siechenhäusle* (*1707 „Siechenhäußlin"*) lag am Arbach an der Grenze nach Reutlingen, etwa dort, wo heute die Römerstraße den Arbach überquert. Die Siechenhäuser waren im Mittelalter eine Art Vorläufer der späteren Spitäler (siechen = krank sein; davon: die Sucht). Man brachte dort vor allem Leute mit ansteckenden Krankheiten unter. Am bezeichneten Ort gab es offenbar ein Reutlinger und Pfullinger Haus. Das Siechenhaus am Arbach gehörte auch zeitweilig dem Pfullinger Kloster.
Das bereits 1656/57 erwähnte *Wächterhäusle* war das Häuschen für die Nachtwächter und befand sich in der Kirchgasse beim Schulhaus.

Die drei *Grundhäusle*, die es auf der Markung Pfullingen gab, sind schon an anderer Stelle erwähnt worden.

Nur wenige Male tritt die *Hütte* unter den Pfullinger Flurnamen auf. Da ist zunächst die *Ziegelhütte*, eine Hütte, in der Ziegel gebrannt wurden; wo sich also eine Ziegelei befand. Sie lag etwa dort, wo sich die Große und die Kleine Ziegelstraße, die ihren Namen nach der Ziegelhütte haben, treffen.

Auf dem Ursulaberg steht dort, wo der Elisenweg die Höhe erreicht am Steilabfall nach Unterhausen hin die *Ernsthütte*, eine hölzerne Schutzhütte für Wanderer, die nach *Ernst Laiblin (1853-1920)* benannt ist.

Am Aufgang zum Ursulahochberg steht eine andere Schutzhütte aus Holz, die *Elisenhütte*.

An der Grenze nach Unterhausen, in der Gegend von Pfaffenbühl und Pfaffenrain liegt die *Grenzhütte*.

In der äußeren Gönninger Straße liegt am Eierbach die *Schlechttalhütte*. Peter Kramer benannte das lange zuvor von Italienern und dann einige Jahre von Türken bewohnte alte, um ca. 1910 erbaute Bauernhäuschen so, weil es das Gegenstück zum Schönbergturm sei, dessen Bewirtschafter er auch war. In dem Haus ist das „Schaffwerk", eine Art Gedenkmuseum für Peter Kramer (gest. 2010) untergebracht.

Zuletzt bleibt noch der seltsam anmutende Flurname *Hüttenkrieger*. Der Flurname ist auf dem Spielbach zu suchen und geht bis ins 17.Jahrhundert zurück. Möglicherweise hat dort draußen längere Zeit ein ausgedienter Soldat oder Kriegsveteran gelebt, der sich – wie bei traumatisierten Menschen oft der Fall - nicht mehr richtig in eine Gemeinschaft integrieren konnte und daher lieber alleine in einer kleinen Hütte wohnte.

Gebäude, die der Unterkunft für Fremde dienten, waren die *Herbergen*, die es schon im Mittelalter gab und die der Unterbringung Reisender dienten. Am Nordfuß des Ursulabergs lag die *Kalte Herberge*. Es jedoch fraglich, ob der Flurname jemals wirklich für ein Gebäude bezeichnend stand, oder ob es sich nicht schlichtweg um eine Beschreibung der dortigen klimatischen Verhältnisse handelt. Es ist zum einen nichts von einem Gebäude bekannt, zum anderen führte früher an sich auch kein überregional bedeutsamer Weg auf den Ursulaberg hinauf.

Konkretere Angaben liegen über die *Badstube* vor. Badstuben waren früher von den Gemeinden eingerichtet und wurden über einen angestellten Bademeister (Bader) beaufsichtigt. Die Bader mußten unentgeltlich Bäder verabreichen, wofür sie das Badehaus nutzen durften. Auch in Pfullingen gab es eine solche Badstube. Sie befand sich in der 1968 abgebrochenen Kronenwirtschaft am Laiblinsplatz. Erster Bader (um 1648) war Jakob Spannagel, der auch gleichzeitig lange Zeit das Amt des Ratsbürgermeisters bekleidete. Nach der Badstube in der Krone ist auch die *Badstraße* benannt.

Auch in dem Gebäude der ehem. Wäscherei Schlegel (in der Klemmenstraße), das eine eigene Quelle besaß, war für einige Zeit eine Badstube untergebracht.

Mühlen

Mühlen hatten in Pfullingen einen ganz besonderen Stellenwert. Begünstigt durch die wasserreiche, nie versiegende Echaz mit ihren zahlreichen Kanälen entstand schon früh eine Vielzahl von verschiedenen Mühlen. Dies waren in erster Linie Mahlmühlen, aber auch Sägemühlen, Gipsmühlen, Pulvermühlen, Papiermühlen, Lohmühlen, Walzmühlen, Ölmühlen, Flachsmühlen, Reibmühlen und Eisenhämmer.

Bereits für das Jahr 1098 ist für Pfullingen eine Mahlmühle nachgewiesen, die spätere *Baumühle*, die zur Oberen Burg und somit zum gräflichen Achalmgut gehörte. Schon 1624 standen entlang der Pfullinger Echaz elf verschiedene Mühlen, während man um 1830 schon 22 Triebwerke zählte. Im 20. Jahrhundert begann das Mühlensterben. Moderne Technik hatte die Arbeitsgänge ersetzt und zudem war der Energiebedarf drastisch gestiegen. Die Gebäude standen vielfach nutzlos herum, bis sie abgebrochen wurden - ein Jammer, wie man heutzutage bei der Suche nach klimaneutralen Energiequellen feststellt.
So fiel in Pfullingen 1968 die *Klostermühle* der Erweiterung des Gymnasiums zum Opfer. Im selben Jahr verschwand auch die Schloßmühle, während zu Beginn der achtziger Jahre die *Haydt'sche Mühle* (seit 1799 Getreidemühle) dem Klosterdurchbruch und die 1884 errichtete *Gipsmühle* der Klosterseeanlage weichen mußte. Am Standort der ehemaligen Gipsmühle wurde vor einigen Jahren eine Art Gedenkstein errichtet, der die Standorte heutiger und einstiger Mühlen in Pfullingen zeigt. Für eine Integration des interessanten

Gebäudes in das Klosterseeprojekt war die Planung, obgleich der Vorschlag wohl damals diskutiert wurde, leider noch nicht reif.

Langsam besinnt man sich – unter der Notwendigkeit eines Klimaschutzes – nun wieder der Möglichkeit einer umweltfreundlichen Energieerzeugung durch Wasser-Kleinkraftwerke, wie die Inbetriebnahme eines Wasserrades (s.u.) beim Gymnasium zeigt.

Die Mühlengeschichte Pfullingens ist sehr umfangreich, und da es hier in erster Linie um die mühlenbezogenen Flurnamen geht, verweise ich diesbezüglich auf andere Beschreibungen, die in Heimatbüchern, Regionalia (etwa *Beiträge zur Pfullinger Geschichte*), sowie Zeitungsartikeln immer wieder zum Thema erschienen sind. Ganz besonders empfehle ich natürlich auch den Besuch des hervorragend eingerichteten Mühlenmuseums in der Baumann'schen Mühle. Andere Mühlen sind manchmal an speziellen Mühlentagen oder am Tag des offenen Denkmals zu sehen.

Bei *Walcher* treten zahlreiche Mühlen als solche, sowie Flurnamen, die mit den Mühlen in Verbindung stehen, auf.

Das ist zunächst die *Bachmühle*, die in der Gönninger Straße beim heutigen Gymnasium stand. Die Bachmühle war eine Mahlmühle, bevor sie 1894 durch Johannes Rieger in ein Elektrizitätswerk umfunktioniert wurde. Seit 2012 funktioniert an der Stelle nun wieder ein oberschlächtiges Wasserrad zur Stromerzeugung. Es wird von FairEnergie betrieben, hat eine Nennleistung von 20 kW und liefert 140.000 kWh pro Jahr, was zum Klimaschutz eine CO^2-Ersparnis von knapp 67.000 kg beiträgt. 40 Haushalte können mit Strom versorgt werden. Die Echaz überwindet an dieser Stelle 2,84 m an Gefälle.

Die schon erwähnte *Baumühle*, auch *Bauermühle* genannt, die nach *Walcher* auch mit einer genannten Ölmühle identisch ist, stand an dem Fließabschnitt der Echaz zwischen der Hohen Straße und der Klosterstraße. *Bau-* bedeutet zum Bau, d.h. zum Herrenhof gehörig. Die Mühle brannte im 30jährigen Krieg ab, ohne wieder aufgebaut zu werden. Auf der Baumühle hatte das Geschlecht der Baumann seinen Sitz.

Die *Kil(t)zenmühle* (auch *Kilsenmühle; ob von Kilian?*) oder *Baumann'sche Mühle*, die 1799 an der Stelle einer älteren, um 1500 errichteten Mühle erbaut wurde, ist als Mühlen- und Trachtenmuseum heute Glanzstück unter den in Pfullingen noch existierenden Mühlen. Neben dem für Besucherzwecke vorgeführten Mühlrad besitzt sie auch eine Turbine, die je nach Wasserführung der Echaz zwischen 3 und 18 kW erzeugt. Die Baumann'sche Mühle beherbergt die Mühleneinrichtung der 1980 abgebrochenen Haydt'schen Mühle.

Die *Leermühle*, heute gemeinhin *Rehm'sche* oder *Obere Mühle* genannt, steht am ⅜-Kanal der Echaz in der Leonhardstraße. Man vermutet, daß die Mühle zunächst eine Tuchwalke war, später in eine Mahlmühle umgewandelt wurde und schließlich zuletzt in eine Papiermühle, mit der auch der Flurname *Brühl bei der Papiermühle* in Zusammenhang steht. 1521 wird die Obere Mühle erstmals im achalmischen Lagerbuch der österreichisch-württembergischen Regierung erwähnt. Das Gebäude beherbergt heute eine Töpferei.

Ebenfalls am ⅜-Kanal der Echaz, steht am Ende eines Stichwegs zur Kraußstraße die *Lohmühle* oder *Volk'sche Mühle*, eine Mühle, die (Eichen-)Rinde zu Gerberlohe zermahlte. Später war die Mühle eine Getreidemühle. Wie die Baumühle war auch die Lohmühle Zubehör der Oberen Burg, blieb aber bis in jüngere Zeit ein Bestandteil des Achalmgutes. Das Gebäude trägt im Eingangstorbogen die Jahreszahl 1578, wird aber schon viel früher erwähnt (*1475 „by der lochmülen"*), so daß an seiner Stelle offenbar vorher schon eine ältere Mühle stand. Das jetzige Gebäude ist mustergültig renoviert worden, wohingegen man sich für die Erhaltung des schönen oberschlächtigen Wasserrades nicht einsetzen wollte und dies gegen Ende der 80er Jahre entfernte: das Gebäude stand unter Denkmalschutz – das Wasserrad leider nicht! Manche behördlichen Entscheidungen ergeben keinen Sinn, und vielleicht hätte man heutzutage anders gehandelt.

Zum Schloß gehörte die *Schloßmühle*, auch *Untere Mühle* oder *Talmühle* genannt. Sie befand sich in der Mühlstraße. Das Gebäude wurde 1968 abgebrochen, während das Mühlenwehr noch existiert.

An Sägemühlen gab es die *Alte Sägemühle*, die sich in der Klemmenstraße bei der Wäscherei Schlegel befand, und die *Neue Sägemühle* - die *Sägemühle Flad*. Letztere wurde 1726 von dem Zimmermann und Sägemüller Hans Georg Seiz erbaut und ging 1878 in den Besitz der Familie Flad über.

Der Flurname *Bei der Schleifmühle* (*1470 „bi der Schlüffmülin"*) bezeichnet eine Schleifmühle, die in der Nähe der Einmündung des Arbach in die Echaz nahe der Grenze zu Reutlingen stand.

Die *Walkmühle* oder *Färbe* (von Färberei) befand sich beim *Sengensteg*, auch *Färbensteg* genannt, dort, wo die Kurze Straße die Echaz überquert.
Die *Kunstmühle*, an die noch – damals am Ortsrand zur Steinge hin - der Straßenname erinnert, war eine weitgehend mechanisierte Getreidemühle, die 1836 errichtet wurde.

Mit den Mühlen steht neben den direkten Gebäudebezeichnungen noch eine ganze Reihe von anderen Flurnamen in Verbindung:

Die *Mühlgasse* bezeichnete die südliche Hälfte der heutigen Mühlstraße, die ihren Namen nach der ehemaligen Schloßmühle trägt.

Von der Josefstraße zur Baumann'schen Mühle verläuft ein Weg, der früher *Mühlweg* oder *Rehms Gäßle* hieß, während des *Volken Mühleweg* die heutige Kraußstraße bezeichnet und seinen Namen nach der Volk'schen Mühle hat. Auch der *Lohmühlegartenweg* führte zur Volk'schen Mühle.

Auf die Gräben, die den Mühlen das Wasser zuleiten, weisen die Flurnamen *Mühlgraben* und *Mühlrauns* hin. Der Mühlgraben bezeichnet die ⅜-Echaz von der Urfall bis zur Rehm'schen Mühle, während der Name *Mühlrauns* (= Mühlrinne) für die ⅝-Echaz bei der Klosterstraße steht.

Der *Mühlwasen* war ein Wasen, der in der Nähe der Scherr lag und zu einer der nahegelegenen Mühlen gehörte.

Sakralbauten

Hauptkirchen waren zur Zeit des Mittelalters die *Martinskirche* und die *Klosterkirche*. Dies zeigt die Bezeichnung *Kirche* (aus gr. *kyrikon*) die immer für ein Gotteshaus größerer Dimension steht.
Flurnamen zeigen aber, daß Martins- und Klosterkirche nicht die einzigen Sakralbauten waren. Der Flurname *Eschkirch* läßt vermuten, daß auf dem

sanften Rücken zwischen Eierbach und Lindentalbach früher noch eine Kirche gestanden haben muß.

Neben den Kirchen gab es zahlreiche *Kapellen* (aus lat. *capella*), in denen einzelne Heilige verehrt wurden
.

So gab es etwa die 1555 abgebrochene Kapelle *St. Georg* auf dem Gipfel des Georgen- oder Echitzenbergs, dem Heiligen Georg, dem Drachentöter geweiht, oder *St. Hilarius* (mehrere Heilige dieses Namens) am Leergässle (Leonhardstraße). Die Kapelle hatte (nach *Meyer*) eine Größe von 36 x 48 Schuh.

Auf *Kapellen* weisen auch die Flurnamen *St. Bantlion* bzw. *Pantaleon, St. Antoni, Käppelesäcker, Kappelhof* und *Kappelwies* hin.

St. Bantlion (1391 „hinder sant Pantleon"), die Pantaleons-Kapelle, lag im Grenzgebiet zu Reutlingen beim Siechenfeldle. Der Heilige Pantaleon war ein Märtyrer aus der spätrömischen Zeit.

Die *St.-Antonius-Kapelle* stand am Ortsausgang von Pfullingen nach Reutlingen, etwa hinter dem Lindenplatz oder bei der heutigen Kurzen Straße. Der Heilige Antonius (1188-1231) stammte aus dem mittelalterlichen Portugal und wirkte in Italien; daher auch meistens unter dem Namen Antonius von Padua bekannt. Ein Gebet zu ihm hilft, verlorene Dinge wiederzufinden. Die nicht mehr existierende Kapelle wurde nach *Kinkelin (1937)* gegen 1500 erbaut.

Die *Käppelesäcker*, heute überbaut (zwischen Sandstraße und Ludwigstraße; Straßenname *Im Käppele*), deuten auf die *Kapelle Unserer lieben Frau am Sande* hin, deren einstiger Standort beim Kenzlerbronnen gewesen sein soll, was einen Sinn ergäbe, da die Mutter Gottes die christliche Fortführung des Kultes um Fruchtbarkeit und Ursprung des Lebens (Quelle!) ist.

Der *Kappelhof* wurde bereits angesprochen und ist auch möglicherweise im Zusammenhang mit einer Kapelle zu sehen, denn große Hofgüter konnten eigene Kapellen besitzen.

Die *Kappelwies* lag in der Nähe der St.Pantaleons- Kapelle und deutet auf diese hin.

Die Frage, wo denn all jene genannten Kapellen geblieben sind, läßt sich einfach beantworten: Im Zuge der Reformation wurden sie abgebrochen. Ihre Teile wurden wahrscheinlich in einigen Fällen beim Bau anderer Gebäude als Spolien verwendet, z.B. beim schon erwähnten Schulhaus, das u.a. aus Teilen der abgebrochen St. Georgs-Kapelle errichtet gewesen sein soll.

VOLKSGLAUBE UND GESCHICHTE

Spiel, Fest und Religion

Wollte man das Tun und den Lebensinhalt der Leute in den vergangenen Jahrhunderten charakterisieren, so kann man getrost behaupten, daß der Großteil der Bevölkerung von Orten wie Pfullingen ein Leben zwischen Arbeitsfron und Kirchgang fristete. Freude und Ausgelassenheit waren allgemein auf wenige Tage des Jahres und bei jedem Einzelnen noch auf verschiedene Anlässe wie Hochzeit, Taufe etc. beschränkt. Nur der Adel und - hinter vorgehaltener Hand auch die Geistlichkeit – kannte ein größeres Ausmaß an Festen und Veranstaltungen, die der reinen Vergnügung dienten. Dennoch muß auch gesehen werden, daß es früher weitaus mehr kirchliche Feiertage gab, als wir sie heute kennen. Doch auch diese Feiertage hatten ihr jeweiliges strenges Protokoll und boten daher weniger Erholung als die Menschen nach ihrer harten Arbeit eigentlich verdient gehabt hätten.

Dem Pietismus folgend waren Fröhlichkeit und Feiern insgesamt schon sehr eingeschränkt, was selbst nach dem Verschwinden des starken Einflusses der Religion noch lange Zeit nachwirkte. Erst die jüngeren Generationen konnten sich allmählich von den Diktaten der Kirche befreien. Entsprechend dieser Traditionen finden sich auch unter den Flurnamen nur wenige, die auf abspannende Tätigkeiten des Menschen hindeuten.

Spiel und Fest

Auf Spiel und Fest können Flurnamen wie *Spielbach* und der *Spielberg*, ein simsartig um den Lippentaler Hochberg umlaufender Riedel auf benachbarter Unterhausener Markung, hin.

Von *Kirchspiel* ist wahrscheinlich auch die *Krispelgasse* (nördliche Hälfte der heutigen Mühlstraße) herzuleiten.

Kirchspiele waren Spiele, bei denen Szenen aus der Bibel nachgespielt wurden. Manche Personen bekleideten jahrelang dieselbe Rolle (z.B. Truchseß) und so konnte es sogar manchmal zur Übernamens- und Namenbildung kommen, indem man die Akteure dann auch im Alltag „König" oder „Truchseß" nannte, selbst wenn sie einfache Bauern und keine Adeligen waren.

Religion

Christlicher Glaube

Der christliche Glaube wurde durch die Langobarden und Franken eingeführt. Er hatte sich in Pfullingen schon zwischen 600 und 650 fest etabliert. Davon zeugen die bei der Renovierung der Martinskirche 1962 ausgegrabenen Reste einer alemannischen Holzkirche; vor allem aber ein Fisch aus Silberfolie, den man in einem alemannischen Grab am südlichen Ortsrand fand. Bekanntlich galt der Fisch ja als Geheimzeichen der frühen christlichen Gemeinden.

Auch Flurnamen, die auf den christlichen Glauben der Bevölkerung hindeuten, gibt es. Neben den vielen Kirchen und Kapellen, die vorhin schon unter dem Abschnitt Sakralbauten erwähnt wurden, sind es noch einige andere.

Häufig geben Flurnamen Hinweise auf *Kreuze* als Symbole des Christentums, benutzt als Grabmale, Mahnmale oder um Unglück abzuwenden. Sie wurden etwa an wichtigen Wegekreuzungen aufgestellt, damit der Bauer oder Wanderer auch draußen auf dem Felde sein Gebet sprechen konnte. Man errichtete sie aber auch an Stellen, an denen Leute verunglückt waren oder Opfer eines Verbrechens wurden. Auch heute noch stellen ja Menschen, die einen Angehörigen bei einem Verkehrsunfall verloren haben, Mahnkreuze oder Gedenklichter an der Unfallstelle auf und pflegen diese oft jahrelang. Früher errichtete man Kreuze auch als sog. *Wetterkreuze* auf. Sie sollten Mensch, Tier und Feldfrucht vor der Unbill des Wetters schützen.

Ein solches Wetterkreuz hat wohl einst auch auf der Röt gestanden, wie der Flurname *Wetterkreuz* zeigt. Gerade auf der sehr exponierten Hochfläche der Röt fürchtete man sich in früherer Zeit sicher besonders vor Unwettern, denn das Gelände bot wenig Schutz und bis zur Siedlung zurück war es doch ein gutes Stück des Wegs.

Ein Holz- oder Steinkreuz hat vermutlich auch einst auf der *Kreuzwiese* auf der Kleinen Steinge gestanden, wenn der Name nicht etwa auf die Lage der Wiese an einer Wegekreuzung zurückzuführen ist. Doch errichtete man ja gerade an den größeren Wegekreuzungen auch bevorzugt Feldkreuze, eben weil dort jeder vorbeikam.

Konkreten Hinweis auf die Art der Kreuze, nämlich auf Steinkreuze, gibt der Flurname *Bei den Kreuzsteinen* am Burgweg.

Auf Bildstöcke mit Heiligenbildern deutet die *Bild-* oder *Billetwiese*, die in der Gegend der Villa Laiblin lag, hin. Die Wiese gehörte einst zum Kloster und war 3½ Mannsmahd groß. Auch die *Zeil* war vielleicht eine Bildsäule.

Die Gottesmutter und Schutzpatronin Maria soll sich im Flurnamen *Bargenbuch* verbergen. Angeblich leitet sich dieser Flurname von Ave-Märgen-Buch her, da in dem so bezeichneten Gebiet einst eine Marienbuche gestanden haben soll. Andere Deutungen (von *Barg* = Eber) wurden bereits in Erwägung gezogen.

Vorchristlicher Glaube

Längst scheinen sie vergessen, die alten vorchristlichen Götter der Germanen und anderer Völker. Dennoch hat sich auch bis in unsere Zeit ein Rest des vorchristlichen Glaubens hinübergerettet, wie er uns noch in einigen unserer Wochentage wie z.B. dem Donnerstag (nach *Donar* oder *Thor*; Donnergott) und dem Freitag (*Freyja*; Liebes- und Fruchtbarkeitsgöttin) allgegenwärtig und vertraut ist.

Auch in manchen Flurnamen, die dann folglich sehr alt sein müssen, findet man Anspielungen auf die vorchristliche Götterverehrung.
Ein Beispiel ist der *Gutenberg* bei Eningen, der sich wahrscheinlich von *Wotan* oder *Wuotan* (weiter nördlich: *Odin*; Wind- und Totengott) ableiten läßt.

Ein solch ausgeprägtes Beispiel gibt es auf Pfullinger Markung leider nicht, doch erzählte man von der *Heergasse* oder *Heerstraße*, wie in vielen Orten, in denen es Heergassen gibt, daß dort des *Wuotans Heer* (*'s Muotesheer,* auch *Moddles Heer*) entlangzieht, wenn ab dem Spätherbst die Stürme durch die Gasse fegten. Damit die Kinder beim garstigen Wetter hübsch in ihren Stuben blieben, sagte man ihnen auch gerne, das Muotesheer würde sie mitnehmen, wenn sie hinausgingen und ihm begegneten. Auch ungetauft gestorbene Kinder kamen angeblich unter das Muotesheer. Zu Weihnachten, so hieß es, reite das Muotesheer direkt an der Martinskirche vorbei. Auch soll es manchmal schöne, verlockende Musik gemacht haben, vielleicht, um Kinder zu sich zu locken. Wenn das Muotesheer recht lärmte, so sagte man, daß es ein fruchtbares Jahr gäbe

Ein Hinweis auf alte Gottheiten soll lt. *Kinkelin* der Flurname *Altvatter* bzw. *Allvatter* (unterhalb der Frauenhalde) sein. Er vermutet darin *Donar (Thor)*, der ein Gott v.a. der Bauern war, weil er die Himmelsgewalten zu bändigen vermochte.

Aufschlußreich ist die Ableitung des Namens *Ahlsberg* (und ebenso: *Ahlbol, Ahlbolweg, Ahlenstall* und *Ahlsteig*) von *al*, was nach *Keinath* im Schwäbischen ein Heiligtum, das auch umzäunt sein konnte, bezeichnet (vgl. auch *Buck*: ahd. *alah, alach* = umzäunter, geweihter Ort, lat. *arx*). Man beachte die Ähnlichkeit mit *Allah* = türkisch-arabisch für Gott!

Es ist wohl anzunehmen, daß auf so herausragenden und markanten Bergen wie der Wanne oder dem Schönberg sich einst heilige Stätten befanden. Diese Vermutung läßt sich durch die Behauptung *Rupps (1869)* unterstützen, nach dessen Meinung der *Schönberg* nichts mit „schön" zu tun hat, sondern seinen Ursprung in *Scheme* = Maske, Larve (lat. *scema*) hat und somit auf Hexen oder Geister hinweist. Diese Behauptung wird durch die mundartliche Aussprache gestützt, sagen doch alle Alteingesessenen in Pfullingen nicht Schönberg, sondern *Schemberg*. Schönberg ist lediglich eine schriftdeutsche Transkription des Namens, der so seiner sehr ursprünglichen Bedeutung wahrscheinlich entstellt wurde.

Von *Götzen*, also Gegenstände, die als Götter verehrt werden oder heidnischen Göttern, läßt sich möglicherweise der *Götzenbrühl* herleiten. Als ebenso wahrscheinlich muß jedoch auch ein Besitzer mit dem Personen- oder Familiennamen Götz angenommen werden.

Hinweis auf Gebräuche, die sicherlich auch aus vorchristlicher Zeit stammen, bietet das *Scheibenbergle*. Bei Höhen- und Festfeuern, besonders aber dem Oster- und Sonnwendfeuer oder am sog. Funkensonntag (erster Sonntag nach Aschermittwoch) pflegte man den Brauch des Scheibenschlagens, bei dem man brennende Scheiben aus Stroh oder Holz den Hang hinabwarf oder hinabrollen ließ; so wohl auch am Reutlinger *Scheibengipfel* bei der Achalm.

In Verbindung mit der antiken Mythologie und den Römern in Pfullingen wollten sogar manche (so *Gratianus 1821*) den Namen *Echaz* (vgl. aber im Kapitel Gewässer) interpretiert sehen: Der Sondelfinger Pfarrer leitete den Flußnamen von der Wassergöttin *Echidna*, halb Mädchen, halb Schlange ab und vermutete, daß die Bergursel ihren Ursprung in dieser habe, denn auch bei dieser Sage taucht sowohl das Motiv des schönen Mädchens als auch jenes der Schlange auf. Zwar sind Schreibweisen wie *Echiz* seit 1555 immer wieder belegt, aber dieses Konstrukt scheint mir eher der Mode der damaligen Zeit entsprungen.

Geister und außergewöhnliche Ereignisse

In enger Verbindung zu den vorchristlichen Gottheiten und Naturreligionen steht sicherlich auch der Glaube an Geister, Feen und Zwerge guter oder böser Art sowie der Glaube an merkwürdige, unerklärbare Ereignisse, die mit bestimmten Fluren oder Wegen verknüpft zu sein scheinen. Diese Art von Volks- und Aberglauben, der möglicherweise ein Weiterleben von Resten nicht vollständig verdrängter, alter Naturreligionen einerseits und eine Unwissenheit breiter Bevölkerungsschichten andererseits Nährboden bot, war bis Ende des 19.Jahrhunderts noch weitverbreitet und läßt sich noch heute im hohen Norden (z.B. Island) beobachten.

Pfullingen besitzt einen reichen Sagenschatz, dem jedes schwäbisch-württembergische Sagenbuch mehrere Seiten Beachtung schenkt. Es ist von der *Bergursel*, der *U[r]sch[e]l* (mit langem u) die Rede, vermutlich einer aus der vorchristlichen Freyja hervorgegangenen, weiblichen Schutzgottheit, die Fruchtbarkeit, Felder, Heim und Herd behütet und Helferin der Armen ist, nach der Christianisierung jedoch in die Unterwelt verbannt wurde. Sie taucht in den Namen *Ursulaberg (*mundartl. *U[r]schlaberg)* und *Ursulahochberg* auf. Von beiden Bergen wird erzählt, daß die Bergursel dort ihr Schloß habe. Einen zu ihrer Erlösung bestimmten Bauernburschen, der sich ihren Anweisungen nicht fügen wollte, soll sie indes auf den *Mordioäckern* ermordet haben soll. Man spricht von den *Nachtfräulein*, die ebenfalls im Ursulaberg wohnen, wie anderswo die Heinzelmännchen Arbeiten verrichten, Entenfüße besitzen und bei den *Nachtfräuleinslöchern* ob dem *Remselesstein* ihren Eingang in die Unterwelt haben; erzählt sich auch, daß deren eine sich einst, nachdem sie auf dem Mädlesfels sitzend mit goldenen Nadeln strickte, von einem wilden Jäger verfolgt, ihre Unschuld rettend, unbeschadet in die Tiefe zur *Mägdleinshalde* hinabgestürzt haben soll.

Die Pfullinger Sagen berichten auch vom *Pelzmichel* (auch *Pelzmarte* oder *Pelzmärte* genannt), der am Ursulaberg in der *Schätterhöhle* an der *Schätterhose* gewohnt haben soll, und vom *Haule*, der mit dem Kopf unter dem Arm durchs Selchental reitet. Letztere nannte man auch den *Schimmelreiter*, den heutzutage mancher Gebildete zuerst einmal mit Theodor Storm und der weit entfernten Nordseeküste assoziiert. Doch dieses Kapitel soll keine Sagen erzählen, da es uns ja um Flurnamen geht, und in diesem Zusammenhang verweise ich auf die schwäbischen und württembergischen Sagenbücher, sowie als Aktiv-Unternehmung eine Wanderung auf dem Pfullinger Sagenweg. Auch der 1956 aufgestellte Marktbrunnen zeigt Darstellungen von Pfullinger Sagengestalten.

Weitere Flurnamen wie *Kenzlerbronnen*, *Teufelsloch* und *Teufelsbruch* seien bezüglich des Volksglaubens in Pfullingen erwähnt.

Der *Kenzlerbronnen* kann wahrscheinlich mit *Kindlesbrunnen* übersetzt werden. Es war früher eine gängige Sitte, daß Eltern ob der irgendwann zu erwartenden Frage ihrer Sprößlinge, wo denn die kleinen Kinder herkämen, verlegen wurden und zunächst mit erfundenen Geschichten die Neugierde der Kinder zu befriedigen versuchten. So erzählte man in vielen Orten, wohl zuweilen auch in Pfullingen, daß die Hebamme oder eine Nonne die Kinder aus dem Brunnen hole und den Familien bringe.

Unheimliche Orte allgemein, insbesondere aber auch Stellen, an denen Selbstmörder oder Sünder verscharrt liegen, wurden häufig mit dem *Teufel* (schwäb. *Tuifel*) belegt. Das *Teufelsloch* in der Nähe des Schinderbronnens ist noch heute ein düsterer Ort, und auch das *Teufelsbruch* bei der Wolfgrube, die durch einzelne Baumgruppen, Hecken und Sumpfgebiete geprägt ist, wirkt bei bestimmten Wetterlagen sehr unheimlich.

Man muß sich vorstellen, daß die Furcht der Leute in früherer Zeit, wenn sie sich allzusehr von der schützenden Siedlung entfernt hatten oder gar ein Unwetter hereinbrach, sehr viel größer als heutzutage war. Auch war zu bestimmten Zeiten das Gelände sehr viel stärker bewaldet, es gab zudem noch Tiere wie Wolf oder Luchs, und an abgelegenen Stellen trieben sich oft Leute herum, die bei der seßhaften Bevölkerung unbeliebt oder gar gefürchtet waren und manchmal auch reale Gefahren darstellten.

Diese Furcht hat zusammen mit einem großen Unwissen über die Geschehnisse der Natur, zur Beibehaltung oder Neubildung von Geister- und Phantasieglauben beigetragen und läßt sich daher in Flurnamen und Sagen bis heute feststellen. Was mögen Menschen, die an heißen Sommertagen auf immer wieder denselben Wegen Luftspiegelungen sahen, vor einigen hundert Jahren gedacht und gefühlt haben? Leicht löste die Unwissenheit über das Zustandekommen von Naturphänomenen Angstphantasien aus, während heutzutage schon jedes Kind für entsprechende Vorgänge die richtige Erklärung weiß.

Geschichte

Pfullingen gehört zu den ältesten Orten in seiner Umgebung. Siedlungsspuren lassen sich bis zurück in die Jungsteinzeit verfolgen. Auch hier am Ende dieser meiner Arbeit geht es nicht darum, einen Abriß der Geschichte Pfullingens darzustellen, sondern lediglich Flurnamen herauszustellen, die Hinweise auf frühere Siedlungsspuren enthalten oder solche zumindest annehmen lassen.

Einige Flurnamen scheinen auf die *Römer* hinzuweisen. Die beiden Flurnamen *Weil (1439 „uff wyl)* an der Stuhlsteige gelegen, und *Wiel*, an der Kreuzung Kraußstraße - Große Heerstraße (Heergasse), deuten möglicherweise auf römische Gutshöfe, sog. *Villae rusticae* hin. Man erzählt sich in Pfullingen, daß auf Wiel ein König in einem goldenen Sarg begraben liege, was jedoch mehr ein Hinweis auf einen alemannischen Stammesfürsten oder Sippenführer als auf einen Römer ist. Der Wiel gehört zum südlichen alemannischen Gräberfeld der Stadt.

Auch Flurnamen wie *Mauer* (neben *Weil*!) oder *Steinmauer* könnten auf abgegangene, römische Bauwerke schließen lassen. Man muß bedenken, daß im 15. und 16.Jahrhundert, da diese Flurnamen erstmals urkundlich festgehalten sind, etwaige Siedlungsspuren älterer Zeiten noch wesentlich besser erhalten gewesen sein dürften als heute. Auch werden zur Zeit der Landnahme den Alemannen, die mit dem Steinbau weitaus weniger vertraut waren, damals eventuell noch vorhandene Mauerreste der Römer aufgefallen sein, weshalb

192

betreffende Gebiete ihre Flurnamen erhielten. Im Zuge der Renaissance begannen sich gebildetere Bevölkerungsschichten dann ohnehin gezielter wieder für die Antike zu interessierten.

Auf etwaige Ziegel oder Scherben der römischen *Terra sigillata* deuten möglicherweise die Namen *Ziegelhütte* oder *Ziegelgasse* hin, doch sind sie mit größerer Sicherheit im Zusammenhang mit einer mittelalterlichen Ziegelhütte zu sehen.

Siedlungsspuren der Römer wären auch auf der Röt zu suchen, da die Römer die direkte Nähe zum Wasser oft mieden und sich das relativ ebene Gelände dort oben für eine solche Besiedlung angeboten hätte. Es ist bekannt (siehe *Keinath*), daß Flurnamen wie *Grasiger Weg* oft ehemalige Römerwege bezeichnen oder daß auch solche in Zusammenhang mit *Heide* oft für abgegangene Römersiedlungen stehen, wie in unserem Fall der Flurname *Vor der Heide* – ein Gebiet, das sicher nicht zufällig in der Nachbarschaft des Grasigen Wegs liegt!

Ob die *Heergasse* bzw. *Große Heerstraße* einst Teil einer Römerstraße war, ist nicht sicher. Sie hätte dann vielleicht in der *Römergasse* (vom Lindenplatz nach Reutlingen zu) ihre Fortsetzung gehabt.

Viele Flurnamen weisen auf die Funktion Pfullingens als Stätte der Gerichtsbarkeit hin. Schon als Gauort (Hauptort des Pfullichgaus) besaß Pfullingen das „Hundertschaftsgericht", das seine Fortsetzung im Schrannengericht (die Richter saßen auf Schrannen = Bänke ohne Lehnen) fand. Dieses Schrannengericht tagte im Freien, noch bis ins 16.Jahrhundert.

Über die *Stuhlsteige* kamen auch Leute von der Alb zum Gerichtsstuhl nach Pfullingen.

Älteste Richtstatt war ursprünglich wohl die Stelle, an der heute die Martinskirche steht; zu vorchristlicher Zeit wahrscheinlich eine Gerichtslinde.

Lag die Pfullinger *Richtstatt* einst draußen beim Selchental, wurde sie später auf den *Steinenberg* beim Georgenberg verlegt, der als das *Hochgericht*, in älteren Quellen mehrere Male auch als *Hochgericht bei der Steige* bekannt ist. Das *Diebsteigle* hat, wenn nicht doch von *diet* abzuleiten, seinen Namen dann daher, daß man die Diebe auf diesem Wege zur Gerichtsstätte führte. Spätestens um 1506 wurde dieser alte Pfullinger Markungsteil reutlingerisch. Die Richtstätte wanderte dann auf den *Galgenrain*, eine Anhöhe zum Ursulaberg, auf den auch das *Galgengäßle* hinaufführte. Dort wurde sie im 17. Jahrhundert aufgegeben. Nachfolgestätte war eine Galgenstätte auf der Kleinen Wanne, auf die das *Galgengäßle* hinaufführte. Die Gerichtsstätte auf der Kleinen Wanne bestand bis zum Ende des Pfullinger Oberamts 1806.

Eine andere Vollstreckungseinrichtung war der *Schneller*, ein Gerät, mittels dem der Verurteilte ins Wasser getunkt wurde. Der Ort, den der Flurname *Beim Schneller* bezeichnet, befand sich irgendwo an der Echaz. Die genauere Lage ist leider unbekannt.

Der Name Pfullingen

Nach der Deutung so vieler Namen fast am Ende angelangt, sollte an dieser Stelle auch noch der Bedeutung des Ortsnamens *Pfullingen* gedacht werden:

Eine Pfullinger Sage erzählt, ein Adeliger sei mit seinem Gefolge auf der Jagd gewesen, habe sich dabei verirrt und seine Leute verloren. Weil die Nacht hereinbrach, suchte er sich unter einem mächtigen Baum, vielleicht im weichen Moos, einen bequemen Schlafplatz, wo er übernachtete.
Als ihn am nächsten Morgen seine Gefolgsleute fanden soll er, auf die Frage, wie er denn so geschlafen hätte, geantwortet haben: „wie auf einem *Pfulben*!" Die Stelle soll ihm so gut gefallen haben, daß er beschloß, dort einen Ort zu gründen.
Eine schöne Sage, doch sicherlich rührt der Name Pfullingen nicht vom Pfulben her, denn anderenfalls hätte Pfullingen ja „Pfulbingen" heißen müssen, doch diese Schreibweise ist, soweit ich weiß, nirgends belegt. Weil aber Pfullingen nun einmal einen Pfulben im Wappen hat, wird die Sage gerne erzählt.

Jakob Frischlin bemerkt im 16. Jahrhundert in seiner *Beschreibung von Württemberg* zu Pfullingen: *„Führt einen Pfulben im Wappen, allda der Federmarkt gewesen ist"*.

194

Unserer Stadt weniger gut gesonnene Leute oder böse Nachbarn behaupten manchmal, Pfullingen hätte in früherer Zeit einem *Pfuhl* geglichen, bzw. es hätte dort wie in einem Pfuhl gestunken.

Karl Kuppinger schreibt 1909 zur Herkunft des Ortsnamens:

„Der Name der Stadt ist unzweifelhaft von einem Personennamen abzuleiten. Die Pfullinger waren die Stammesgenossen eines Phullo, dessen Name vielleicht mit dem Namen des altdeutschen Gottes Phol (=Baldur, Gott der Helligkeit und des Lichts) zusammenhängt".

Diese Erklärung, nach welcher sich also der Name von *Phul(l)o* bzw. *Fu(l)lo* ableiten läßt, ist die wahrscheinlichste, wie sich auch unsere Nachbarorte, deren Gründung in die Zeit alemannischer Landnahme (6./7. Jh.) fällt, von Personennamen, den Sippen- oder Hunderschaftsführern, herleiten lassen: Reutlingen von Rutilo, Eningen von Egino, Gomaringen von Gummaro usw.
Die Endung *–ingen* ist ein Lokativ, d.h. ein Suffix der Ortsbestimmung im Sinne von „in, am Ort von".
Pfullingen bedeutet somit: „im Ort des Phullo". In der bereits mehrfach erwähnten und zitierten Schenkungsurkunde aus dem Jahr 937 ist die Rede von einem Pfullichgau: *„in pago Pfullichgouue"* (*„im Gau Pfullichgau"*; eigentlich verdoppelt formuliert).

ZUM SCHLUSS

Die Flurnamenbildung geht weiter

Wer glaubt, Flurnamen und Ortsnamenbildung sei ausschließlich ein Thema der Vergangenheit, irrt. In jedem Neubaugebiet müssen neue Straßennamen angebracht werden, die jedoch häufig mit der Eigenart des überbauten Geländes überhaupt nichts zu tun haben. In glücklicheren Fällen fließen die alten Flurnamen in die neuen Straßennamen ein und werden so unvergänglich festgehalten, wie etwa bei den neuesten Bebauungen am Ahlsberg geschehen (Straßennamen *Auf der Mauer, Auf Weil, An der Renn*).

Mit Ausweitung von Siedlungen, Schaffung von neuen Strukturen und der jeweiligen Lebensunterhalts- und Freizeitbeschäftigung der Menschen sind auch in jüngerer und in heutiger Zeit Örtlichkeitsbezeichnungen entstanden, die den Charakter von Orts- oder Flurnamen tragen.

Ein Beispiel: Kinder spielen gerne in einer Schutzhütte auf der Röt. Sie nennen es das *Hexenhäusle*. Auch hier steht Hexe für etwas Unheimliches, Geheimnisvolles. Vielleicht ist es der Wind, der durch die schmalen Fenster pfeift und die hölzernen Läden klappern läßt. Die Kinder erzählen daheim vom Hexenhäusle und auch die Erwachsenen übernehmen den Namen, der sich in einigen Jahrzehnten vielleicht sogar auf einer Flurkarte wiederfindet. Dies ist eine Möglichkeit, wie man sich auch das Zustandekommen der alten Flurnamen erklären kann.

Ein anderes Beispiel wäre das *Alte Schwimmbad*, mit dem man den aufgestauten Teich am Eierbach-Sportplatz bezeichnet, in Erinnerung daran, daß er bis zum Bau des heutigen Freibads als frühere Badeanstalt fungierte. Das auch Albert-Götz-Bad oder Eierbach-Freibad genannte, 75 m lange Bad wurde 1924 vom Turnverein in Eigenarbeit angelegt. Heute schwimmen dort Fische und tummeln sich Mitglieder der Fischerkameradschaft.

Oder der *Schönbergturm*, den die Pfullinger und alle Schwaben, die ihn kennen, liebevoll-despektierlich *d'Onderhos'* (die Unterhose) nennen, in Anlehnung an das Aussehen des Aussichtsturmes, das von unten gesehen dem einer langen Unterhose gleicht.

So werden sich auch in Zukunft immer wieder neue Namen herausbilden, die zunächst im Volksmund kursieren, später aber vielleicht sogar in Karten übernommen werden.

Dabei werden hoffentlich die alten Flurnamen nicht weiter in Vergessenheit geraten. Zu viele sind schon dem Gedächtnis des Volkes entschwunden. Leider ist mit den tiefgreifenden Strukturveränderungen unserer Gesellschaft und mit dem langsamen Aussterben der noch tief mit der Heimat verwurzelten Generation sicherlich bereits schon sehr viel Wissen über diese Dinge der Vergangenheit und somit auch die Deutungsmöglichkeiten von Flurnamen verlorengegangen.

QUELLENVERZEICHNIS

Beschreibung des Oberamtes Reutlingen;
Verlag W. Kohlhammer, Stuttgart 1893

Binder, Hans und Jantschke, Herbert: Höhlenführer Schwäbische Alb;
DRW-Verlag, Stuttgart 2003

Buck, Michael Richard: Oberdeutsches Flurnamenbuch;
Nachdruck der Originalausgabe von 1880, Hansebooks-Verlag

Burgemeister, Steffen: Pfullingen – Zeitsprünge; Sutton-Verlag 2010

Drodowski, Günther: Lexikon der Vornamen - Herkunft, Bedeutung und Gebrauch von mehreren tausend Vornamen;
aus der Reihe Duden-Taschenbücher, 1980

Fischer, Hermann / Neske, Brigitte / Taigel, Hermann: Pfullingen einst und
jetzt; Neske-Verlag, Pfullingen 1982

Gratianus, M. Carl Christ.: Geschichte der Achalm und der Stadt Reutlingen;
bei C.H. Reiß jun., Tübingen 1821

Keinath, Dr.W.: Württembergisches Flurnamenbüchlein;
Verlag des Schwäbischen Albvereins e.V., Tübingen 1926

Keinath, Dr.W.: Orts- und Flurnamen in Württemberg; Stuttgart 1951

Keller, Hiltgard: Reclams Lexikon der Heiligen und der biblischen Gestalten;
Reclam, Stuttgart 2018-19

Kinkelin, Wilhelm: Pfullingen 937 - 1937. Ein Heimatbuch anläßlich der
Tausendjahrfeier; Pfullingen 1937 (bei dieser Ausgabe bitte unbedingt die
zeitlich-politischen Umstände berücksichtigen!)

Kinkelin, Wilhelm: Das Pfullinger Heimatbuch; Reutlingen 1956

Königliches Statistisches Landesamt (Hrsg.): Oberamt Reutlingen; Sonderabdruck aus: Das Königreich Württemberg, Stuttgart 1907

Kuppinger, Karl: Pfullingen und Umgebung; Neff-Verlag, Esslingen 1909

Landesvermessungsamt Baden-Württemberg (Hrsg.): Flurnamenbuch, Flurnamenschreibung in amtlichen Karten; Stuttgart 1958

Maier, Gottfried: Pfullingen und seine Erlebnisse in 1500 Jahren; Pfullingen 1930

Meier, Ernst: Deutsche Sagen, Sitten und Gebräuche aus Schwaben; Stuttgart 1852, Verlag der J. B .Metzler'schen Buchhandlung.

Meiser, Oliver: Die einheimischen Orchideenbestände der Markung Pfullingen und Vorschläge zu ihrem Schutz; Diplomarbeit im Fach Geographie am Geographischen Institut der Universität Tübingen 1996

Meiser, Oliver: Flurnamen, Gewann-Namen und Örtlichkeitsbezeichnungen in Stadt und Markung Pfullingen; Verlag Jasmin Eichner, Offenburg 1997

Memminger, Johann Daniel Georg: Beschreibung des Oberamtes Reutlingen; Verlag J. G. Cotta, Stuttgart und Tübingen 1824

Pfeifer, Wolfgang: Etymologisches Wörterbuch des Deutschen; dtv, 4.Aufl. 1999.

Pustal, Waltraud Prof.: Historische Wasserwirtschaft der Echaz in Pfullingen; aus der Reihe Beiträge zur Pfullinger Geschichte, Bd. 19; Pfullingen 2018

Rupp, Theophil: Aus der Vorzeit Reutlingens und seiner Umgegend; Verlag Mäcken, Stuttgart und Reutlingen 1869

Schäf, Schullehrer zu Pfullingen und seine Aufzeichnungen für die Sammlung volkstümlicher Überlieferungen Württemberg, Pfullingen, Frühjahr 1900.

Schwab, Gustav: Die Neckarseite der Schwäbischen Alb – Wegweiser und Reisebeschreibung; in der Metzler'schen Buchhandlung, Stuttgart 1823

Stadt Pfullingen (Hrsg.): Streifzug durch den Wassererlebnispfad Echaz in Pfullingen; 1. Aufl. 2005 (nach Konzeption von Waltraud Pustal)

Stadt Pfullingen (Hrsg.): Pfullingen – Bilder einer alten Stadt. Ein Buch zur Dreihundertjahrfeier der Erhebung zur Stadt; Wartberg-Verlag 1999

Taigel, Hermann (1926-2019): Zur Geschichte der Wasserversorgung in Pfullingen; Begleitheft zur Sonderausstellung des Geschichtsvereins und der Stadt Pfullingen „90 Jahre Wasserleitung in Pfullingen 1907-1997" im Schlößle, herausgegeben durch die Stadtverwaltung Pfullingen 1997.

Walcher, Friedrich.: Flurnamen der Markung Pfullingen Kr. Reutlingen, o.J.

Walcher, Fr.: Pfullinger Sippenbuch; Pfullingen 1954

Wille, Wolfgang: Opferstein und Ofenschelter – Reutlinger Flurnamen und ihre Geschichte; in: Reutlinger Geschichtsblätter, Jahrgang 2015, neue Folge Nr.54

**Ältere Erwähnungen von Flurnamen finden sich u.a.
in folgenden Dokumenten:**

Copialbuch des Klosterhofmeisters von 1665

Renovation der Fronhöfe von 1748

Gültstaat des St. Martin von 1669

Kaufbücher 1610-1627 und 1664-1678

Klosterlehen-Renovation von 1801-1814
Lehensbrief des Albrecht Eber und des Albrecht Schwägerlin von Pfullingen
1439

Lehensbrief des Hans Burkhart von Pfullingen 1470

Markungsbeschreibungen von 1622, 1681 und 1701

Beschreibung der Echitz vom Ursprung bis Reutlingen 1689

Beschreibung der Erblehen des Klosters Offenhausen 1665

Pfarrei-Erneuerung von 1555, 1625, 1618

Steuerbücher von 1623, 1650, 1753

Unterpfandbuch von 1614-1684

Urkunde über den Verkauf des rempischen Teiles an Pfullingen 1487

Verkauf der rempischen Heller- und Hühnergült 1475

Zeitschriften-, Zeitungs- und Internetartikel

„Abschied vom Wickenhof in Pfullingen";
in: Echaz-Bote, 11.5.1985

„Beim Kronenwirt war einmal Jubel und Tanz..."; aus: Pfullinger Journal, 2. Jahrgang Nr. 3 / 1987

„Bismarck-Eiche stammt aus Rußland"; in: Echaz-Bote; 17.8.1990

„Ein Pfullinger Original weniger"; in: Echaz-Bote, 10.12.1986

„Erfolgreiche Renaturierung"; in: Echaz-Bote, 28.8.1989
fairenergie.de – Informationen zum Wasserrad beim Pfullinger Gymnasium

„Gerstenmehl gab es nur in Pfullingen"; in: Echaz-Bote, 6.12.1984

„Grenze wurde 1963 verschoben"; Artikel in Südwest-Presse online vom 28.8.2015

Hanselle, Ralf: „Das Schweigen der Engel"; Internet-Artikel der Stiftung Preußischer Kulturbesitz vom 21.11.2018

„Keine Zukunft für Pfullinger Wickenhof?"; in: Echaz-Bote, 29.11.1983

Pfeiffer, Erich: „Der Übersberg und seine Geschichte", Teil 1;
in: das Pfullinger Journal, 4.Jahrgang, Nr.10/1989

Pfeiffer, Erich: „Der Übersberg und seine Geschichte", Teil 2;
in: das Pfullinger Journal, 4.Jahrgang, Nr.11/1989

Pfullingen feiert seine neue Stadtmitte vom 1. Juli bis 10. Juli 1983; Sonderbeilage des Echaz-Boten in Zusammenarbeit mit der Stadt Pfullingen, 25. Juni 1983

Rupprecht, Evelyn: „Der Grundhof wird 90"; Internet-Artikel in der Südwest-Presse vom 27.6.2013

Scheff, Jürgen: „Einige Höhlen im Kartenblatt 7521 Reutlingen (Schwäbische Alb)"; in: Beiträge zur Höhlen- und Karstkunde in Südwest-Deutschland, 8. Heft, Dez. 1975.

Schöbel, Petra: „Sanierung der Pfullinger Übersberg-Zufahrt dauert"; in: Echaz-Bote, 17.8.2018

Schöbel, Petra: „Mit totem Vieh Wölfe gelockt", Biotop-Geschichten
Teil 5; in: Echaz-Bote, 16.8.1991

Schorp, Adolf: „Bald klappert's wieder am rauschenden Bach", in: Echaz-Bote, Feb. 1987

Stadt der Mühlen - aus der Arbeit einer Schülergruppe im Rahmen der Projekttage des Friedrich-Schiller-Gymnasiums, in: Echaz-Bote, 1980.

Kartenwerke:

Topographische Karten 7521 Reutlingen, Maßstab 1:25 000, Ausgabe der Jahre 1909, 1936 und 1983

Daneben alle gängigen Stadtpläne der Stadt Pfullingen

FLURNAMENVERZEICHNIS A-Z

Grundhäusle	68	Heyenwiesle	140
Grundhof	173	Hinter d. Ursulaberg	105
Gurgel	73, 74	Hinter dem Berg	49, 105
Hagenhaus	119, 178	Hinter dem Kirchhof	105, 128
Hagenlochs Gäßle	119, 162, 166	Hinter dem Kugelberg	105
Hagenwiesen	140	Hinter Holz	84, 104, 105
Haglatten	140	Hinter St. Leonhardt	105
Hainritin Wies	138	Hinter Umweglen	105, 164
Haintzen Volcken Acker	120, 131	Hintere Heergasse	105
Hakenbühl	101, 119	Hintere Langweid	105
Haldenlau(h)	60	Hintere Röt	105
Hanfländerweg	162, 166	Hintere Seiten	60, 105
Hangende Wiesen	58, 139	Hintere Stelle	105, 150
Hanneshöhle	74, 115	Hintere Wiesen	105
Harret	82, 149	Hintere Wolfsgrube	72, 105
Hartbühl	54, 149	Hinterer Altesch	105
Hartenstein	41, 83, 149	Hinterer Garten	105, 135
Härtle	82, 149	Hinterer Spielbach	105
Häselhalde	59, 80	Hinteres Hart	82, 97, 105
Häßlinshalde	59, 80	Hinteres Maustäle	105
Hätzengeschrei	89	Hinteres Sättele	19, 70
Hausemer Härtle	83	Hinteres Steigle	171
Häutlesrain	61	Hinteres Wagenried	105
Haydt'sche Mühle	180, 182	Hirnhalde	59
Heergaßbach	144, 157	Hirschmetzig	90
Heergasse	188, 192, 193	Hißins Hölzle	84, 120
Hegetswiese	115, 138	Hochwart	47, 57
Helferei Wies	139, 178	Hohe Lindengasse	78
Helferhaus	177	Hohenberger Steig	169
Herrenwäldle	82, 110	Hohenlindach	34, 47, 78
Hessenbrühl	110, 119, 144	Hoher Rain	47, 61
Hessenhalde	59, 119	Hoher Steg	172
Hessin Acker	113, 119, 131	Hohlengraben	69, 74, 156
Heusteigle	170	Hohles Ries	69, 74
Heutelrain	61	Hohmorgen	48, 101, 161
Hexenhäusle	151, 178, 196	Hohmorgenweg	161

Über den Autor

Oliver Meiser (*1970 in Reutlingen) lebte von 1971-1996 in Pfullingen. Schon als Schüler interessierte er sich sehr intensiv für seine Heimatregion.

1985 führte er für das Landesdenkmalamt mittelalterliche Ausgrabungen in der Mühlstraße durch. Im selben Jahr begann er sich intensiver mit den Pfullingen Flurnamen zu beschäftigen und eine längere Arbeit darüber zu schreiben, nachdem er seit frühester Kindheit gerne durch Wald und Flur streifte und auf einem Flohmarkt ein Buch zum Thema Flurnamen erworben hatte. 1989 erhielt Oliver Meiser einen 1. Geopreis vom Landesverband deutscher Schulgeographen Baden-Württemberg. Nach seinem Abitur am Friedrich-List-Gymnasium in Reutlingen studierte er Geowissenschaften und Biologie in Tübingen und als DAAD-Stipendiat in Rio de Janeiro.

Angespornt durch den Wettbewerb der Volks- und Raiffeisenbanken um den Landespreis für Heimatforschung überarbeitete Oliver Meiser seine alte Schülerarbeit, baute sie dabei aus und reichte sie beim Wettbewerb ein. So erhielt er einen der beiden Jugendförderpreise des Jahres 1995. Die preisgekrönte Arbeit ging Ende 1996 als Buch in Druck.

Als VHS-Dozent leitete Oliver Meiser einige Jahre lang Höhlenexkursionen im Echaztal und hielt Vorträge am Reutlinger Naturkundemuseum. Heute ist er bei einem namhaften Münchner Reiseunternehmen als Kultur- und Wander-Studienreiseleiter in Europa und Übersee tätig.

Überdies schreibt Oliver Meiser Lyrik und Prosa. Gedichte und Erzählungen wurden im Rahmen von Anthologien in Deutschland und Österreich veröffentlicht. Preise erhielt er u.a. vom Bertelsmann-Verlag, dem Freien Deutschen Autorenverband, von der Bonner Buchmesse Migration und der Stiftung Euronatur.

Falls Sie noch weitere Flurnamen, die hier nicht erwähnt wurden, kennen, Hinweise zur mundartlichen Aussprache, zu Nutzung, Bedeutung, Volksglauben, Sagen etc. haben, dann schreiben Sie dem Autor gerne unter

oli.meiser@web.de